HISTOIRE

DE LA

RÉVOLUTION

FRANÇAISE

IMPRIMERIE DE H. FOURNIER ET Cᵉ,
RUE DE SEINE, 14.

MARIE ANTOINETTE.

Publié par Furne, Paris.

HISTOIRE

DE LA

RÉVOLUTION

FRANÇAISE

PAR M. A. THIERS

DE L'ACADÉMIE FRANÇAISE

NEUVIÈME ÉDITION

TOME CINQUIÈME

PARIS

FURNE ET Cⁱᵉ, LIBRAIRES-ÉDITEURS

RUE SAINT-ANDRÉ-DES-ARTS, 55

M DCCC XXXIX

HISTOIRE DE LA RÉVOLUTION FRANÇAISE.

CONVENTION NATIONALE.

CHAPITRE XIII.

Mouvement des armées en août et septembre 1793.—Investissement de Lyon par l'armée de la Convention. — Trahison de Toulon qui se livre aux Anglais. — Défaite de quarante mille Vendéens a Luçon. — Plan général de campagne contre la Vendée. — Divisions des généraux républicains sur ce théâtre de la guerre. — Opérations militaires dans le Nord.—Siége de Dunkerque par le duc d'York.—Victoire de Hondschoote.—Joie universelle qu'elle cause en France. — Nouveaux revers. — Déroute a Menin, a Pirmasens, a Perpignan, et a Torfou dans la Vendée. — Retraite de Canclaux sur Nantes. — Attaques contre le Comité de salut public.—Établissement du *gouvernement révolutionnaire*. — Décret qui organise une armée révolutionnaire de six mille hommes.— Loi des suspects. — Concentration du pouvoir dictatorial dans le Comité de salut public. — Procès de Custine; sa condamnation et son supplice. — Décret d'accusation contre les Girondins; arrestation de soixante-treize membres de la Convention.

Après la retraite des Français du camp de César

au camp de Gavrelle, les alliés auraient dû encore poursuivre une armée démoralisée, qui avait toujours été malheureuse depuis l'ouverture de la campagne. Dès le mois de mars, en effet, battue à Aix-la-Chapelle et à Nerwinde, elle avait perdu la Flandre hollandaise, la Belgique, les camps de Famars et de César, les places de Condé et de Valenciennes. L'un de ses généraux avait passé à l'ennemi, l'autre avait été tué. Ainsi, depuis la bataille de Jemmapes, elle n'avait fait que des retraites, fort méritoires, il est vrai, mais peu encourageantes. Sans concevoir même le projet trop hardi d'une marche directe sur Paris, les coalisés pouvaient détruire ce noyau d'armée, et alors ils étaient libres de prendre toutes les places qu'il convenait à leur égoïsme d'occuper. Mais aussitôt après la prise de Valenciennes, les Anglais, en vertu des conventions faites à Anvers, exigèrent le siége de Dunkerque. Alors, tandis que le prince de Cobourg, restant dans les environs de son camp d'Hérin, entre la Scarpe et l'Escaut, croyait occuper les Français, et songeait à prendre encore le Quesnoy, le duc d'York, marchant avec l'armée anglaise et hanovrienne par Orchies, Menin, Dixmude et Furnes, vint s'établir devant Dunkerque, entre le Langmoor et la mer. Deux siéges nous donnaient donc encore un peu de répit. Houchard, envoyé à Gavrelle, y réunissait en hâte toutes les forces disponibles, afin de voler au secours de Dunkerque. Interdire aux Anglais un port sur le continent, battre individuellement nos plus grands ennemis, les priver de tout avantage dans cette guerre, et fournir de nouvelles armes à l'opposition anglaise contre Pitt, telles étaient les raisons qui faisaient considérer Dunkerque comme le point le plus important de tout le théâtre de la guerre. « Le salut de la république est là, » écrivait à Houchard le comité de salut public; et Carnot, sentant parfaitement que les troupes réunies entre la frontière du Nord et celle du Rhin, c'est-à-dire dans la Moselle, y étaient inutiles, fit décider qu'on en retirerait un renfort pour l'envoyer en Flandre. Vingt ou vingt-cinq jours s'écoulèrent ainsi en préparatifs, délai très concevable du côté des Français, qui avaient à réunir leurs troupes dispersées à de grandes distances, mais inconcevable de la part des Anglais, qui n'avaient que quatre ou cinq marches à faire pour se porter sous les murs de Dunkerque.

Nous avons laissé nos deux armées de la Moselle et du Rhin essayant de s'avancer, mais trop tard, vers Mayence, et n'empêchant pas la prise de cette place. Depuis, elles s'étaient repliées sur Saarbruck, Hornbach et Wissembourg. Il faut donner une idée du théâtre de la guerre pour faire comprendre ces divers mouvemens. La frontière française est assez singulièrement découpée au Nord et à l'Est. L'Escaut, la Meuse, la Moselle, la chaîne des Vosges, le Rhin, courent vers le Nord en formant des lignes presque parallèles. Le Rhin, arrivé à l'extrémité des Vosges, tourne subitement, cesse de couler parallèlement à ces lignes, et les termine en tournant le pied des Vosges, et en recevant dans son cours la Moselle et la Meuse. Les coalisés, sur la frontière du Nord, s'étaient avancés entre l'Escaut et la Meuse ; entre la Meuse et la Moselle, ils n'avaient point fait de progrès, parce que le faible corps laissé par eux entre Luxembourg et Trèves n'avait rien pu tenter ; mais ils pouvaient davantage entre la Moselle, les Vosges et le Rhin. On a vu qu'ils s'étaient placés à cheval sur les Vosges, partie sur le versant oriental, et partie sur le versant occidental. Le plan à suivre, comme nous l'avons dit précédemment, était assez simple. En considérant l'arête des Vosges comme une rivière dont il fallait occuper les passages, on pouvait porter toutes ses masses sur une rive, accabler l'ennemi d'un côté, puis revenir l'accabler de l'autre. Ni les Français, ni les coalisés n'en avaient eu l'idée ; et depuis la prise de Mayence, les Prussiens, placés sur le revers occidental, faisaient face à l'armée du Rhin. Nous étions retirés dans les fameuses lignes de Wissembourg. L'armée de la Moselle, au nombre de vingt mille hommes, était postée à Saarbruck, sur la Sarre; le corps des Vosges, au nombre de douze mille, se trouvait à Hornbach et Kettrick, et se liait dans les montagnes à l'extrême gauche de l'armée du Rhin. L'armée du Rhin, forte de vingt mille hommes, gardait la Lauter, de Wissembourg à Lauterbourg. Telles sont les lignes de Wissembourg; la Sarre coule des Vosges à la Moselle, la Lauter des Vosges dans le Rhin, et toutes les deux forment une seule ligne, qui coupe presque perpendiculairement la Moselle, les Vosges et le Rhin. On en devient maître en occupant Saarbruck, Hornbach, Kettrick, Wissembourg et Lauterbourg. C'est ce que nous avions fait. Nous n'avions guère plus de soixante mille hommes sur toute cette frontière, parce qu'il avait fallu porter des secours à Houchard. Les Prussiens avaient mis deux mois à s'approcher de nous, et s'étaient enfin portés à Pirmasens. Renforcés des quarante mille hommes qui venaient de terminer le siége de Mayence, et réunis aux Autrichiens, ils auraient pu nous accabler sur l'un ou l'autre des deux versans; mais la désunion régnait entre la Prusse et l'Autriche, à cause du partage de la Pologne. Frédéric-Guillaume, qui se trouvait encore au camp des Vosges, ne secondait pas l'impatiente ardeur de Wurmser. Celui-ci, plein de fougue, malgré ses années, faisait tous les jours de nouvelles tentatives sur les lignes de

Wissembourg; mais ses attaques partielles étaient demeurées sans succès, et n'avaient abouti qu'à faire tuer inutilement des hommes. Tel était encore, dans les premiers jours de septembre, l'état des choses sur le Rhin.

Dans le Midi, les événemens avaient achevé de se développer. La longue incertitude des Lyonnais s'était terminée enfin par une résistance ouverte, et le siége de leur ville était devenu inévitable. On a vu qu'ils offraient de se soumettre et de reconnaître la constitution, mais sans s'expliquer sur les décrets qui leur enjoignaient d'envoyer à Paris les patriotes détenus, et de dissoudre la nouvelle autorité sectionnaire. Bientôt même, ils avaient enfreint ces décrets de la manière la plus éclatante, en envoyant Chalier et Riard à l'échafaud, en faisant tous les jours des préparatifs de guerre, en prenant l'argent des caisses, et en retenant les convois destinés aux armées. Beaucoup de partisans de l'émigration s'étaient introduits parmi eux, et les effrayaient du rétablissement de l'ancienne municipalité montagnarde. Ils les flattaient, en outre, de l'arrivée des Marseillais, qui, disaient-ils, remontaient le Rhône, et de la marche des Piémontais, qui allaient déboucher des Alpes avec soixante-mille hommes. Quoique les Lyonnais, franchement fédéralistes, portassent une haine égale à l'étranger et aux émigrés, la Montagne et l'ancienne municipalité leur causaient un tel effroi, qu'ils étaient prêts à s'exposer plutôt au danger et à l'infamie de l'alliance étrangère, qu'aux vengeances de la convention.

La Saône coulant entre le Jura et la Côte-d'Or, le Rhône venant du Valais entre le Jura et les Alpes, se réunissent à Lyon. Cette riche ville est placée sur leur confluent. En remontant la Saône du côté de Mâcon, le pays était entièrement républicain; et les députés Laporte et Reverchon, ayant réuni quelques mille réquisitionnaires, coupaient la communication avec le Jura. Dubois-Crancé, avec la réserve de l'armée de Savoie, venait du côté des Alpes, et gardait le cours supérieur du Rhône. Mais les Lyonnais étaient entièrement maîtres du cours inférieur du fleuve et de sa rive droite, jusqu'aux montagnes de l'Auvergne. Ils dominaient dans tout le Forez, y faisaient des incursions fréquentes, et allaient s'approvisionner d'armes à Saint-Étienne. Un ingénieur habile avait élevé autour de leur ville d'excellentes fortifications; un étranger leur avait fondu des pièces de rempart. La population était divisée en deux portions: les jeunes gens suivaient le commandant Précy dans ses excursions; les hommes mariés, les pères de famille gardaient la ville et ses retranchemens. Enfin, le 8 août, Dubois-Crancé, qui avait apaisé la révolte fédéraliste de Grenoble, se disposa à marcher sur Lyon, conformément au décret qui lui enjoignait de ramener à l'obéissance cette ville rebelle. L'armée des Alpes se composait tout au plus de vingt-cinq milles hommes, et bientôt elle allait avoir sur les bras les Piémontais, qui, profitant enfin du mois d'août, se préparaient à déboucher par la grande chaîne. Cette armée venait de s'affaiblir, comme on l'a vu, de deux détachemens, envoyés, l'un pour renforcer l'armée d'Italie, et l'autre pour réduire les Marseillais. Le Puy-de-Dôme, qui devait fournir ses recrues, les avait gardées pour étouffer la révolte de la Lozère, dont il a déjà été question. Houchard avait retenu la légion du Rhin, qui était destinée aux Alpes; et le ministère promettait sans cesse un renfort de mille chevaux qui n'arrivaient pas. Cependant Dubois-Crancé détacha cinq mille hommes de troupes réglées, et leur joignit sept ou huit mille jeunes réquisitionnaires. Il vint avec ces forces se placer entre la Saône et le Rhône, de manière à occuper leur cours supérieur, à enlever aux Lyonnais les approvisionnemens qui leur arrivaient par eau, à conserver ses communications avec l'armée des Alpes, et à couper celles des assiégés avec la Suisse et la Savoie. Par ces dispositions, il laissait toujours le Forez aux Lyonnais, et surtout les hauteurs importantes de Fourvières; mais sa situation le voulait ainsi. L'essentiel était d'occuper les deux cours d'eau et de couper Lyon de la Suisse et du Piémont. Dubois-Crancé attendait, pour compléter le blocus, les nouvelles forces qui lui avaient été promises et le matériel de siége qu'il était obligé de tirer de nos places des Alpes. Le transport de ce matériel exigeait l'emploi de cinq mille chevaux.

Le 8 août, il somma la ville; il imposa pour conditions le désarmement absolu de tous les citoyens, la retraite de chacun d'eux dans leurs maisons, la reddition de l'arsenal, et la formation d'une municipalité provisoire. Mais dans ce moment, les émigrés cachés dans la commission et l'état-major continuaient de tromper les Lyonnais, en les effrayant du retour de la municipalité montagnarde, et en leur disant que soixante mille Piémontais allaient déboucher sur leur ville. Un engagement, qui eut lieu entre deux postes avancés, et qui fut terminé à l'avantage des Lyonnais, les exalta au plus haut point, et décida leur résistance et leurs malheurs. Dubois-Crancé commença le feu du côté de la Croix-Rousse, entre les deux fleuves, où il avait pris position, et dès le premier jour son artillerie exerça de grands ravages. Ainsi, l'une de nos plus importantes villes manufacturières était réduite aux horreurs du bombardement, et nous avions à exécuter ce bombardement en présence des Piémontais, qui allaient descendre des Alpes.

Pendant ce temps, Carteaux avait marché sur Marseille, et avait franchi la Durance dans le mois d'août. Les Marseillais s'étaient retirés d'Aix sur leur ville, et avaient formé le projet de défendre les gorges de Septèmes, à travers lesquelles passe la route d'Aix à Marseille. Le 24, le général Doppet les attaqua avec l'avant-garde de Carteaux; l'engagement fut assez vif, mais une section, qui avait toujours été en opposition avec les autres, passa du côté des républicains, et décida le combat en leur faveur. Les gorges furent emportées, et, le 25, Carteaux entra dans Marseille avec sa petite armée.

Cet événement en décida un autre, le plus funeste qui eût encore affligé la république. La ville de Toulon, qui avait toujours paru animée du plus violent républicanisme, tant que la municipalité y avait été maintenue, avait changé d'esprit sous la nouvelle autorité des sections, et allait bientôt changer de domination. Les jacobins, réunis à la municipalité, étaient déchaînés contre les officiers aristocrates de la marine ; ils ne cessaient de se plaindre de la lenteur des réparations faites à l'escadre, de son immobilité dans le port, et ils demandaient à grands cris la punition des officiers,

auxquels ils attribuaient le mauvais résultat de
l'expédition de Sardaigne. Les républicains modérés répondaient là comme partout, que les
vieux officiers étaient seuls capables de commander les escadres, que les vaisseaux ne pouvaient pas se réparer plus promptement, que les
faire sortir contre les flottes espagnole et anglaise
réunies serait fort imprudent, et qu'enfin les officiers dont on demandait la punition n'étaient
point des traîtres, mais des guerriers malheureux.
Les modérés l'emportèrent dans les sections. Aussitôt une foule d'agens secrets, intrigant pour le
compte des émigrés et des Anglais, s'introduisirent
dans Toulon, et conduisirent les habitans plus loin
qu'ils ne se proposaient d'aller. Ces agens communiquaient avec l'amiral Hood, et s'étaient assurés
que les escadres coalisées seraient, dans les parages voisins, prêtes à se présenter au premier
signal. D'abord, à l'exemple des Lyonnais, ils
firent juger et mettre à mort le président du club
jacobin, nommé Sévestre. Ensuite ils rétablirent
le culte des prêtres réfractaires; ils firent déterrer
et porter en triomphe les ossemens de quelques
malheureux qui avaient péri dans les troubles pour
la cause royaliste. Le comité de salut public ayant
ordonné à l'escadre d'arrêter les vaisseaux destinés
à Marseille, afin de réduire cette ville, ils ne permirent pas l'exécution de cet ordre, et s'en firent

un mérite auprès des sections de Marseille. Ensuite ils commencèrent à parler des dangers auxquels on était exposé en résistant à la convention, de la nécessité de s'assurer un secours contre ses fureurs, et de la possibilité d'obtenir celui des Anglais en proclamant Louis XVII. L'ordonnateur de la marine était, à ce qu'il paraît, le principal instrument de la conspiration ; il accaparait l'argent des caisses, envoyait chercher les fonds par mer jusque dans le département de l'Hérault, écrivait à Gênes pour faire retenir les subsistances et rendre ainsi la situation de Toulon plus critique. On avait changé les états-majors ; on avait tiré de prison un officier de marine compromis dans l'expédition de Sardaigne, pour lui donner le commandement de la place ; on avait mis à la tête de la garde nationale un ancien garde-du-corps, et confié les forts à des émigrés rentrés ; on s'était assuré enfin de l'amiral Trogoff, étranger que la France avait comblé de faveurs. On ouvrit une négociation avec l'amiral Hood, sous prétexte d'un échange de prisonniers, et, au moment où Carteaux venait d'entrer dans Marseille, où la terreur était au comble dans Toulon, et où huit ou dix mille Provençaux, les plus contre-révolutionnaires de la contrée, venaient s'y réfugier, on osa faire aux sections la honteuse proposition de recevoir les Anglais, qui prendraient la place en dépôt au nom de Louis XVII. La marine, indignée, envoya une députation aux sections pour s'opposer à l'infamie qui se préparait. Mais les contre-révolutionnaires toulonnais et marseillais, plus audacieux que jamais, repoussèrent les réclamations de la marine, et firent accepter la proposition le 29 août. Aussitôt on donna le signal aux Anglais. L'amiral Trogoff, se mettant à la tête de ceux qui voulaient livrer le port, appela à lui l'escadre en arborant le drapeau blanc. Le brave contre-amiral Saint-Julien, déclarant Trogoff un traître, hissa à son bord le pavillon de commandement, et voulut réunir la marine fidèle. Mais, dans ce moment, les traîtres, déjà en possession des forts, menacèrent de brûler Saint-Julien avec ses vaisseaux : il fut alors obligé de fuir avec quelques officiers et quelques matelots; les autres furent entraînés, sans trop savoir ce qu'on allait faire d'eux. L'amiral Hood, qui avait long-temps hésité, parut enfin, et, sous prétexte de prendre le port de Toulon en dépôt pour le compte de Louis XVII, le reçut pour l'incendier et le détruire.

Pendant ce temps, aucun mouvement ne s'était opéré aux Pyrénées; dans l'Ouest, on se préparait à exécuter les mesures décrétées par la convention.

Nous avons laissé toutes les colonnes de la Haute-Vendée se réorganisant à Angers, à Saumur et à Niort. Les Vendéens s'étaient, dans cet intervalle, emparés des ponts de Cé, et, dans la crainte qu'ils inspirèrent, on mit Saumur en état de siége. La colonne de Luçon et des Sables était seule capable d'agir offensivement. Elle était commandée par le nommé Tuncq, l'un des généraux réputés appartenir à l'aristocratie militaire, et dont Ronsin demandait la destitution au ministère. Auprès de lui se trouvaient les deux représentans Bourdon de l'Oise, et Goupilleau de Fontenay, animés des mêmes dispositions et opposés à Ronsin et à Rossignol. Goupilleau surtout, né dans le pays, était porté, par ses relations de famille et d'amitié, à ménager les habitans, et à leur épargner les rigueurs que Ronsin et les siens auraient voulu exercer.

Les Vendéens, que la colonne de Luçon inquiétait, résolurent de diriger contre elle leurs forces partout victorieuses. Ils voulaient surtout donner des secours à la division de M. de Roïrand, qui, placé devant Luçon, et isolée entre les deux grandes armées de la Haute et de la Basse-Vendée, agissait avec ses seules ressources, et avait besoin d'être appuyée. Dans les premiers jours d'août, en effet, ils portèrent quelques rassemblemens du côté de Luçon, et furent complètement repoussés par le général Tuncq. Alors ils résolurent de tenter un effort plus décisif. MM. d'Elbée, de

Lescure, de La Rochejaquelein, Charette, se réunirent avec quarante mille hommes, et, le 14 août, se présentèrent de nouveau aux environs de Luçon. Tuncq n'en avait guère que six mille. M. de Lescure, se fiant sur la supériorité du nombre, donna le funeste conseil d'attaquer en plaine l'armée républicaine. MM. de Lescure et Charette prirent le commandement de la gauche, M. d'Elbée celui du centre, M. de La Rochejaquelein celui de la droite. MM. de Lescure et Charette agirent avec une grande vigueur à la droite; mais au centre, les soldats, obligés de lutter en plaine contre des troupes régulières, montrèrent de l'hésitation : M. de La Rochejaquelein, égaré dans sa route, n'arriva pas à temps vers la gauche. Alors le général Tuncq, faisant agir à propos son artillerie légère sur le centre ébranlé, y répandit le désordre, et en peu d'instans mit en fuite tous les Vendéens au nombre de quarante mille. Aucun événement n'avait été plus funeste pour ces derniers. Ils perdirent toute leur artillerie, et rentrèrent dans le pays, frappés de consternation.

Dans ce même moment arrivait la destitution du général Tuncq, demandée par Ronsin. Bourdon et Goupilleau, indignés, le maintinrent dans son commandement, écrivirent à la convention pour faire révoquer la décision du ministre, et adressèrent de nouvelles plaintes contre le parti désorganisateur de Saumur, qui répandait, disaient-ils, la confusion, et voulait remplacer tous les généraux instruits par d'ignorans démagogues. Dans ce moment, Rossignol faisant l'inspection des diverses colonnes de son commandement, arriva à Luçon. Son entrevue avec Tuncq, Goupilleau et Bourdon, ne fut qu'un échange de reproches; malgré deux victoires, il fut mécontent de ce que l'on avait livré des combats contre sa volonté: car il pensait, du reste avec raison, qu'il fallait éviter tout engagement avant la réorganisation générale des différentes armées. On se sépara, et immédiatement après, Bourdon et Goupilleau, apprenant quelques actes de rigueur exercés par Rossignol dans le pays, eurent la hardiesse de prendre un arrêté pour le destituer. Aussitôt, les représentans qui étaient à Saumur, Merlin, Bourbotte, Choudieu, et Rewbell, cassèrent l'arrêté de Goupilleau et Bourdon, et réintégrèrent Rossignol. L'affaire fut portée devant la convention: Rossignol, confirmé de nouveau, l'emporta sur ses adversaires. Bourdon et Goupilleau furent rappelés, et Tuncq suspendu.

Telle était la situation des choses, lorsque la garnison de Mayence arriva dans la Vendée. Il s'agissait de savoir quel plan on suivrait, et de quel côté on ferait agir cette brave garnison. Serait-elle attachée à l'armée de la Rochelle et mise sous les ordres de Rossignol, ou à l'armée de Brest et confiée à Canclaux? Telle était la question. Chacun voulait la posséder, parce qu'elle devait décider le succès partout où elle agirait. On était d'accord pour envelopper le pays d'attaques simultanées, qui, dirigées de tous les points de la circonférence, viendraient aboutir au centre. Mais, comme la colonne qui posséderait les Mayençais devait prendre une offensive plus décisive, et refouler les Vendéens sur les autres colonnes, il s'agissait de savoir sur quel point il était le plus utile de rejeter l'ennemi. Rossignol et les siens soutenaient que le meilleur parti à prendre était de faire marcher les Mayençais par Saumur, pour rejeter les Vendéens sur la mer et sur la Basse Loire, où on les détruirait entièrement; que les colonnes d'Angers, de Saumur, trop faibles, avaient besoin de l'appui des Mayençais pour agir; que, réduites à elles-mêmes, elles seraient dans l'impossibilité de s'avancer en campagne pour donner la main aux autres colonnes de Niort et de Luçon; qu'elles ne pourraient même pas arrêter les Vendéens refoulés, ni les empêcher de se répandre dans l'intérieur; qu'enfin, en faisant avancer les Mayençais par Saumur, on ne perdrait point de temps, tandis que par Nantes, ils étaient obligés de faire un circuit considérable, et de perdre dix ou quinze jours. Canclaux était frappé au contraire du danger de laisser la mer ouverte aux Vendéens. Une escadre anglaise venait d'être signalée dans les parages de l'Ouest, et on ne pouvait pas croire que les Anglais ne songeassent pas à une descente dans le Marais. C'était alors la pensée générale, et, quoiqu'elle fût erronée, elle occupait tous les esprits. Cependant les Anglais venaient à peine d'envoyer un émissaire dans la Vendée. Il était arrivé déguisé, et demandait le nom des chefs, leurs forces, leurs intentions et leur but précis : tant on ignorait en Europe les événemens intérieurs de la France! Les Vendéens avaient répondu par une demande d'argent et de munitions, et par la promesse de porter cinquante mille hommes sur le point où l'on voudrait opérer un débarquement. Tout projet de ce genre était donc encore bien éloigné; mais de toutes parts on le croyait prêt à se réaliser. Il fallait donc, disait Canclaux, faire agir les Mayençais par Nantes, couper ainsi les Vendéens de la mer, et les refouler vers le haut pays. Se répandraient-ils dans l'intérieur, ajoutait Canclaux, ils seraient bientôt détruits, et quant au temps perdu, ce n'était pas une considération à faire valoir : car l'armée de Saumur était dans un état à ne pouvoir pas agir avant dix ou douze jours, même avec les Mayençais. Une raison qu'on ne donnait pas, c'est que l'armée de Mayence, déjà faite au métier de la guerre, aimait mieux servir avec les gens du métier, et préférait Canclaux, général expérimenté, à Rossignol, général ignorant, et l'armée de Brest, signalée par des faits glorieux, à celle de Saumur, connue seulement par des défaites. Les représentans, attachés au parti de la discipline, partageaient aussi cet avis, et craignaient de compromettre l'armée de Mayence, en la plaçant au milieu des soldats jacobins et désordonnés de Saumur.

Philippeaux, le plus ardent adversaire du parti Ronsin parmi les représentans, se rendit à Paris, et obtint un arrêté du comité de salut public en faveur de Canclaux. Ronsin fit révoquer l'arrêté, et il fut convenu alors qu'un conseil de guerre tenu à Saumur déciderait de l'emploi des forces. Le conseil eut lieu le 2 septembre. On y comptait beaucoup de représentans et de généraux. Les avis se trouvèrent partagés. Rossignol, qui mettait une grande bonne foi dans ses opinions, offrit à Canclaux de lui résigner le commandement, s'il voulait laisser agir les Mayençais par Saumur. Cependant l'avis de Canclaux l'emporta; les Mayençais furent attachés à l'armée de Brest, et la principale attaque dut être dirigée de la Basse sur la Haute-Vendée. Le plan de campagne fut signé, et on promit de partir, à un jour donné, de Saumur, Nantes, les Sables et Niort.

La plus grande humeur régnait dans le parti de Saumur. Rossignol avait de l'ardeur, de la bonne foi, mais point d'instruction, point de santé, et, quoique franchement dévoué, il était incapable de servir d'une manière utile. Il conçut, de la décision adoptée, moins de ressentiment que ses partisans eux-mêmes, tels que Ronsin, Momoro et tous les agens ministériels. Ceux-ci écrivirent sur-le-champ à Paris pour se plaindre du mauvais parti qu'on venait de prendre, des calomnies répandues contre les généraux sans-culottes, des préventions qu'on avait inspirées à l'armée de Mayence, et ils montrèrent ainsi des dispositions qui ne devaient pas faire espérer de leur part un grand zèle à seconder le plan délibéré à Saumur. Ronsin poussa même la mauvaise volonté jusqu'à interrompre les distributions de vivres faites à l'armée de Mayence, sous prétexte que, ce corps passant de l'armée de la Rochelle à celle de Brest, c'était aux administrateurs de cette dernière à l'approvisionner. Les Mayençais partirent aussitôt pour Nantes, et Canclaux disposa toutes choses pour faire exécuter le plan convenu dans les premiers jours de septembre.

Telle avait été la marche générale des choses sur les divers théâtres de la guerre, pendant les mois d'août et de septembre. Il faut suivre maintenant les grandes opérations qui succédèrent à ces préparatifs.

Le duc d'York était arrivé devant Dunkerque avec vingt-un mille Anglais et Hanovriens, et douze mille Autrichiens. Le maréchal Freytag était à Ost-Capelle avec seize mille hommes; le prince d'Orange à Menin avec quinze mille Hollandais. Ces deux derniers corps étaient placés là en armée d'observation. Le reste des coalisés, dispersés autour du Quesnoy et jusqu'à la Moselle, s'élevait à environ cent mille hommes. Ainsi cent soixante ou cent soixante-dix mille hommes étaient répartis sur cette ligne immense, occupés à y faire des siéges et à y garder tous les passages. Carnot, qui commençait à diriger les opérations des Français, avait entrevu déjà qu'il ne s'agissait pas de batailler sur tous les points, mais d'employer à propos une masse sur un point décisif. Il avait donc conseillé de transporter trente-cinq mille hommes, de la Moselle et du Rhin au Nord. Son conseil avait été adopté, mais il ne put en arriver que douze mille en Flandre. Néanmoins, avec ce renfort et les divers camps placés à Gavrelle, à Lille, à Cassel, les Français auraient pu former une masse de soixante mille hommes, et, dans l'état de dispersion où se trouvait l'ennemi, frapper les plus grands coups. Il ne faut, pour s'en convaincre, que jeter les yeux sur le théâtre de la guerre. En suivant le rivage de la Flandre pour entrer en France, on trouve Furnes d'abord, et puis Dunkerque. Ces deux villes, baignées d'un côté par l'Océan, de l'autre par les vastes marais de la Grande-Moër, ne peuvent communiquer entre elles que par une étroite langue de terre. Le duc d'York arrivant par Furnes, qui se présente la première en venant du dehors, s'était placé, pour assiéger Dunkerque, sur cette langue de terre, entre la Grande-Moër et l'Océan. Le corps d'observation de Freytag ne s'était pas établi à Furnes de manière à protéger les derrières de l'armée de siége; il était au contraire assez loin de cette position, en avant des marais de Dunkerque, de manière à couper les secours qui pouvaient venir de l'intérieur de la France. Les Hollandais du prince d'Orange, postés à Menin, à trois journées de ce point, devenaient tout à fait inutiles. Une masse de soixante mille hommes, marchant rapidement entre les Hollandais et Freytag, pouvait se porter à Furnes derrière le duc d'York, et, manœuvrant ainsi entre les trois corps ennemis, accabler successivement Freytag, le duc d'York et le prince d'Orange. Il fallait pour cela une masse unique et des mouvemens rapides. Mais alors on ne songeait qu'à se pousser de front, en opposant à chaque détachement, un détachement pareil. Cependant le comité de salut public avait à peu près conçu le plan dont nous parlons. Il avait ordonné de former un seul corps et de marcher sur Furnes. Houchard comprit un moment cette pensée, mais ne s'y arrêta pas, et songea tout simplement à marcher contre Freytag, à replier ce dernier sur les derrières du duc d'Yorck, et à tâcher ensuite d'inquiéter le siége.

Pendant que Houchard hâtait ses préparatifs, Dunkerque faisait une vigoureuse résistance. Le général Souham, secondé par le jeune Hoche, qui se comporta à ce siége d'une manière héroïque, avait déjà repoussé plusieurs attaques. L'assiégeant ne pouvait pas ouvrir facilement la tranchée dans un terrain sablonneux, au fond duquel on trouvait l'eau en creusant seulement à trois pieds. La flottille qui devait descendre la Tamise pour bombarder la place, n'arrivait pas, et au contraire une flottille française, sortie de Dunkerque et embossée le long du rivage, harcelait les assiégeans enfermés sur leur étroite langue de terre, manquant d'eau potable et exposés à tous les dangers. C'était le cas de se hâter et de frapper des coups décisifs. On était arrivé aux derniers jours d'août. Suivant l'usage de la vieille tactique, Houchard commença par une démonstration sur Menin, qui n'aboutit qu'à un combat sanglant et inutile. Après avoir donné cette alarme préliminaire, il s'avança, en suivant plusieurs routes, vers la ligne de l'Yser, petit cours d'eau qui le séparait du corps d'observation de Freytag. Au lieu de venir se placer entre le corps d'observation et le corps de siége, il confia à Hédouville le soin de marcher sur Rousbrugghe, pour inquiéter seulement la retraite de Freytag sur Furnes, et il alla lui-même donner de front sur Freytag, en marchant avec toute son armée par Houtkercke, Herséele et Bambèke. Freytag avait disposé son corps sur une ligne assez étendue, et il n'en avait qu'une partie autour de lui, lorsqu'il reçut le premier choc de Houchard. Il résista à Herséele ; mais, après un combat assez vif, il fut obligé de repasser l'Yser, et de se replier sur Bambèke, et successivement de Bambèke sur Rexpœde et Killem. En reculant de la sorte, au-delà de l'Yser, il laissait ses ailes compromises en avant. La division Walmoden se trouvait jetée loin de lui, à sa droite, et sa propre retraite était menacée vers Rousbrugghe par Hédouville.

Freytag veut alors, dans la même journée, se reporter en avant, et reprendre Rexpœde, afin de rallier à lui la division Walmoden. Il arrive à Rexpœde au moment où les Français y entraient. Un combat des plus vifs s'engage : Freytag est blessé et fait prisonnier. Cependant la fin du jour s'approche ; Houchard, craignant une attaque de nuit, se retire hors du village, et n'y laisse que trois bataillons. Walmoden, qui se repliait avec sa division compromise, arrive dans cet instant, et se décide à attaquer vivement Rexpœde, afin de se faire jour. Un combat sanglant se livre au milieu de la nuit ; le passage est franchi, Freytag est délivré, et l'ennemi se retire en masse sur le village de Hondschoote. Ce village, situé contre la Grande-Moër et sur la route de Furnes, était un des points par lesquels il fallait passer en se retirant sur Furnes. Houchard avait renoncé à l'idée essentielle de manœuvrer vers Furnes, entre le corps de siége et le corps d'observation ; il ne lui restait donc plus qu'à pousser toujours de front le maréchal Freytag, et à se ruer contre le village de Hondschoote. La journée du 7 se passa à observer les positions de l'ennemi, défendues par une artillerie très forte, et, le 8, l'attaque décisive fut résolue. Dès le matin, l'armée française se porte sur toute la ligne pour attaquer de front. La droite, sous les ordres d'Hédouville, s'étend entre Killem et Béveren ; le centre, commandé par Jourdan, marche directement de Killem sur Hondschoote ; la gauche attaque entre Killem et le canal de Furnes. L'action s'engage entre les taillis qui couvraient le centre. De part et d'autre, les plus grandes forces sont dirigées sur ce même point. Les Français reviennent plusieurs fois à l'attaque des positions, et enfin ils s'en rendent maîtres. Tandis qu'ils triomphent au centre, les retranchemens sont emportés à la droite, et l'ennemi prend le parti de se retirer sur Furnes par les routes de Houthem et de Hoghestade.

Tandis que ces choses se passaient à Hondschoote, la garnison de Dunkerque faisait, sous la conduite de Hoche, une sortie vigoureuse, et mettait les assiégeans dans le plus grand péril. Le lendemain du combat, ceux-ci tinrent un conseil de guerre ; se sentant menacés sur leurs derrières, et ne voyant pas arriver les armemens maritimes qui devaient servir à bombarder la place, ils résolurent de lever le siége, et de se retirer sur Furnes, où venait d'arriver Freytag. Ils y furent tous réunis le 9 septembre au soir.

Telles furent ces trois journées, qui eurent pour but et pour résultat de replier le corps d'observation sur les derrières du corps de siége, en suivant une marche directe. Le dernier combat donna son nom à cette opération, et la bataille d'Hondschoote fut considérée comme le salut de Dunkerque. Cette opération, en effet, rompait la longue chaîne de nos revers au Nord, faisait essuyer un échec personnel aux Anglais, trompait le plus cher de leurs vœux, sauvait la république du malheur qui lui eût été le plus sensible, et donnait un grand encouragement à la France.

La victoire d'Hondschoote produisit à Paris une grande joie, inspira plus d'ardeur à toute la jeunesse, et fit espérer que notre énergie pourrait être heureuse. Peu importent, en effet, les revers, pourvu que des succès viennent s'y mêler, et rendre au vaincu l'espérance et le courage. L'alternative ne fait qu'augmenter l'énergie et exalter l'enthousiasme de la résistance.

Pendant que le duc d'York s'était porté à Dunkerque, Cobourg avait résolu l'attaque du Quesnoy. Cette place manquait de tous les moyens nécessaires à sa défense, et Cobourg la serrait de très près. Le comité de salut public, ne négligeant pas plus cette partie de la frontière que les autres, avait ordonné sur-le-champ que des colonnes sortissent de Landrecies, Cambray et Maubeuge. Malheureusement, ces colonnes ne purent agir en même temps; l'une fut renfermée dans Landrecies; l'autre, entourée dans la pleine d'Avesnes, et formée en bataillon carré, fut rompue après une résistance des plus honorables. Enfin le Quesnoy fut obligé de capituler le 11 septembre. Cette perte était peu de chose à côté de la délivrance de Dunkerque; mais elle mêlait quelque amertume à la joie produite par ce dernier événement.

Houchard, après avoir forcé le duc d'York à se concentrer à Furnes avec Freytag, n'avait plus rien d'heureux à tenter sur ce point; il ne lui restait qu'à se ruer avec des forces égales sur des soldats mieux aguerris, sans aucune de ces circonstances, ou favorables ou pressantes, qui font hasarder une bataille douteuse. Dans cette situation, il n'avait rien de mieux à faire qu'à tomber sur les Hollandais, disséminés en plusieurs détachemens, autour de Menin, Halluin, Roncq, Werwike et Ypres. Houchard, procédant avec prudence, ordonna au camp de Lille de faire une sortie sur Menin, tandis qu'il agirait lui-même par Ypres. On se disputa pendant deux jours les postes avancés de Werwike, de Roncq et d'Halluin. De part et d'autre, on se comporta avec une grande bravoure et une médiocre intelligence. Le prince d'Orange, quoique pressé de tous côtés, et ayant perdu ses postes avancés, résista opiniâtrément, parce qu'il avait appris la reddition du Quesnoy et l'approche de Beaulieu, qui lui amenait des secours. Enfin, il fut obligé, le 13 septembre, d'évacuer Menin, après avoir perdu dans ces différentes journées deux à trois mille hommes, et quarante pièces de canon. Quoique notre armée n'eût pas tiré de sa position tout l'avantage possible, et que, manquant aux instructions du comité de salut public, elle eût agi par masses trop divisées, cependant elle occupait Menin. Le 15, elle était sortie de Menin et marchait sur Courtray. A Bisseghem, elle rencontre Beaulieu. Le combat s'engage avec avantage de notre côté; mais tout à coup l'apparition d'un corps de cavalerie sur les ailes répand une alarme qui n'était fondée sur aucun danger réel. Tout s'ébranle et fuit jusqu'à Menin. Là, cette inconcevable déroute ne s'arrête pas; la terreur se communique à tous les camps, à tous les postes, et l'armée en masse vient chercher un refuge sous le canon de Lille. Cette terreur panique dont l'exemple n'était pas nouveau, qui provenait de la jeunesse et de l'inexpérience de nos troupes, peut-être aussi d'un perfide *sauve qui peut*, nous fit perdre les plus grands avantages, et nous ramena sous Lille. La nouvelle de cet événement, portée à Paris, y causa la plus funeste impression, y fit perdre à Houchard les fruits de sa victoire, souleva contre lui un déchaînement violent, dont il rejaillit quelque chose contre le comité de salut public lui-même. Une nouvelle suite d'échecs vint aussitôt nous rejeter dans la position périlleuse d'où nous venions de sortir un moment par la victoire d'Hondschoote.

Les Prussiens et les Autrichiens, placés sur les deux versans des Vosges, en face de nos deux armées de la Moselle et du Rhin, venaient enfin de faire quelques tentatives sérieuses. Le vieux Wurmser, plus ardent que les Prussiens, et sentant l'avantage des passages des Vosges, voulut occuper le poste important de Bodenthal, vers la Haute-Lauter. Il hasarda en effet un corps de quatre mille hommes, qui, passant à travers d'affreuses montagnes, parvint à occuper Bodenthal.

De leur côté, les représentans à l'armée du Rhin, cédant à l'impulsion générale, qui déterminait partout un redoublement d'énergie, résolurent une sortie générale des lignes de Wissembourg pour le 12 septembre. Les trois généraux Desaix, Dubois et Michaud, lancés à la fois contre les Autrichiens, firent des efforts inutiles et furent ramenés dans les lignes. Les tentatives dirigées surtout contre le corps autrichien jeté à Bodenthal, furent complètement repoussées. Cependant on prépara une nouvelle attaque pour le 14. Tandis que le général Ferrette marcherait sur Bodenthal, l'armée de la Moselle, agissant sur l'autre versant, devait attaquer Pirmasens, qui correspond à Bodenthal, et où Brunswick se trouvait posté avec une partie de l'armée prussienne. L'attaque du général Ferrette réussit parfaitement; nos soldats assaillirent les positions des Autrichiens avec une héroïque témérité, s'en emparèrent, et recouvrèrent l'important défilé de Bodenthal. Mais il n'en fut pas de même sur le versant opposé. Brunswick sentait l'importance de Pirmasens, qui fermait les défilés; il possédait des forces considérables, et se trouvait dans des positions excellentes. Pendant que l'armée de la Moselle faisait face sur la Sarre au reste de l'armée prussienne, douze mille hommes furent jetés de Hornbach sur Pirmasens. Le seul espoir des Français était d'enlever Pirmasens par une surprise;

mais, aperçus et mitraillés dès leur première approche, il ne leur restait plus qu'à se retirer. C'est ce que voulait le général ; mais les représentans s'y opposèrent, et ils ordonnèrent l'attaque sur trois colonnes, et par trois ravins qui aboutissaient à la hauteur sur laquelle est situé Pirmasens. Déjà nos soldats, grâce à leur bravoure, s'étaient fort avancés ; la colonne de droite était même prête à franchir le ravin dans lequel elle marchait, et à tourner Pirmasens, lorsqu'un double feu, dirigé sur les deux flancs, vient l'accabler inopinément. Nos soldats résistent d'abord, mais le feu redouble, et ils sont enfin ramenés le long du ravin où ils s'étaient engagés. Les autres colonnes sont repliées de même, et toutes fuient le long des vallées, dans le plus grand désordre. L'armée fut obligée de se reporter au poste d'où elle était partie. Très heureusement, les Prussiens ne songèrent pas à la poursuivre, et ne firent pas même occuper son camp d'Hornbach, qu'elle avait quitté pour marcher sur Pirmasens. Nous perdîmes à cette affaire vingt-deux pièces de canon, et quatre mille hommes tués, blessés ou prisonniers. Cet échec du 14 septembre pouvait avoir une grande importance. Les coalisés, ranimés par le succès, songeaient à user de toutes leurs forces ; ils se disposaient à marcher sur la Sarre et la Lauter, et à nous enlever ainsi les lignes de Wissembourg.

Le siége de Lyon se poursuivait avec lenteur. Les Piémontais, en débouchant par les Hautes-Alpes, dans les vallées de la Savoie, avaient fait diversion, et obligé Dubois-Crancé et Kellermann à diviser leurs forces. Kellermann s'était porté en Savoie. Dubois-Crancé, resté devant Lyon avec des moyens insuffisans, faisait inutilement pleuvoir le fer et le feu sur cette malheureuse cité, qui, résolue à tout souffrir, ne pouvait plus être réduite par les désastres du blocus et du bombardement, mais seulement par une attaque de vive force.

Aux Pyrénées, nous venions d'éprouver un sanglant échec. Nos troupes étaient restées depuis les dernier événemens aux environs de Perpignan; les Espagnols se trouvaient dans leur camp du Mas-d'Eu. Nombreux, aguerris, et commandés par un général habile, ils étaient pleins d'ardeur et d'espérance. Nous avons déjà décrit le théâtre de la guerre. Les deux vallées presque parallèles du Tech et de la Tet partent de la grande chaîne et débouchent vers la mer; Perpignan est dans la seconde de ces vallées. Ricardos avait franchi la première ligne du Tech, puisqu'il se trouvait au Mas-d'Eu, et il avait résolu de passer la Tet fort au-dessus de Perpignan, de manière à tourner cette place, et à forcer notre armée à l'abandonner. Dans ce but, il songea d'abord à s'emparer de

Villefranche. Cette petite forteresse, placée sur le cours supérieur de la Tet, devait assurer son aile gauche contre le brave Dagobert, qui, avec trois mille hommes, obtenait des succès en Cerdagne. En conséquence, vers les premiers jours d'août, il détacha le général Crespo avec quelques bataillons. Celui-ci n'eut qu'à se présenter devant Villefranche; le commandant lui en ouvrit lâchement les portes. Crespo y laissa garnison, et vint rejoindre Ricardos. Pendant ce temps, Dagobert, avec un très petit corps, parcourut toute la Cerdagne, replia les Espagnols jusqu'à la Seu-d'Urgel, et songea même à les repousser jusqu'à Campredon. Cependant la faiblesse du détachement de Dagobert, et la forteresse de Villefranche, rassurèrent Ricardos contre les succès des Français sur son aile gauche. Ricardos persista donc dans son offensive. Le 31 août, il fit menacer notre camp sous Perpignan, passa la Tet au-dessus de Soler, en chassant devant lui notre aile droite, qui vint se replier à Salces, à quelques lieues en arrière de Perpignan, et tout près de la mer. Dans cette position, les Français, les uns enfermés dans Perpignan, les autres acculés sur Salces, ayant la mer à dos, se trouvaient dans une position des plus dangereuses. Dagobert, il est vrai, remportait de nouveaux avantages dans la Cerdagne, mais trop peu importans pour alarmer Ricardos. Les représentans Fabre et Cassaigne, retirés avec l'armée à Salces, résolurent d'appeler Dagobert en remplacement de Barbantane, afin de ramener la fortune sous nos drapeaux. En attendant l'arrivée du nouveau général, ils projetèrent un mouvement combiné entre Salces et Perpignan, pour sortir de cette situation périlleuse. Ils ordonnèrent à une colonne de s'avancer de Perpignan, et d'attaquer les Espagnols par derrière, tandis qu'eux-mêmes, quittant leurs positions, les attaqueraient de front. En effet, le 15 septembre, le général Davoust sort de Perpignan avec six ou sept mille hommes, tandis que Pérignon se dirige de Salces sur les Espagnols. Au signal convenu, on se jette des deux côtés sur le camp ennemi; les Espagnols, pressés de toutes parts, sont obligés de fuir derrière la Tet, en abandonnant vingt-six pièces de canon. Ils viennent aussitôt se replacer au camp du Mas-d'Eu, d'où ils étaient partis pour exécuter cette offensive hardie, mais malheureuse.

Dagobert arriva sur ces entrefaites, et ce guerrier, âgé de soixante-quinze ans, réunissant la fougue d'un jeune homme à la prudence consommée d'un vieux général, se hâta de signaler son arrivée par une tentative sur le camp du Mas-d'Eu. Il divisa son attaque en trois colonnes : l'une, partant de notre droite, et marchant par Thuir sur Sainte-Colombe, devait tourner les Espagnols;

la seconde, agissant au centre, était chargée de les attaquer de front et de les culbuter ; enfin la troisième, opérant vers la gauche, devait se placer dans un bois et leur fermer la retraite. Cette dernière, commandée par Davoust, attaqua à peine, et s'enfuit en désordre. Les Espagnols purent alors diriger toutes leurs forces sur les deux autres colonnes du centre et de la droite. Ricardos, jugeant que tout le danger était à droite, y porta ses plus grandes forces, et parvint à repousser les Français. Au centre seul, Dagobert, animant tout par sa présence, emporta les retranchemens qui étaient devant lui, et allait même décider de la victoire, lorsque Ricardos, revenant avec les troupes victorieuses à la gauche et à la droite, accabla son ennemi de toutes ses forces réunies. Cependant le brave Dagobert résistait encore, lorsqu'un bataillon met bas les armes, en criant : *Vive le roi!* Dagobert indigné dirige deux pièces sur les traîtres, et tandis qu'il les foudroie, il rallie autour de lui un petit nombre de braves restés fidèles, et se retire avec quelques cents hommes, sans que l'ennemi, intimidé par sa fière contenance, ose le poursuivre.

Certainement ce brave général n'avait mérité que des lauriers par sa fermeté au milieu d'un tel revers, et si sa colonne de gauche eût mieux agi, si ses bataillons du centre ne se fussent pas débandés, ses dispositions auraient été suivies d'un plein succès. Néanmoins, la défiance ombrageuse des représentans lui imputa ce désastre. Blessé de cette injustice, il retourna prendre le commandement subalterne de la Cerdagne. Notre armée se trouva donc encore refoulée sur Perpignan, et exposée à perdre l'importante ligne de la Tet.

Le plan de campagne du 2 septembre avait été mis à exécution dans la Vendée. La division de Mayence devait, comme on l'a vu, agir par Nantes. Le comité de salut public, qui recevait des nouvelles alarmantes sur les projets des Anglais sur l'Ouest, approuva tout à fait l'idée de porter les principales forces vers les côtes. Rossignol et son parti en conçurent beaucoup d'humeur, et écrivirent au ministère des lettres qui ne faisaient attendre d'eux qu'une faible coopération aux plans convenus. La division de Mayence marcha donc sur Nantes, où elle fut reçue avec de grandes démonstrations de joie, et au milieu des fêtes. Un banquet était préparé, et avant de s'y rendre, on préluda au festin par une vive escarmouche avec les partis ennemis répandus sur les bords de la Loire. Si la colonne de Nantes était joyeuse d'être réunie à la célèbre armée de Mayence, celle-ci n'était pas moins satisfaite de servir sous le brave Canclaux, et avec sa division déjà signalée par la défense de Nantes et par une foule de faits honorables. D'après le plan concerté, des colonnes partant de tous les points du théâtre de la guerre devaient se réunir au centre et y écraser l'ennemi. Canclaux, général de l'armée de Brest, partant de Nantes, devait descendre la rive gauche de la Loire, tourner autour du vaste lac de Grand-Lieu, balayer la Vendée inférieure, remonter ensuite vers Machecoul, et se trouver à Léger le 11 ou le 12. Son arrivée sur ce dernier point était le signal du départ pour les colonnes de l'armée de La Rochelle, chargées d'assaillir le pays par le Midi et l'Est. On se souvient que l'armée de La Rochelle, sous les ordres de Rossignol, général en chef, se composait de plusieurs divisions : celle des Sables était commandée par Mieszkousky, celle de Luçon par Beffroy, celle de Niort par Chalbos, celle de Saumur par Santerre, celle d'Angers par Duhoux. A l'instant où Canclaux arriverait à Léger, la colonne des Sables avait ordre de se mettre en mouvement, de se trouver le 13 à Saint-Fulgent, le 14 aux Herbiers, et le 16 enfin, d'être avec Canclaux à Mortagne. Les colonnes de Luçon, de Niort, devaient, en se donnant la main, avancer vers Bressuire et Argenton, et avoir atteint cette hauteur le 14; enfin, les colonnes de Saumur et d'Angers, partant de la Loire, devaient arriver aussi le 14 aux environs de Vihiers et Chemillé.

Ainsi, d'après ce plan, tout le pays devait être parcouru du 14 au 16, et les rebelles allaient être enfermés par les colonnes républicaines entre Mortagne, Bressuire, Argenton, Vihiers et Chemillé. Leur destruction devenait alors inévitable.

On a déjà vu que, deux fois repoussés de Luçon avec un dommage considérable, les Vendéens avaient fort à cœur de prendre une revanche. Ils se réunirent en force avant que les républicains eussent exécuté leurs projets; et tandis que Charette assiégeait le camp des Naudières du côté de Nantes, ils attaquèrent la division de Luçon, qui s'était avancée jusqu'à Chantonay. Ces deux tentatives eurent lieu le 5 septembre. Celle de Charette sur les Naudières fut repoussée; mais l'attaque sur Chantonay, imprévue et bien dirigée, jeta les républicains dans le plus grand désordre. Le jeune et brave Marceau fit des prodiges pour éviter un désastre; mais sa division, après avoir perdu ses bagages et son artillerie, se retira pêle-mêle à Luçon. Cet échec pouvait nuire au plan projeté, parce que la désorganisation de l'une des colonnes laissait un vide entre la division des Sables et celle de Niort; mais les représentans firent les efforts les plus actifs pour la réorganiser, et on envoya des courriers à Rossignol, afin de le prévenir de l'événement.

Tous les Vendéens étaient dans ce moment

réunis aux Herbiers, autour du généralissime d'Elbée. La division était parmi eux comme chez leurs adversaires, car le cœur humain est partout le même, et la nature ne réserve pas le désintéressement et les vertus pour un parti, en laissant exclusivement à l'autre l'orgueil, l'égoïsme et les vices. Les chefs vendéens se jalousaient entre eux comme les chefs républicains. Les généraux avaient peu de considération pour le conseil supérieur, qui affectait une espèce de souveraineté. Possédant la force réelle, ils n'étaient nullement disposés à céder le commandement à un pouvoir qui ne devait qu'à eux-mêmes sa fictive existence. Ils enviaient d'ailleurs le généralissime d'Elbée, et prétendaient que Bonchamps eût été mieux fait pour leur commander à tous. Charette, de son côté, voulait rester seul maître de la Basse-Vendée. Ils étaient donc peu disposés à s'entendre, et à concerter un plan en opposition à celui des républicains. Une dépêche interceptée venait de leur faire connaître les projets de leurs ennemis. Bonchamps fut le seul qui proposa un projet hardi et qui révélait des pensées profondes. Il pensait qu'il ne serait pas possible de résister long-temps aux forces de la république réunies dans la Vendée ; qu'il était pressant de s'arracher de ces bois, de ces ravins, où l'on serait éternellement enseveli, sans connaître les coalisés et sans être connu d'eux ; en conséquence il soutint qu'au lieu de s'exposer à être détruit, il valait mieux sortir en colonne serrée de la Vendée, et s'avancer dans la Bretagne où l'on était désiré, et où la république ne s'attendait pas à être frappée. Il conseilla de marcher jusques aux côtes de l'Océan, de s'emparer d'un port, de communiquer avec les Anglais, d'y recevoir un prince émigré, de se reporter de là sur Paris, et de faire ainsi une guerre offensive et décisive. Cet avis, qu'on prête à Bonchamps, ne fut pas suivi des Vendéens, dont les vues étaient toujours aussi bornées, et qui avaient toujours une aussi grande répugnance à quitter leur sol. Leurs chefs ne songèrent qu'à se partager le pays en quatre portions, pour y régner individuellement. Charette eut la Basse-Vendée, M. de Bonchamps les bords de la Loire du côté d'Angers, M. de La Rochejaquelein le reste du Haut-Anjou, M. de Lescure toute la partie insurgée du Poitou. M. d'Elbée conserva son titre inutile de généralissime, et le conseil supérieur son autorité fictive.

Le 9, Canclaux se mit en mouvement, laissa au camp des Naudières une forte réserve sous les ordres de Grouchy et d'Haxo, pour protéger Nantes, et achemina la colonne de Mayence vers Léger. Pendant ce temps l'ancienne armée de Brest, sous les ordres de Beysser, faisant le circuit de la Basse-Vendée par Pornic, Bourneuf et Machecoul, devait se rejoindre à Léger avec la colonne de Mayence.

Ces mouvemens, dirigés par Canclaux, s'exécutèrent sans obstacles. La colonne de Mayence, dont Kléber commandait l'avant-garde, et Aubert-Dubayet le corps de bataille, chassa tous les ennemis devant elle. Kléber, à l'avant-garde, aussi loyal qu'héroïque, faisait camper ses troupes hors des villages pour empêcher les dévastations. « En passant, dit-il, devant le beau lac de Grand-« Lieu, nous avions des paysages charmans, et « des échappées de vue aussi agréables que mul-« tipliées. Sur une prairie immense erraient au « hasard de nombreux troupeaux abandonnés à « eux-mêmes. Je ne pus m'empêcher de gémir sur « le sort de ces infortunés habitans, qui, égarés « et fanatisés par leurs prêtres, repoussaient les « bienfaits d'un nouvel ordre de choses pour courir « à une destruction certaine. » Kléber fit des efforts continuels pour protéger le pays contre les soldats, et réussit le plus souvent. Une commission civile avait été jointe à l'état-major pour faire exécuter le décret du 1er août, qui ordonnait de ruiner le sol et d'en transporter la population ailleurs. Il était défendu aux soldats de mettre le feu; et ce n'était que d'après les ordres des généraux et de la commission civile, que les moyens de destruction devaient être employés.

On était arrivé le 14 à Léger, et la colonne de Mayence s'y était réunie à celle de Brest, commandée par Beysser. Pendant ce temps, la colonne des Sables, sous les ordres de Mieszkousky, s'était avancée à Saint-Fulgent, suivant le plan convenu, et donnait déjà la main à l'armée de Canclaux. Celle de Luçon, retardée un moment par sa défaite à Chantonay, était demeurée en arrière; mais, grâce au zèle des représentans qui lui avaient donné un nouveau général, Beffroy, elle s'était reportée en avant. Celle de Niort se trouvait à la Châtaigneraie. Ainsi, quoique le mouvement général eût été retardé d'un jour ou deux sur tous les points, et que Canclaux ne fût arrivé que le 14 à Léger, où il aurait dû se trouver le 12, le retard étant commun à toutes les colonnes, l'ensemble n'en était pas détruit, et on pouvait poursuivre l'exécution du plan de campagne. Mais, dans cet intervalle de temps, la nouvelle de la défaite essuyée par la division de Luçon était arrivée à Saumur; Rossignol, Ronsin et tout l'état-major avaient pris l'alarme; et, craignant qu'il n'arrivât de semblables accidens aux deux autres colonnes de Niort et des Sables, dont ils suspectaient la force, ils décidèrent de les faire rentrer sur-le-champ dans leurs premiers postes. Cet ordre était des plus imprudens; cependant il n'était pas donné de mauvaise foi, et dans l'intention de découvrir Canclaux et d'exposer ses ailes; mais on avait peu de confiance en son plan, on était très disposé, au moindre obstacle, à le juger impossible, et à l'abandonner. C'est là sans doute ce qui détermina l'état-major de Saumur à ordonner le mouvement rétrograde des colonnes de Niort, de Luçon et des Sables.

Canclaux, poursuivant sa marche, avait fait de nouveaux progrès; il avait attaqué Montaigu sur trois points: Kléber, par la route de Nantes, Aubert-Dubayet, par celle de Roche-Servière, et Beysser, par celle de Saint-Fulgent, s'y étaient précipités à la fois, et en avaient bientôt délogé l'ennemi. Le 17, Canclaux prit Clisson; et, ne voyant pas encore agir Rossignol, il résolut de s'arrêter, et de se borner à des reconnaissances, en attendant de nouveaux renseignemens.

Canclaux s'établit donc aux environs de Clisson, laissa Beysser à Montaigu, et porta Kléber avec l'avant-garde à Torfou. On était là le 18. Le contre-ordre donné de Saumur était arrivé à la division de Niort, et avait été communiqué aux deux autres divisions de Luçon et des Sables; sur-le-champ elles s'étaient retirées, et avaient jeté, par leur mouvement rétrograde, les Vendéens dans l'étonnement, et Canclaux dans le plus grand embarras. Les Vendéens étaient environ cent mille sous les armes. Un nombre immense d'entre eux se trouvait du côté de Vihiers et de Chemillé, en face des colonnes de Saumur et d'Angers; un nombre plus considérable encore du côté de Clisson et de Mortagne, sur Canclaux. Les colonnes d'Angers et de Saumur, en les voyant si nombreux, disaient que c'était l'armée de Mayence qui les leur rejetait sur les bras, et se plaignaient de ce plan qui les exposait à recevoir un ennemi si formidable. Cependant il n'en était rien, et les Vendéens étaient partout debout en assez grand nombre pour occuper les républicains sur tous les points. Ce jour même, loin de se jeter sur les colonnes de Rossignol, ils marchaient sur Canclaux : d'Elbée et Lescure quittaient la Haute-Vendée pour joindre l'armée de Mayence.

Par une singulière complication d'événemens, Rossignol, en apprenant les succès de Canclaux, qui avait pénétré jusqu'au centre de la Vendée, contremande ses premiers ordres de retraite, et enjoint à ses colonnes de se reporter en avant. Les colonnes de Saumur et d'Angers, placées à sa portée, agissent les premières, et escarmouchent, l'une à Doué, l'autre aux ponts de Cé. Les avantages sont balancés. Le 18, celle de Saumur, commandée par Santerre, veut s'avancer de Vihiers à un petit village nommé Coron. Artillerie, cavalerie, infanterie, se trouvent, par de mauvaises dispositions, accumulées confusément dans les rues de ce village qui était dominé. Santerre veut réparer cette faute et faire reculer les troupes pour les mettre en bataille sur une hauteur ; mais Ronsin, qui, en l'absence de Rossignol, s'attribuait une autorité supérieure, reproche à Santerre d'ordonner la retraite, et s'y oppose. Dans ce moment, les Vendéens fondent sur les républicains, un horrible désordre se communique à toute la division. Il s'y trouvait beaucoup d'hommes du nouveau contingent levé avec le tocsin ; ceux-ci se débandent ; tout est entraîné et fuit confusément, de Coron à Vihiers, à Doué et à Saumur. Le lendemain 19, les Vendéens marchent contre la division d'Angers, commandée par Duhoux. Aussi heureux que la veille, ils repoussent les républicains jusqu'au-delà d'Érigné, et s'emparent de nouveau des ponts de Cé.

Du côté de Canclaux, on se bat avec la même activité. Le même jour, vingt mille Vendéens, placés aux environs de Torfou, fondent sur l'avantgarde de Kléber, composée tout au plus de deux mille hommes. Kléber se place au milieu de ses soldats, et les soutient contre cette foule d'assaillans. Le terrain sur lequel il se bat est un chemin dominé par des hauteurs ; malgré le désavantage de la position, il ne se retire qu'avec ordre et fermeté. Cependant, une pièce d'artillerie ayant été démontée, un peu de confusion se répand dans ses bataillons, et ses braves plient pour la première fois. A cette vue, Kléber, pour arrêter l'ennemi, place un officier avec quelques soldats auprès d'un pont, et leur dit : *Mes amis, vous vous ferez tuer.* Ils exécutent cet ordre avec un admirable héroïsme. Sur ces entrefaites, le corps de bataille arrive, et rétablit le combat; les Vendéens sont enfin repoussés bien loin, et punis de leur avantage passager.

Tous ces événemens s'étaient passés le 19; l'ordre de se reporter en avant, qui avait si mal réussi aux deux divisions de Saumur et d'Angers, n'était pas encore parvenu, à cause des distances, aux colonnes de Luçon et de Niort. Beysser était toujours à Montaigu, formant la droite de Canclaux et se trouvant découvert. Canclaux voulant mettre Beysser à l'abri, lui ordonna de quitter Montaigu et de se rapprocher du corps de bataille. Il enjoignit à Kléber de s'avancer du côté de Beysser pour protéger son mouvement. Beysser, trop négligent, avait laissé sa colonne mal gardée dans Montaigu. MM. de Lescure et Charette la surprirent, et l'auraient anéantie sans la bravoure de deux bataillons, qui, par leur opiniâtreté, arrêtèrent la rapidité de la poursuite et de la retraite.

L'artillerie et les bagages furent perdus, et les débris de cette colonne coururent à Nantes, où ils furent reçus par la brave réserve laissée pour protéger la place. Canclaux résolut alors de rétrograder, pour ne pas rester en flèche dans le pays, exposé à tous les coups des Vendéens. Il se replia en effet sur Nantes avec ses braves Mayençais, qui ne furent pas entamés, grâce à leur attitude imposante, et aux refus de Charette, qui ne voulut pas se réunir à MM. d'Elbée et de Bonchamps, dans la poursuite des républicains.

La cause qui empêcha le succès de cette nouvelle expédition sur la Vendée est évidente. L'état-major de Saumur avait été mécontent du plan qui adjugeait la colonne de Mayence à Canclaux; l'échec du 5 septembre fut pour lui un prétexte suffisant de se décourager, et de renoncer à ce plan. Un contre-ordre fut aussitôt donné aux colonnes des Sables, de Luçon et de La Rochelle. Canclaux, qui s'était avancé avec succès, se trouva ainsi découvert, et l'échec de Torfou rendit sa position encore plus difficile. Cependant l'armée de Saumur, en apprenant ses progrès, marcha de Saumur et d'Angers, à Vihiers et Chemillé, et si elle ne s'était pas si tôt débandée, il est probable que la retraite des ailes n'aurait pas empêché le succès définitif de l'entreprise. Ainsi, trop de promptitude à renoncer au plan proposé, la mauvaise organisation des nouvelles levées, et la puissance des Vendéens, qui étaient plus de cent mille sous les armes, furent les causes de ces nouveaux revers. Mais il n'y avait ni trahison de la part de l'état-major de Saumur, ni vice dans le plan de Canclaux. L'effet de ces revers était funeste, car la nouvelle résistance de la Vendée réveillait toutes les espérances des contre-révolutionnaires, et aggravait singulièrement les périls de la république. Enfin, si les armées de Brest et de Mayence n'en étaient pas ébranlées, celle de La Rochelle se trouvait encore une fois désorganisée, et tous les contingens, provenant de la levée en masse, rentraient dans leurs foyers, en y portant le plus grand découragement.

Les deux partis de l'armée s'empressèrent aussitôt de s'accuser. Philippeaux, toujours plus ardent, écrivit au comité de salut public une lettre bouillante d'indignation, où il attribua à une trahison le contre-ordre donné aux colonnes de l'armée de la Rochelle. Choudieu et Richard, commissaires à Saumur, écrivirent des réponses aussi injurieuses, et Ronsin courut auprès du ministère et du comité de salut public pour dénoncer les vices du plan de campagne. Canclaux, dit-il, faisant agir des masses trop fortes dans la Basse-Vendée, avait rejeté sur la Haute-Vendée toute la population insurgée, et avait amené la défaite des colonnes de Saumur et d'Angers. Enfin, rendant calomnies pour calomnies, Ronsin répondit au reproche de trahison par celui d'aristocratie, et dénonça à la fois les deux armées de Brest et de Mayence, comme remplies d'hommes suspects et malintentionnés. Ainsi s'envenimait toujours davantage la querelle du parti jacobin contre le parti qui voulait la discipline et la guerre régulière.

L'inconcevable déroute de Menin, l'inutile et meurtrière tentative sur Pirmasens, les défaites aux Pyrénées-Orientales, la fâcheuse issue de la nouvelle expédition sur la Vendée, furent connues à Paris presque en même temps, et y causèrent la plus funeste impression. Ces nouvelles se répandirent successivement du 18 au 25 septembre, et, suivant l'usage, la crainte excita la violence. On a déjà vu que les plus ardens agitateurs se réunissaient aux Cordeliers, où l'on s'imposait encore moins de réserve qu'aux Jacobins, et qu'ils régnaient au ministère de la guerre sous le faible Bouchotte. Vincent était leur chef à Paris, comme Ronsin dans la Vendée, et ils saisirent cette occasion de renouveler leurs plaintes accoutumées. Placés au-dessous de la convention, ils auraient voulu écarter son autorité incommode, qu'ils rencontraient aux armées dans la personne des représentans, et à Paris dans le comité de salut public.

Les représentans en mission ne leur laissaient pas exécuter les mesures révolutionnaires avec toute la violence qu'ils désiraient y mettre ; le comité de salut public, réglant souverainement toutes les opérations suivant des vues plus élevées et plus impartiales, les contrariait sans cesse, et il était de tous les obstacles celui qui les gênait le plus ; aussi leur venait-il souvent à l'esprit de faire établir le nouveau pouvoir exécutif, d'après le mode adopté par la constitution.

La mise en vigueur de la constitution, souvent et méchamment demandée par les aristocrates, avait de grands périls. Elle exigeait de nouvelles élections, remplaçait la convention par une autre assemblée, nécessairement inexpérimentée, inconnue au pays, et renfermant toutes les factions à la fois. Les révolutionnaires enthousiastes, sentant ce danger, ne demandaient pas le renouvellement de la représentation nationale, mais réclamaient l'exécution de la constitution en ce qui convenait à leurs vues. Placés presque tous dans les bureaux, ils voulaient seulement la formation du ministère constitutionnel, qui devait être indépendant du pouvoir législatif, et par conséquent du comité de salut public. Vincent eut donc l'audace de faire rédiger une pétition aux Cordeliers, pour demander l'organisation du ministère constitutionnel, et le rappel des députés en mission.

L'agitation fut des plus vives. Legendre, ami de Danton, et déjà rangé parmi ceux dont l'énergie semblait se ralentir, s'y opposa vainement, et la pétition fut adoptée, à un article près, celui qui demandait le rappel des représentans en mission. L'utilité de ces représentans était si évidente, et il y avait dans cette clause quelque chose de si personnel contre les membres de la convention, qu'on n'osa pas y persister. Cette pétition provoqua beaucoup de tumulte à Paris, et compromit sérieusement l'autorité naissante du comité de salut public.

Outre ces adversaires violens, ce comité en avait encore d'autres parmi les nouveaux modérés, qu'on accusait de reproduire le système des girondins, et de contrarier l'énergie révolutionnaire. Fortement prononcés contre les cordeliers, les jacobins, les désorganisateurs des armées, ils ne cessaient de faire leurs plaintes au comité, et lui reprochaient même de ne pas se déclarer assez fortement contre les anarchistes.

Le comité avait donc contre lui les deux nouveaux partis qui commençaient à se former. Suivant l'usage, ces partis profitèrent des événemens malheureux pour l'accuser, et tous deux, d'accord pour condamner ses opérations, les critiquèrent chacun à sa manière.

La déroute du 15 à Menin était déjà connue;

les derniers revers de la Vendée commençaient à l'être confusément. On parlait vaguement d'une défaite à Coron, à Torfou, à Montaigu. Thuriot, qui avait refusé d'être membre du comité de salut public, et qu'on accusait d'être l'un des nouveaux modérés, s'éleva, au commencement de la séance, contre les intrigans, les désorganisateurs, qui venaient de faire, au sujet des subsistances, de nouvelles propositions extrêmement violentes. « Nos comités et le conseil exécutif, dit-il, sont « harcelés, cernés par un ramas d'intrigans qui « n'affichent le patriotisme que parce qu'il leur est « productif. Oui, le temps est venu où il faut chas- « ser ces hommes de rapine et d'incendie, qui « croient que la révolution s'est faite pour eux, « tandis que l'homme probe et pur ne la soutient « que pour le bonheur du genre humain. » Les propositions combattues par Thuriot sont repoussées. Briez, l'un des commissaires envoyés à Valenciennes, lit alors un mémoire critique sur les opérations militaires; il soutient qu'on n'a jamais fait qu'une guerre lente et peu convenable au génie français, qu'on s'est toujours battu en détail, par petites masses, et que c'est dans ce système qu'il faut chercher la cause des revers qu'on a essuyés. Ensuite, sans attaquer ouvertement le comité de salut public, il paraît insinuer que ce comité n'a pas tout fait connaître à la convention, et que, par exemple, il y avait eu près de Douay un corps de six mille Autrichiens, qui aurait pu être enlevé et qui ne l'avait pas été. La convention, après avoir entendu Briez, l'adjoint au comité de salut public. Dans ce moment, arrivent les nouvelles détaillées de la Vendée, contenues dans une lettre de Montaigu. Ces détails alarmans excitent un élan général. « Au lieu de nous intimider, s'écrie « un des membres, jurons de sauver la république! » A ces mots, l'assemblée entière se lève, et jure encore une fois de sauver la république, quels que soient les périls qui la menacent. Les membres du comité de salut public, qui n'étaient point encore arrivés, entrent dans ce moment. Barrère, le rapporteur ordinaire, prend la parole. « Tout soupçon « dit-il, dirigé contre le comité de salut public, « serait une victoire remportée par Pitt. Il ne faut « pas donner à nos ennemis le trop grand avantage « de déconsidérer nous-mêmes le pouvoir chargé « de nous sauver. » Barrère fait ensuite connaître les mesures prises par le comité. « Depuis plusieurs « jours, continue-t-il, le comité avait lieu de soup-« çonner que de graves fautes avaient été com-« mises à Dunkerque, où l'on aurait pu exterminer « jusqu'au dernier des Anglais, et à Menin, où « aucun effort n'avait été fait pour arrêter les « étranges effets de la terreur panique. Le comité « a destitué Houchard, ainsi que le général divi-

« sionnaire Hédouville, qui n'a pas fait à Menin
« ce qu'il devait; et on examinera sur-le-champ la
« conduite de ces deux généraux; le comité va
« ensuite faire épurer tous les états-majors et
« toutes les administrations des armées; il a mis
« les flottes sur un pied qui leur permettra de se
« mesurer avec nos ennemis; il vient de lever dix-
« huit mille hommes; il vient d'ordonner un nou-
« veau système d'attaque en masse; enfin, c'est
« dans Rome même qu'il veut attaquer Rome, et
« cent mille hommes, débarquant en Angleterre,
« iront étouffer à Londres le système de Pitt. C'est
« donc à tort que l'on a accusé le comité de salut
« public; il n'a pas cessé de mériter la confiance
« que la convention lui a jusqu'ici témoignée. »

Robespierre prend alors la parole : « Depuis
« long-temps, dit-il, on s'attache à diffamer la con-
« vention et le comité dépositaire de sa puissance.
« Briez, qui aurait dû mourir à Valenciennes,
« en est lâchement sorti, pour venir à Paris
« servir Pitt et la coalition, en déconsidérant le
« gouvernement. Ce n'est pas assez, ajoute-t-il,
« que la convention nous continue sa confiance,
« Il faut qu'elle le proclame solennellement, et
« qu'elle rapporte sa décision à l'égard de Briez,
« qu'elle vient de nous adjoindre. » Des applaudissemens accueillent cette demande; on décide
que Briez ne sera pas joint au comité de salut pu-

blic, et on déclare par acclamation que ce comité conserve toute la confiance de la convention nationale.

Les modérés étaient dans la convention, et ils venaient d'être repoussés, mais les adversaires les plus redoutables du comité, c'est-à-dire les révolutionnaires ardens, se trouvaient aux Jacobins et aux Cordeliers. C'était surtout de ces derniers qu'il fallait se défendre. Robespierre se rendit aux Jacobins, et usa de son ascendant sur eux : il développa la conduite du comité, il le justifia des doubles attaques des modérés et des exagérés, et fit sentir le danger des pétitions tendant à demander la formation du ministère constitutionnel. « Il faut, dit-il, qu'un gouvernement quelconque « succède à celui que nous avons détruit ; le sys- « tème d'organiser en ce moment le ministère « constitutionnel n'est autre chose que celui de « chasser la convention elle-même, et de décom- « poser le pouvoir en présence des armées enne- « mies. Pitt peut seul être l'auteur de cette idée. « Ses agens l'ont propagée, ils ont séduit les « patriotes de bonne foi; et le peuple crédule et « souffrant, toujours enclin à se plaindre du gou- « vernement, qui ne peut remédier à tous ses « maux, est devenu l'écho fidèle de leurs calom- « nies et de leurs propositions. Vous, jacobins, « s'écrie Robespierre, trop sincères pour être

« gagnés, trop éclairés pour être séduits, vous
« défendrez la Montagne qu'on attaque; vous sou-
« tiendrez le comité de salut public qu'on veut
« calomnier pour vous perdre, et c'est ainsi qu'avec
« vous il triomphera de toutes les menées des
« ennemis du peuple. »

Robespierre fut applaudi, et tout le comité dans sa personne. Les cordeliers furent ramenés à l'ordre, leur pétition oubliée; et l'attaque de Vincent, repoussée victorieusement, n'eut aucune conséquence.

Cependant il devenait urgent de prendre un parti à l'égard de la nouvelle constitution. Céder la place à de nouveaux révolutionnaires, équivoques, inconnus, probablement divisés parce qu'ils seraient issus de toutes les factions vivant au-dessous de la convention, était dangereux. Il fallait donc déclarer à tous les partis qu'on allait s'emparer du pouvoir, et qu'avant d'abandonner la république à elle-même, et à l'action des lois qu'on lui avait données, on la gouvernerait révolutionnairement, jusqu'à ce qu'elle fût sauvée. De nombreuses pétitions avaient déjà engagé la convention à rester à son poste. Le 10 octobre, Saint-Just, portant la parole au nom du comité de salut public, proposa de nouvelles mesures de gouvernement. Il fit le tableau le plus triste de la France; il chargea ce tableau des sombres couleurs de son imagination mélancolique; et, avec le secours de son grand talent, et de faits d'ailleurs très vrais, il produisit une espèce de terreur dans les esprits. Il présenta donc et fit adopter un décret qui renfermait les dispositions suivantes. Par le premier article, le gouvernement de la France était déclaré *révolutionnaire* jusqu'à la paix; ce qui signifiait que la constitution était momentanément suspendue, et qu'une dictature extraordinaire était instituée jusqu'à l'expiration de tous les dangers. Cette dictature était conférée à la convention et au comité de salut public. « Le conseil exécutif, disait « le décret, les ministres, les généraux, les corps « constitués, sont placés sous la surveillance du « comité de salut public, qui en rendra compte « tous les huit jours à la convention. » Nous avons déjà expliqué comment la surveillance se changeait en autorité suprême, parce que les ministres, les généraux, les fonctionnaires, obligés de soumettre leurs opérations au comité, avaient fini par ne plus oser agir de leur propre mouvement, et par attendre tous les ordres du comité lui-même. On disait ensuite : « Les lois révolutionnaires doivent « être exécutées rapidement. L'inertie du gouver- « nement étant la cause des revers, les délais pour « l'exécution de ces lois seront fixés. La violation « des délais sera punie comme un attentat à la « liberté. » Des mesures sur les subsistances étaient ajoutées à ces mesures de gouvernement, car le pain est le droit du peuple, avait dit Saint-Just. Le tableau général des subsistances, définitivement achevé, devait être envoyé à toutes les autorités. Le nécessaire des départemens devait être approximativement évalué, et garanti; quant au superflu de chacun d'eux, il était soumis aux réquisitions, soit pour les armées, soit pour les provinces qui n'avaient pas le nécessaire. Ces réquisitions étaient réglées par une commission des subsistances. Paris devait être comme une place de guerre approvisionnée pour un an, à l'époque du 1er mars suivant. Enfin, on décrétait qu'il serait institué un tribunal, pour vérifier la conduite et la fortune de tous ceux qui avaient manié les deniers publics.

Par cette grande et importante déclaration, le gouvernement, composé du comité de salut public, du comité de sûreté générale, du tribunal extraordinaire, se trouvait complété et maintenu pendant la durée du danger. C'était déclarer la révolution en état de siége, et lui appliquer les lois extraordinaires de cet état, pendant tout le temps qu'il durerait. On ajouta à ce gouvernement extraordinaire diverses institutions réclamées depuis long-temps, et devenues inévitables. On demandait une armée révolutionnaire, c'est-à-dire une force chargée spécialement de faire exécuter les ordres du gouvernement dans l'intérieur. Elle était décrétée depuis long-temps; elle fut enfin organisée par un nouveau décret [1]. On la composa de six mille hommes et de douze cents canonniers. Elle devait se déplacer, et se rendre de Paris dans les villes où sa présence serait nécessaire, et y demeurer en garnison aux dépens des habitans les plus riches. Les cordeliers en voulaient une par département; mais on s'y opposa en disant que ce serait revenir au fédéralisme que de donner à chaque département une force individuelle. Les mêmes cordeliers demandaient en outre qu'on fît suivre les détachemens de l'armée révolutionnaire d'une guillotine portée sur des roues. Toutes les idées surgissent dans l'esprit du peuple quand il se donne carrière. La convention repoussa toutes ces demandes, et s'en tint à son décret. Bouchotte, chargé de composer cette armée, la recruta dans tout ce que Paris renfermait de gens sans aveu, et prêts à se faire les satellites du pouvoir dominant. Il remplit l'état-major de jacobins, mais surtout de cordeliers; il arracha Ronsin à la Vendée et à Rossignol, pour le mettre à la tête de cette armée révolutionnaire. Il soumit la liste de cet état-major aux jacobins, et fit subir à chaque officier l'épreuve du scrutin. Aucun d'eux, en effet, ne fut

---

[1]. Du 3 septembre.

confirmé par le ministre sans avoir été approuvé par la société.

A l'institution de l'armée révolutionnaire, on ajouta enfin la loi des suspects, si souvent demandée, et résolue en principe le même jour que la levée en masse. Le tribunal extraordinaire, quoique organisé de manière à frapper sur de simples probabilités, ne rassurait pas assez l'imagination révolutionnaire. On souhaitait pouvoir enfermer ceux qu'on ne pourrait pas envoyer à la mort, et on demandait des dispositions qui permissent de s'assurer de leurs personnes. Le décret qui mettait les aristocrates hors la loi était trop vague, et exigeait un jugement. On voulait que sur la simple dénonciation des comités révolutionnaires, un individu déclaré suspect pût être sur-le-champ jeté en prison. On décréta, en effet, l'arrestation provisoire, jusqu'à la paix, de tous les individus suspects [1]. Étaient considérés comme tels : 1° ceux qui, soit par leur conduite, soit par leurs relations, soit par leurs propos ou leurs écrits, s'étaient montrés partisans de la tyrannie, du fédéralisme, et ennemis de la liberté; 2° ceux qui ne pourraient pas justifier de la manière prescrite par la loi du 20 mars dernier, de leurs

---

[1]. Ce décret célèbre fut rendu le 17 septembre. Il est connu sous le nom de *loi des suspects*.

moyens d'exister, et de l'acquit de leurs devoirs civiques ; 3° ceux à qui il avait été refusé des certificats de civisme ; 4° les fonctionnaires publics suspendus ou destitués de leurs fonctions par la convention nationale et par ses commissaires ; 5° les ci-devant nobles, les maris, femmes, pères, mères, fils ou filles, frères ou sœurs, et agens d'émigrés, qui n'avaient pas constamment manifesté leur attachement à la révolution ; 6° ceux qui avaient émigré dans l'intervalle du 1er juillet 1789 à la publication de la loi du 8 avril 1792, quoiqu'ils fussent rentrés en France dans les délais déterminés.

Les détenus devaient être enfermés dans les maisons nationales, et gardés à leurs frais. On leur accordait la faculté de transporter dans ces maisons les meubles dont ils auraient besoin. Les comités chargés de prononcer l'arrestation ne le pouvaient qu'à la majorité, et à la charge d'envoyer au comité de sûreté générale la liste des suspects et les motifs de chaque arrestation. Leurs fonctions étant dès cet instant fort difficiles et presque continues, devinrent pour les membres une espèce de profession qu'il fallut solder. Ils reçurent dès lors un traitement à titre d'indemnité.

A ces dispositions, sur l'instante demande de la commune de Paris, il en fut ajouté une dernière qui rendait cette loi des suspects encore plus redoutable : ce fut la révocation du décret qui défendait les visites domiciliaires pendant la nuit. Dès cet instant, chaque citoyen poursuivi fut menacé à toute heure, et n'eut plus aucun moment de repos. En s'enfermant pendant le jour dans des cages ingénieuses et très étroites que le besoin avait fait imaginer, les suspects avaient du moins la faculté de respirer pendant la nuit; maintenant ils ne le pouvaient plus, et les arrestations, multipliées jour et nuit, remplirent bientôt toutes les prisons de la France.

Les assemblées de section se tenaient chaque jour ; mais les gens du peuple n'avaient pas le temps de s'y rendre, et en leur absence les motions révolutionnaires n'étaient plus soutenues. On décida, sur la proposition expresse des jacobins et de la commune, que ces assemblées n'auraient plus lieu que deux fois par semaine, et que chaque citoyen qui viendrait y assister recevrait quarante sous par séance. C'était le moyen le plus assuré d'avoir le peuple, en ne le réunissant pas trop souvent, et en payant sa présence. Les révolutionnaires ardens furent irrités de ce qu'on mettait des bornes à leur zèle, en limitant à deux par semaine les séances des sections. Ils firent donc une pétition fort vive pour se plaindre de ce qu'on portait atteinte aux droits du souverain, en l'empêchant de se réunir toutes les fois qu'il lui plaisait.

C'est le jeune Varlet qui fut l'auteur de cette nouvelle pétition ; mais on la repoussa, et on n'en tint pas plus de compte que de beaucoup d'autres demandes inspirées par la fermentation révolutionnaire.

Ainsi, la machine était complète sous les deux rapports les plus importans dans un état menacé, la guerre et la police. Dans la convention, un comité dirigeait les opérations militaires, choisissait les généraux et les agens de toute espèce, et pouvait, par le décret de la réquisition permanente, disposer à la fois des hommes et des choses. Il faisait tout cela, ou par lui-même, ou par les représentans envoyés en mission. Sous ce comité, le comité dit de sûreté générale avait la direction de la haute police, et se servait pour sa surveillance des comités révolutionnaires institués dans chaque commune. Les individus légèrement soupçonnés d'hostilité, ou même d'indifférence, étaient enfermés ; d'autres, plus gravement compromis, étaient frappés par le tribunal extraordinaire, mais heureusement encore en petit nombre, car ce tribunal n'avait prononcé jusqu'alors que peu de condamnations. Une armée spéciale, véritable colonne mobile ou gendarmerie de ce régime, faisait exécuter les ordres du gouvernement, et enfin le peuple, payé pour se rendre dans les sections, était toujours prêt à le soutenir. Ainsi, guerre et police, tout aboutissait au comité de salut public. Maître absolu, ayant le moyen de requérir toutes les richesses, pouvant envoyer les citoyens ou sur les champs de bataille, ou à l'échafaud, ou dans les cachots, il était investi, pour la défense de la révolution, d'une dictature souveraine et terrible. A la vérité, il lui fallait, tous les huit jours, rendre compte à la convention de ses travaux, mais ce compte était toujours approuvé, car l'opinion critique ne s'exerçait qu'aux Jacobins, dont il était maître depuis que Robespierre en faisait partie. Il n'y avait en opposition à cette puissance que les modérés, restés en deçà, et les nouveaux exagérés, portés au-delà, mais peu à craindre les uns et les autres.

On a vu que déjà Robespiere et Carnot avaient été attachés au comité de salut public, en remplacement de Gasparin et de Thuriot, tous deux malades. Robespierre y avait apporté sa puissante influence, et Carnot sa science militaire. La convention voulut adjoindre à Robespierre Danton, son collègue et son rival en renommée; mais celui-ci, fatigué de travaux, peu propre à des détails d'administration, dégoûté d'ailleurs par les calomnies des partis, ne voulait plus être d'aucun comité. Il avait déjà bien assez fait pour la révolution; il avait soutenu les courages dans tous les jours de danger; il avait fourni la première idée du tribunal révolutionnaire, de l'armée révolutionnaire, de la réquisition permanente, de l'impôt sur les riches, et des quarante sous alloués par séance aux membres des sections; il était l'auteur enfin de toutes les mesures qui, devenues cruelles par l'exécution, donnaient néanmoins à la révolution cette énergie qui la sauva. A cette époque, Danton commençait à n'être plus aussi nécessaire, car depuis la première invasion des Prussiens on s'était fait du danger une espèce d'habitude. Les vengeances qui se préparaient contre les girondins lui répugnaient; il venait d'épouser une jeune femme dont il était épris, et qu'il avait dotée avec l'or de la Belgique, au dire de ses ennemis, et suivant ses amis, avec le remboursement de sa charge d'avocat au conseil; il était atteint, comme Mirabeau, comme Marat, d'une maladie inflammatoire; enfin il avait besoin de repos, et il demanda un congé pour aller à Arcis-sur-Aube, sa patrie, jouir de la nature, qu'il aimait passionnément. On lui avait conseillé cette retraite momentanée comme un moyen de mettre fin aux calomnies. La victoire de la révolution pouvait désormais s'achever sans lui; deux mois de guerre et d'énergie suffisaient, et il se proposait de revenir, après la victoire, faire entendre sa voix puissante en faveur des vaincus et d'un ordre de choses meilleur. Vaine illusion de la paresse et du découragement! Abandonner pour deux mois, pour un seul, une révolution si rapide, c'était devenir pour elle étranger et impuissant.

Danton refusa donc d'entrer au comité de salut public, et obtint un congé; Billaud-Varennes, Collot-d'Herbois, furent joints au comité, et y apportèrent, l'un son caractère froid et implacable, et l'autre sa fougue et son influence sur les turbulens cordeliers. Le comité de sûreté générale fut réformé. De dix-huit membres on le réduisit à neuf, reconnus les plus sévères.

Tandis que le gouvernement s'organisait ainsi de la manière la plus forte, un redoublement d'énergie se manifestait dans toutes les résolutions. Les grandes mesures prises au mois d'août n'avaient pas encore produit leurs résultats. La Vendée, quoique attaquée suivant un plan régulier, avait résisté; l'échec de Menin avait presque fait perdre les avantages de la victoire d'Hondschoote; il fallait de nouveaux efforts. L'enthousiasme révolutionnaire inspira cette idée, que la volonté avait, à la guerre comme partout, une influence décisive, et, pour la première fois, il fut enjoint à une armée de vaincre dans un temps donné.

On voyait tous les dangers de la république dans la Vendée. « Détruisez la Vendée, avait dit Bar« rère, Valenciennes et Condé ne seront plus au « pouvoir de l'Autrichien. Détruisez la Vendée,

« l'Anglais ne s'occupera plus de Dunkerque. Dé-
« truisez la Vendée, le Rhin sera délivré des Prus-
« siens. Détruisez la Vendée, l'Espagne se verra
« harcelée, conquise par les méridionaux, joints
« aux soldats victorieux de Mortagne et de Cholet.
« Détruisez la Vendée, et une partie de cette armée
« de l'intérieur va renforcer cette courageuse armée
« du Nord, si souvent trahie, si souvent désorga-
« nisée. Détruisez la Vendée, Lyon ne résistera
« plus, Toulon s'insurgera contre les Espagnols et
« les Anglais, et l'esprit de Marseille se relèvera à
« la hauteur de la révolution républicaine. Enfin,
« chaque coup que vous porterez à la Vendée re-
« tentira dans les villes rebelles, dans les départe-
« mens fédéralistes, sur les frontières envahies!...
« La Vendée et encore la Vendée!... C'est là qu'il
« faut frapper, d'ici au 20 octobre, avant l'hiver,
« avant l'impraticabilité des routes, avant que les
« brigands trouvent l'impunité dans le climat et
« dans la saison.

« Le comité, d'un coup d'œil vaste et rapide,
« a vu dans ce peu de paroles tous les vices de la
« Vendée :

« Trop de représentans ;

« Trop de division morale ;

« Trop de divisions militaires ;

« Trop d'indiscipline dans les succès ;

« Trop de faux rapports dans le récit des évé-
« nemens ;

« Trop d'avidité, trop d'amour de l'argent dans
« une partie des chefs et des administrateurs. »

A la suite de cet exposé, la convention réduisit le nombre des représentans en mission, réunit les deux armées de Brest et de La Rochelle en une seule, dite armée de l'Ouest, et en donna le commandement, non à Rossignol, non à Canclaux, mais à Léchelle, général de brigade dans la division de Luçon. Enfin, elle détermina le jour auquel la guerre de la Vendée devrait être finie, et ce jour était le 20 octobre. Voici la proclamation qui accompagnait le décret [1] :

LA CONVENTION NATIONALE A L'ARMÉE DE L'OUEST.

« Soldats de la liberté, il faut que les brigands
« de la Vendée soient exterminés avant la fin du
« mois d'octobre! Le salut de la patrie l'exige ; l'im-
« patience du peuple français le commande ; son
« courage doit l'accomplir. La reconnaissance na-
« tionale attend à cette époque tous ceux dont la
« valeur et le patriotisme auront affermi sans re-
« tour la liberté et la république. »

Des mesures non moins promptes et non moins

---

1. Décret du 1er octobre.

énergiques furent prises à l'égard de l'armée du Nord, pour réparer l'échec de Menin, et décider de nouveaux succès. Houchard destitué fut arrêté. Le général Jourdan, qui avait commandé le centre à Hondschoote, fut nommé général en chef de l'armée du Nord et de celle des Ardennes. Il eut ordre de réunir à Guise des masses considérables pour faire une irruption sur l'ennemi. Il n'y avait qu'un cri contre les attaques de détail. Sans juger le plan ni les opérations de Houchard autour de Dunkerque, on disait qu'il ne s'était pas battu en masse, et on voulait exclusivement ce genre de combat, mieux approprié, disait-on, à l'impétuosité du caractère français. Carnot était parti pour se rendre à Guise auprès de Jourdan, et mettre à exécution un nouveau système de guerre tout révolutionnaire. On venait d'adjoindre trois nouveaux commissaires à Dubois-Crancé, pour faire des levées en masse, et les précipiter sur Lyon. On lui enjoignait de renoncer au système des attaques méthodiques, et de donner l'assaut à la ville rebelle. Ainsi partout on redoublait d'efforts pour terminer victorieusement la campagne.

Mais les rigueurs accompagnaient toujours l'énergie; le procès de Custine, trop différé au gré des jacobins, était enfin commencé, et conduit avec toute la violence et la barbarie des nouvelles formes judiciaires. Aucun général en chef n'avait encore paru sur l'échafaud ; on était impatient de frapper une tête élevée, et de faire fléchir les chefs des armées devant l'autorité populaire ; on voulait surtout que quelqu'un des généraux expiât la défection de Dumouriez, et l'on choisit Custine, que ses opinions et ses sentimens faisaient considérer comme un autre Dumouriez. On avait saisi, pour arrêter Custine, le moment où, chargé du commandement de l'armée du Nord, il était venu momentanément à Paris concerter ses opérations avec le ministère. On le jeta d'abord en prison, et bientôt on demanda et on obtint le décret de sa translation au tribunal révolutionnaire.

Qu'on se rappelle la campagne de Custine sur le Rhin. Chargé d'une division de l'armée, il avait trouvé Spire et Worms mal surveillés, parce que les coalisés, pressés de marcher sur la Champagne, avaient tout négligé sur leurs ailes et sur leurs derrières. Des patriotes allemands, accourus de tous côtés, lui offraient leurs villes ; il s'avança, prit Spire, Worms, qu'on lui livra, négligea Manheim, qui était sur sa route, par ménagement pour la neutralité de l'électeur palatin, et par crainte aussi de ne pas y entrer aisément. Il arriva enfin à Mayence, s'en empara, réjouit la France de ses conquêtes inattendues, et se fit conférer un commandement qui le rendait indépendant de Biron. Dans ce même moment, Dumouriez venait de repousser les Prussiens, et de les rejeter sur le Rhin. Kellermann était vers Trèves. Custine devait alors descendre le Rhin jusqu'à Coblentz, se réunir à Kellermann, et se rendre ainsi maître de la rive du fleuve. Toutes les raisons se réunissaient en faveur de ce plan. Les habitans de Coblentz appelaient Custine, ceux de Saint-Goard, de Rhinfelds, l'appelaient aussi; on ne sait jusqu'où il aurait pu aller en s'abandonnant au cours du Rhin. Peut-être aurait-il pu descendre jusqu'en Hollande. Mais, de l'intérieur de l'Allemagne, d'autres patriotes le demandaient aussi; on s'était figuré, en le voyant avancer si hardiment, qu'il avait cent mille hommes. Percer sur le territoire ennemi et au-delà du Rhin, plut davantage à l'imagination et à la vanité de Custine. Il courut à Francfort lever des contributions, et exercer des vexations impolitiques. Là, les sollicitations l'entourèrent de nouveau. Des fous le pressaient d'aller jusques à Cassel, au milieu de la Hesse électorale, prendre le trésor de l'électeur. Les avis plus sages du gouvernement français l'engageaient à revenir sur le Rhin, et à marcher vers Coblentz. Mais il n'écoutait rien, et rêvait une révolution en Allemagne.

Cependant Custine sentait le danger de sa position : voyant bien que, si l'électeur rompait la neutralité, ses derrières seraient menacés par

Manheim, il aurait voulu prendre cette place qu'on lui offrait, mais il ne l'osait pas. Sur le point d'être attaqué à Francfort, où il ne pouvait tenir, il ne voulait pas abandonner cette ville, et rentrer sur la ligne du Rhin, pour ne point abandonner ses prétendues conquêtes, et ne pas s'engager dans les opérations des autres chefs en descendant vers Coblentz. Dans cette situation, il fut surpris par les Prussiens, perdit Francfort, fut rejeté sur Mayence, resta incertain s'il garderait cette place ou non, y jeta quelque artillerie prise à Strasbourg, n'y donna que très tard l'ordre de l'approvisionner, fut encore une fois surpris au milieu de ces incertitudes par les Prussiens, s'éloigna de Mayence, et saisi de terreur, se croyant poursuivi par cent cinquante mille hommes, se retira dans la Haute-Alsace, presque sous le canon de Strasbourg. Placé sur le Haut-Rhin avec une armée assez considérable, il aurait pu marcher sur Mayence, et mettre les assiégeans entre deux feux, mais il ne l'osa jamais; enfin, honteux de son inaction, il livra une attaque malheureuse le 15 mai, fut battu, et se rendit à regret à l'armée du Nord, où il acheva de se perdre par des propos modérés et par un conseil très sage, celui de laisser l'armée se réorganiser dans le camp de César, au lieu de la faire battre inutilement pour secourir Valenciennes.

Telle fut la carrière de Custine. Il y avait là beaucoup de fautes, mais pas une trahison. On commença son procès, et on appela, pour déposer, des représentans envoyés en mission, des agens du pouvoir exécutif, ennemis opiniâtres des généraux, des officiers mécontens, des membres des clubs de Strasbourg, de Mayence et de Cambrai, enfin le terrible Vincent, tyran des bureaux de la guerre sous Bouchotte. C'était une cohue d'accusateurs accumulant des reproches injustes et contradictoires, des reproches tout à fait étrangers à une véritable critique militaire, mais fondés sur des malheurs accidentels, dont le général n'était pas coupable, et qu'on ne pouvait pas lui imputer. Custine répondait avec une certaine véhémence militaire à toutes ces accusations, mais il était accablé. Des jacobins de Strasbourg lui disaient qu'il n'avait pas voulu prendre les gorges de Porentruy, lorsque Lukner lui en donnait l'ordre; et il prouvait inutilement que c'était impossible. Un Allemand lui reprochait de n'avoir pas pris Manheim, qu'il lui offrait. Custine s'excusait en alléguant la neutralité de l'électeur et les difficultés du projet. Les habitans de Coblentz, de Rhinfelds, de Darmstadt, de Hanau, de toutes les villes qui avaient voulu se livrer à lui, et qu'il n'avait pas consenti à occuper, l'accusaient à la fois. Quant au refus de marcher sur Coblentz, il se défendait mal, et calomniait Kellermann, qui, disait-il, avait refusé de le seconder; quant au refus de prendre les autres places, il disait avec raison que toutes les imaginations allemandes l'appelaient, et qu'il lui aurait fallu, pour les satisfaire, occuper cent lieues de pays. Par une contradiction singulière, tandis qu'on le blâmait de n'avoir pas pris telle ville, ou fait contribuer telle autre, on lui faisait un crime d'avoir pris Francfort, d'y avoir pillé les habitans, de n'y avoir pas fait les dispositions nécessaires pour résister aux Prussiens, et d'y avoir exposé la garnison française à être massacrée. Le brave Merlin de Thionville, l'un de ceux qui déposaient contre lui, le justifiait sur ce point avec autant de loyauté que de raison. Eût-il laissé vingt mille hommes à Francfort, il n'aurait pas pu y tenir, disait Merlin; il aurait dû se retirer à Mayence, et son seul tort était de ne l'avoir pas fait assez tôt. Mais à Mayence, ajoutaient une foule d'autres témoins, il n'avait fait aucun des préparatifs nécessaires; il n'avait amassé ni vivres, ni munitions; il n'y avait amoncelé que l'artillerie dont il avait dépouillé Strasbourg, pour la livrer aux Prussiens, avec vingt mille hommes de garnison et deux députés. Custine prouvait qu'il avait donné les ordres pour les approvisionnemens; que l'artillerie était à peine suffisante, et qu'elle n'avait pas été inutilement accumulée pour être livrée. Merlin

appuyait toutes les assertions de Custine ; mais ce qu'il ne lui pardonnait pas, c'était sa retraite si pusillanime, et son inaction sur le Haut-Rhin, pendant que la garnison de Mayence faisait des prodiges. Custine ici restait sans réponse. On lui reprochait ensuite d'avoir brûlé les magasins de Spire, en se retirant; reproche absurde, car la retraite, une fois obligée, il valait mieux brûler les magasins que de les laisser à l'ennemi. On l'accusait d'avoir fait fusiller des volontaires à Spire pour cause de pillage : à quoi il répondait que la convention avait approuvé sa conduite. On l'accusait encore d'avoir particulièrement épargné les Prussiens, d'avoir volontairement exposé son armée à être battue le 15 mai, de s'être tardivement rendu dans son commandement du Nord, d'avoir tenté de dégarnir Lille de son artillerie pour la porter au camp de César, d'avoir empêché qu'on secourût Valenciennes, de n'avoir pas opposé d'obstacle au débarquement des Anglais; accusations toutes plus absurdes les unes que les autres. —
« Enfin, lui disait-on, vous avez plaint Louis XVI, vous avez été triste le 31 mai, vous avez voulu faire pendre le docteur Hoffmann, président des jacobins à Mayence, vous avez empêché la distribution du journal du Père Duchesne et du journal de la Montagne dans votre armée, vous avez dit que Marat et Robespierre étaient des perturba-

teurs, vous vous êtes entouré d'officiers aristocrates, vous n'avez jamais eu à votre table de bons républicains. » Ces reproches étaient mortels, et c'étaient les véritables griefs pour lesquels on le poursuivait.

Le procès traîna en longueur; toutes les imputations étaient si vagues, que le tribunal hésitait. La fille de Custine, et beaucoup de personnes qui s'intéressaient à lui, avaient fait quelques démarches; car, à cette époque, bien que la crainte fût déjà grande, on osait témoigner encore quelque intérêt aux victimes. Aussitôt on dénonça aux Jacobins le tribunal révolutionnaire lui-même. « Il « m'est douloureux, dit Hébert aux Jacobins, d'a- « voir à dénoncer une autorité qui était l'espoir « des patriotes, qui d'abord avait mérité leur con- « fiance, et qui bientôt en va devenir le fléau. Le « tribunal révolutionnaire est sur le point d'inno- « center un scélérat, en faveur duquel, il est vrai, « les plus jolies femmes de Paris sollicitent toute « la terre. La fille de Custine, aussi habile comé- « dienne dans cette ville, que l'était son père à la « tête des armées, voit tout le monde et promet « tout pour obtenir sa grâce. » Robespierre, de son côté, dénonça l'esprit de chicane et le goût des formalités qui s'était emparé du tribunal, et soutint que, seulement pour avoir voulu dégarnir Lille, Custine méritait la mort.

Vincent, l'un des témoins, avait vidé les cartons du ministère, et avait apporté les lettres et les ordres qu'on reprochait à Custine, et qui, certes, ne constituaient pas des crimes. Fouquier-Tinville en conclut un parallèle de Custine avec Dumouriez, qui perdit le malheureux général. Dumouriez, dit-il, s'était rapidement avancé en Belgique, pour l'abandonner ensuite non moins rapidement, et livrer à l'ennemi, soldats, magasins, et représentans. De même Custine s'était rapidement avancé en Allemagne, avait abandonné nos soldats à Francfort, à Mayence, et avait voulu livrer avec cette dernière ville, vingt mille hommes, deux représentans, et toute notre artillerie qu'il avait méchamment extraite de Strasbourg. Comme Dumouriez, il médisait de la convention et des jacobins, et faisait fusiller les braves volontaires, sous prétexte de maintenir la discipline. A ce parallèle, le tribunal n'hésita plus. Custine justifia pendant deux heures ses opérations militaires. Tronçon-Ducoudray défendit sa conduite administrative et civile, mais inutilement. Le tribunal déclara le général coupable, à la grande joie des jacobins et des cordeliers, qui remplissaient la salle, et qui donnèrent des signes bruyans de leur satisfaction. Cependant Custine n'avait pas été condamné à l'unanimité. Sur les trois questions, il y avait eu successivement contre lui dix, neuf, huit voix, sur onze. Le président lui ayant demandé s'il n'avait rien à ajouter, il regarda autour de lui, et ne trouvant pas ses défenseurs, il répondit : « Je n'ai plus de défenseurs, je meurs calme et innocent. »

Il fut exécuté le lendemain matin. Ce guerrier, connu par une grande bravoure, fut surpris à la vue de l'échafaud. Cependant il s'agenouilla au pied de l'échelle, fit une courte prière, se rassura, et reçut la mort avec courage. Ainsi finit cet infortuné général, qui ne manquait ni d'esprit ni de caractère, mais qui réunissait l'inconséquence à la présomption, et qui commit trois fautes capitales; la première, de sortir de sa véritable ligne d'opération, en se portant à Francfort; la seconde, de ne pas vouloir y rentrer, lorsqu'on l'y engageait; et la troisième, de rester dans la plus timide inaction pendant le siége de Mayence. Cependant aucune de ces fautes ne méritait la mort; mais il subit le supplice qu'on n'avait pas pu infliger à Dumouriez, et qu'il n'avait pas mérité comme celui-ci par de grands et coupables projets. Sa mort fut un terrible exemple pour tous les généraux, et le signal pour eux d'une obéissance absolue aux ordres du gouvernement révolutionnaire.

Après cet acte de rigueur, les exécutions ne devaient plus s'arrêter; on renouvela l'ordre de hâter le procès de Marie-Antoinette. L'acte d'accusation des girondins, tant demandé et jamais rédigé, fut présenté à la convention. Saint-Just en était l'auteur. Des pétitions des jacobins vinrent obliger la convention à l'adopter. Il fut dirigé non-seulement contre les vingt-deux et les membres de la commission des douze, mais en outre contre soixante-treize membres du côté droit, qui gardaient un silence absolu depuis la victoire de la Montagne, et qui avaient rédigé une protestation très connue contre les événemens du 31 mai et du 2 juin. Quelques montagnards forcenés voulaient l'accusation, c'est-à-dire la mort, contre les vingt-deux, les douze et les soixante-treize; mais Robespierre s'y opposa, et proposa un moyen terme, ce fut d'envoyer au tribunal révolutionnaire les vingt-deux et les douze, et de mettre les soixante-treize en arrestation. On fit ce qu'il voulut; les portes de la salle leur furent aussitôt interdites, les soixante-treize arrêtés, et injonction faite à Fouquier-Tinville de s'emparer des malheureux girondins. Ainsi la convention toujours plus docile se laissa arracher l'ordre d'envoyer à la mort une partie de ses membres. A la vérité, elle ne pouvait plus différer, car les jacobins avaient fait cinq pétitions plus impérieuses les unes que les autres, pour obtenir ces derniers décrets d'accusation.

CHAPITRE XIV.

CONTINUATION DU SIÉGE DE LYON. PRISE DE CETTE VILLE. DÉCRET TERRIBLE CONTRE LES LYONNAIS RÉVOLTÉS. — PROGRÈS DE L'ART DE LA GUERRE; INFLUENCE DE CARNOT. — VICTOIRE DE WATIGNIES. DÉBLOCUS DE MAUBEUGE. — REPRISE DES OPÉRATIONS EN VENDÉE. — VICTOIRE DE COLLET. FUITE ET DISPERSION DES VENDÉENS AU DELA DE LA LOIRE. — MORT DE LA PLUPART DE LEURS PRINCIPAUX CHEFS. — ÉCHECS SUR LE RHIN. PERTE DES LIGNES DE WISSEMBOURG.

Chaque revers réveillait l'énergie révolutionnaire, et cette énergie ramenait les succès. Il en avait toujours été ainsi pendant cette campagne mémorable. Depuis la défaite de Nerwinde jusqu'au mois d'août, une série continuelle de désastres avait enfin provoqué des efforts désespérés. L'anéantissement du fédéralisme, la défense de Nantes, la victoire d'Hondschoote, le déblocus de Dunkerque, avaient été le résultat de ces efforts. De nouveaux revers à Menin, à Pirmasens, aux Pyrénées, à Torfou et Coron dans la Vendée, venaient d'exciter un nouveau redoublement d'énergie qui devait amener des succès décisifs sur tous les théâtres de la guerre.

Le siége de Lyon était de toutes les opérations, celle dont on attendait la fin avec le plus d'impatience. Nous avons laissé Dubois-Crancé campé devant cette ville, avec cinq mille hommes de troupes réglées, et sept à huit mille réquisitionnaires. Il était menacé d'avoir bientôt sur ses derrières les Sardes que la faible armée des grandes-Alpes ne pouvait plus arrêter. Comme nous avons déjà dit, il s'était placé au Nord, entre la Saône et le Rhône, en présence des redoutes de la Croix-Rousse, et non sur les hauteurs de Sainte-Foy et de Fourvières, situées à l'ouest, et par lesquelles on aurait dû diriger la véritable attaque. Le motif de cette préférence était fondé sur plus d'une raison. Il importait avant tout de rester en communication avec la frontière des Alpes, où se trouvait le gros de l'armée républicaine, et d'où les Piémontais pouvaient venir au secours des Lyonnais. On avait encore l'avantage, dans cette position, d'occuper le cours supérieur des deux fleuves, et d'intercepter les vivres qui descendaient la Saône et le Rhône. Il est vrai que l'ouest restait ainsi ouvert aux Lyonnais, et qu'ils pouvaient faire des excursions continuelles vers Saint-Étienne et Montbrison : mais tous les jours on annonçait l'arrivée des contingens du Puy-de-Dôme, et une fois ces nouvelles réquisitions réunies, Dubois-Crancé pouvait achever le blocus du côté de l'ouest, et choisir alors le véritable point d'attaque. En attendant, il se contentait de serrer l'ennemi de près, de canonner la Croix-Rousse au nord, et de commencer ses lignes à l'est, devant le pont de la Guillotière. Le transport des munitions était difficile et lent; il fallait les faire venir de Grenoble, du fort Barraux, de Briançon, d'Embrun, et leur faire parcourir ainsi jusqu'à soixante lieues de montagnes. Ces charrois extraordinaires ne pouvaient avoir lieu que par voie de réquisition forcée et en mettant en mouvement cinq mille chevaux; car on avait à transporter devant Lyon quatorze mille bombes, trente-quatre mille boulets, trois cents milliers de poudre, huit cent mille cartouches, et cent trente bouches à feu.

Dès les premiers jours du siége, on annonçait la marche des Piémontais qui débouchaient du petit Saint-Bernard et du Mont-Cénis. Kellermann partit aussitôt sur les pressantes instances du département de l'Isère, et laissa le général Dumuy pour le remplacer à Lyon. Du reste, Dumuy ne le remplaçait qu'en apparence, car Dubois-Crancé, représentant et ingénieur habile, dirigeait lui seul toutes les opérations du siége. Pour hâter la levée des réquisitions du Puy-de-Dôme, Dubois-Crancé détacha le général Nicolas avec un petit corps de cavalerie; mais celui-ci fut enlevé dans le Forez, et livré aux Lyonnais. Dubois-Crancé y envoya alors mille hommes de bonnes troupes, avec le représentant Javoques. La mission de celui-ci fut plus heureuse; il contint les aristocrates de Montbrison et de Saint-Étienne, et fit lever environ sept à huit mille paysans, qu'il amena devant Lyon. Dubois-Crancé les plaça au pont d'Oullins, situé au nord-ouest de Lyon, et de manière à gêner les communications de la place avec le Forez. Il fit approcher le député Reverchon, qui, à Mâcon, avait réuni quelques mille réquisitionnaires, et le plaça sur le haut de la Saône tout à fait au nord. De cette manière, le blocus commençait à être un peu plus rigoureux; mais les opérations étaient lentes, et les attaques de vive force impossibles. Les fortifications de la Croix-Rousse, entre Rhône et Saône, devant lesquelles se trouvait le corps principal, ne pouvaient être emportées par un assaut. Du côté de l'est et de la rive gauche du Rhône, le pont Morand était défendu par une redoute en fer à cheval, très habilement construite. A l'ouest, les hauteurs décisives de Sainte-Foy et Fourvières ne pouvaient être enlevées que par une armée vigoureuse, et pour le moment il ne fallait songer qu'à intercepter les vivres, à serrer la ville, et à l'incendier. Depuis le commencement d'août jusqu'au milieu de septembre, Dubois-Crancé n'avait pu faire autre chose, et à Paris on se plaignait de ses lenteurs sans vouloir en apprécier les motifs.

6.

Cependant il avait causé de grands dommages à cette malheureuse cité. L'incendie avait dévoré la magnifique place de Bellecour, l'arsenal, le quartier Saint-Clair, le port du Temple, et avait endommagé surtout le bel édifice de l'hôpital, qui s'élève si majestueusement sur la rive du Rhône. Les Lyonnais n'en résistaient pas moins avec la plus grande opiniâtreté. On avait répandu parmi eux la nouvelle que cinquante mille Piémontais allaient déboucher sur leur ville; l'émigration les comblait de promesses, sans venir cependant se jeter au milieu d'eux, et ces braves commerçans, sincèrement républicains, étaient, par leur fausse position, réduits à désirer le secours funeste et honteux de l'émigration et de l'étranger. Leurs sentimens éclatèrent plus d'une fois d'une manière non équivoque. Précy ayant voulu arborer le drapeau blanc, en avait bientôt senti l'impossibilité. Un papier obsidional ayant été créé pour les besoins du siége, et des fleurs de lis se trouvant sur le filigrane de ce papier, il fallut le détruire et en fabriquer un autre. Ainsi les Lyonnais étaient républicains; mais la crainte des vengeances de la convention, et les fausses promesses de Marseille, de Bordeaux, de Caen, et surtout de l'émigration, les avaient entraînés dans un abîme de fautes et de malheurs.

Tandis qu'ils se nourrissaient de l'espoir de voir

arriver cinquante mille Sardes, la convention avait ordonné aux représentans Couthon, Maignet et Châteauneuf-Randon, de se rendre en Auvergne et dans les départemens environnans, pour y déterminer une levée en masse, et Kellermann courait dans les vallées des Alpes au devant des Piémontais.

Une belle occasion s'offrait encore ici aux Piémontais d'effectuer une tentative hardie et grande, qui n'aurait pu manquer d'être heureuse : c'était de réunir leurs principales forces sur le petit Saint-Bernard, et de déboucher sur Lyon avec cinquante mille hommes. On sait que les trois vallées de Sallenche, de la Tarentaise et de la Maurienne, adjacentes l'une à l'autre, tournent sur elles-mêmes comme une espèce de spirale, et que, partant du petit Saint-Bernard, elles s'ouvrent sur Genève, Chambéry, Lyon et Grenoble. De petits corps français étaient éparpillés dans ces vallées. Descendre rapidement par l'une d'elles, et venir se placer à leur ouverture, était un moyen assuré, d'après tous les principes de l'art, de faire tomber les détachemens engagés dans les montagnes, et de leur faire mettre bas les armes. On devait peu craindre l'attachement des Savoyards pour les Français; car les assignats et les réquisitions ne leur avaient encore fait connaître de la liberté que ses dépenses et ses rigueurs. Le duc de Montferrat, chargé de l'expédition, ne prit avec lui que vingt à vingt-cinq mille hommes, jeta un corps à sa droite, dans la vallée de Sallenche, descendit avec son corps principal dans la Tarentaise, et laissa le général Gordon parcourir la Maurienne avec l'aile gauche. Son mouvement, commencé le 14 août, dura jusqu'en septembre, tant il y mit de lenteur. Les Français, quoique très inférieurs en nombre, opposèrent une résistance énergique, et firent durer la retraite pendant dix-huit jours. Arrivé à Moustier, le duc de Montferrat chercha à se lier avec Gordon, sur la chaîne du Grand-Loup, qui sépare les deux vallées de la Tarentaise et de la Maurienne, et ne songea nullement à marcher rapidement sur Conflans, point de réunion des vallées. Cette lenteur et ses vingt-cinq mille hommes prouvent assez s'il avait envie d'aller à Lyon.

Pendant ce temps, Kellermann, accouru de Grenoble, avait fait lever les gardes nationales de l'Isère et des départemens environnans. Il avait ranimé les Savoyards qui commençaient à craindre les vengeances du gouvernement piémontais, et il était parvenu à réunir à peu près douze mille hommes. Alors il fit renforcer le corps de la vallée de Sallenche, et se porta vers Conflans, à l'issue des deux vallées de la Tarentaise et de la Maurienne. C'était vers le 10 septembre. Dans ce moment, l'ordre de marcher en avant arrivait au duc de Montferrat. Mais Kellermann prévint les Piémontais, osa les attaquer dans la position d'Espierre qu'ils avaient prise sur la chaîne du Grand-Loup, afin de communiquer entre les deux vallées. Ne pouvant aborder cette position de front, il la fit tourner par un corps détaché. Ce corps, formé de soldats à moitié nus, fit pourtant des efforts héroïques, et, à force de bras, éleva les canons sur des hauteurs presque inaccessibles. Tout à coup l'artillerie française tonna inopinément sur la tête des Piémontais, qui en furent épouvantés; Gordon se retira aussitôt dans la vallée de Maurienne sur Saint-Michel; le duc de Montferrat se reporta au milieu de la vallée de la Tarentaise. Kellermann, ayant fait inquiéter celui-ci sur ses flancs, l'obligea bientôt à remonter jusqu'à Saint-Maurice et à Saint-Germain, et enfin il le rejeta, le 4 octobre, au-delà des Alpes. Ainsi la campagne courte et heureuse qu'auraient pu faire les Piémontais en débouchant avec une masse double, et en descendant par une seule vallée sur Chambéry et Lyon, manqua ici par les mêmes raisons qui avaient fait manquer toutes les tentatives des coalisés, et qui avaient sauvé la France.

Pendant que les Sardes étaient repoussés au-delà des Alpes, les trois députés envoyés dans le Puy-de-Dôme pour y déterminer une levée en masse, soulevaient les campagnes en prêchant une espèce de croisade, et en persuadant que Lyon, loin de défendre la cause républicaine, était le rendez-vous des factions de l'émigration et de l'étranger. Le paralytique Couthon, plein d'une activité que ses infirmités ne pouvaient ralentir, excita un mouvement général; il fit partir d'abord Maignet et Châteauneuf avec une première colonne de douze mille hommes, et resta en arrière pour en amener encore une de vingt-cinq mille, et pour faire les réquisitions de vivres nécessaires. Dubois-Crancé plaça les nouvelles levées du côté de l'ouest vers Sainte-Foy, et compléta ainsi le blocus. Il reçut en même temps un détachement de la garnison de Valenciennes, qui, d'après les traités, ne pouvait, comme celle de Mayence, servir que dans l'intérieur; il plaça des détachemens de troupes réglées en avant des troupes de réquisitions, de manière à former de bonnes têtes de colonnes. Son armée pouvait se composer alors de vingt-cinq mille réquisitionnaires, et de huit ou dix mille soldats aguerris.

Le 24, à minuit, il fit enlever la redoute du pont d'Oullins, qui conduisait au pied des hauteurs de Sainte-Foy. Le lendemain, le général Doppet, Savoyard, qui s'était distingué sous Carteaux dans la guerre contre les Marseillais, arriva pour remplacer Kellermann. Celui-ci venait d'être destitué à cause de la tiédeur de son zèle, et on ne lui avait laissé quelques jours de commandement que pour lui donner le temps d'achever son expédition contre les Piémontais. Le général Doppet se concerta de suite avec Dubois-Crancé pour l'assaut des hauteurs de Sainte-Foy. Tous les préparatifs furent faits pour la nuit du 28 au 29 septembre. Des attaques simultanées furent dirigées au nord vers la Croix-Rousse, à l'est en face du pont Morand, au midi par le pont de la Mulatière, qui est placé au-dessous de la ville, au confluent de la Saône et du Rhône. L'attaque sérieuse dut avoir lieu par le pont d'Oullins sur Sainte-Foy. Elle ne commença que le 29, à cinq heures du matin, une heure ou deux après les trois autres. Doppet, enflammant ses soldats, se précipite avec eux sur une première redoute et les entraîne sur la seconde avec la plus grande vivacité. Le grand et le petit Sainte-Foy sont emportés. Pendant ce temps, la colonne chargée d'attaquer le pont de la Mulatière parvient à s'en emparer, et pénètre dans l'isthme à la pointe duquel se réunissent les deux fleuves. Elle allait s'introduire dans Lyon, lorsque Précy, accourant avec sa cavalerie, parvient à la repousser, et à sauver la place. De son côté, le chef d'artillerie Vaubois, qui avait dirigé sur le pont Morand une attaque des plus vives, pénétra dans la redoute en fer à cheval, mais il fut obligé de l'abandonner.

De toutes ces attaques, une seule avait complétement réussi, mais c'était la principale, celle de Sainte-Foy. Il restait maintenant à passer des hauteurs de Sainte-Foy à celles de Fourvières, bien plus régulièrement retranchées, et bien plus difficiles à emporter. L'avis de Dubois-Crancé, qui agissait systématiquement, et en savant militaire, était de ne pas s'exposer aux chances d'un nouvel assaut, et voici ses raisons : il savait que les Lyonnais, réduits à manger de la farine de pois, n'avaient de vivres que pour quelques jours encore, et qu'ils allaient être obligés de se rendre. Il les avait trouvés très braves à la défense de la Mulatière et du pont Morand; il craignait qu'une attaque sur les hauteurs de Fourvières ne réussît pas, et qu'un échec ne désorganisât l'armée, et n'obligeât à lever le siége. « Ce qu'on peut faire, disait-il, de plus heureux pour des assiégés braves et désespérés, c'est de leur fournir l'occasion de se sauver par un combat. Laissons-les périr par l'effet de quelques jours de famine. »

Couthon arrivait dans ce moment, 2 octobre, avec une nouvelle levée de vingt-cinq mille paysans de l'Auvergne. « J'arrive, écrivait-il, avec « mes rochers de l'Auvergne, et je vais les préci- « piter dans le faubourg de Vaise. » Il trouva Dubois-Crancé au milieu d'une armée dont il était le chef absolu, où il avait établi les règles de la subordination militaire, et où il portait plus souvent son habit d'officier supérieur que celui de représentant du peuple. Couthon fut irrité de voir un représentant remplacer l'égalité par la hiérarchie militaire, et ne voulut pas surtout entendre parler de guerre régulière. « Je n'entends rien, « dit-il, à la tactique; j'arrive avec le peuple; sa « sainte colère emportera tout. Il faut inonder « Lyon de nos masses, et l'emporter de vive force. « D'ailleurs j'ai promis congé à mes paysans pour « lundi, et il faut qu'ils aillent faire leurs ven- « danges. » On était alors au mardi. Dubois-Crancé, homme de métier, habitué aux troupes réglées, témoigna quelque mépris pour ces paysans confusément amassés et mal armés; il proposa de choisir parmi eux les plus jeunes, de les incorporer dans les bataillons déjà organisés, et de renvoyer les autres. Couthon ne voulut écouter aucun de ces conseils de prudence, et fit décider sur-le-champ qu'on attaquerait Lyon de vive force sur tous les points, avec les soixante mille hommes dont on disposait; car telle était maintenant la force de l'armée avec cette nouvelle levée. Il écrivit en même temps au comité de salut public pour faire révoquer Dubois-Crancé. L'attaque fut résolue dans le conseil de guerre pour le 8 octobre.

La révocation de Dubois-Crancé et de son collègue Gauthier arriva dans l'intervalle. Les Lyonnais avaient une grande horreur de Dubois-Crancé, que depuis deux mois ils voyaient acharné contre leur ville, et ils disaient qu'ils ne voulaient pas se rendre à lui. Le 7, Couthon leur fit une dernière sommation, et leur écrivit que c'était lui, Couthon, et les représentans Maignet et Laporte que la convention chargeait de la poursuite du siége. Le feu fut suspendu jusqu'à quatre heures du soir, et recommença alors avec une extrême violence. On allait se préparer à l'assaut, quand une députation vint négocier au nom des Lyonnais. Il paraît que le but de cette négociation était de donner à Précy et à deux mille des habitans les plus compromis le temps de se sauver en colonne serrée. Ils profitèrent en effet de cet intervalle, et sortirent par le faubourg de Vaise pour se retirer vers la Suisse.

Les pourparlers étaient à peine commencés, qu'une colonne républicaine pénétra jusqu'au faubourg Saint-Just. Il n'était plus temps de faire des conditions, et d'ailleurs la convention n'en voulait pas. Le 9, l'armée entra, ayant les représentans en tête. Les habitans s'étaient cachés, mais tous les montagnards persécutés sortirent en foule au devant de l'armée victorieuse, et lui composèrent une espèce de triomphe populaire. Le général Doppet fit observer la plus exacte discipline à ses troupes, et laissa aux représentans le soin d'exercer eux-mêmes sur cette ville infortunée les vengeances révolutionnaires.

Pendant ce temps, Précy, avec ses deux mille fugitifs, marchait vers la Suisse. Mais Dubois-Crancé, prévoyant que ce serait là son unique ressource, avait depuis long-temps fait garder tous les passages. Les malheureux Lyonnais furent poursuivis, dispersés et tués par les paysans. Il n'y en eut que quatre-vingts qui, avec Précy, parvinrent à atteindre le territoire helvétique.

A peine entré, Couthon réintégra l'ancienne municipalité montagnarde, et lui donna mission de chercher et de désigner les rebelles. Il chargea une commission populaire de les juger militairement. Il écrivit ensuite à Paris qu'il y avait à Lyon trois classes d'habitans : 1° les riches coupables; 2° les riches égoïstes, 3° les ouvriers ignorans, détachés de toute espèce de cause, et incapables de bien comme de mal. Il fallait guillotiner les premiers et détruire leurs maisons, faire contribuer les seconds de toute leur fortune, dépayser enfin les derniers, et les remplacer par une colonie républicaine.

La prise de Lyon produisit à Paris la plus grande joie, et dédommagea des mauvaises nouvelles de la fin de septembre. Cependant, malgré le succès, on se plaignit des lenteurs de Dubois-Crancé, on lui imputa la fuite des Lyonnais par le faubourg de Vaise, fuite qui d'ailleurs n'en avait sauvé que quatre-vingts. Couthon surtout l'accusa de s'être fait général absolu dans son armée, de s'être plus souvent montré avec son costume d'officier supérieur qu'avec celui de représentant, d'avoir affiché la morgue d'un tacticien, d'avoir enfin voulu faire prévaloir le système des siéges réguliers sur celui des attaques en masse. Aussitôt une enquête fut faite par les jacobins contre Dubois-Crancé, dont l'activité et la vigueur avaient cependant rendu tant de services à Grenoble, dans le Midi et devant Lyon. En même temps, le comité de salut public prépara des décrets terribles, afin de rendre plus formidable et plus obéie l'autorité de la convention. Voici le décret qui fut présenté par Barrère et rendu sur-le-champ :

« Art. 1er. Il sera nommé par la convention na-
« tionale, sur la présentation du comité de salut
« public, une commission de cinq représentans
« du peuple, qui se transporteront à Lyon sans
« délai, pour faire saisir et juger militairement
« tous les contre-révolutionnaires qui ont pris les
« armes dans cette ville.

« 2. Tous les Lyonnais seront désarmés ; les
« armes seront données à ceux qui seront re-
« connus n'avoir point trempé dans la révolte, et
« aux défenseurs de la patrie.

« 3. La ville de Lyon sera détruite.

« 4. Il n'y sera conservé que la maison du
« pauvre, les manufactures, les ateliers des arts,
« les hôpitaux, les monuments publics et ceux de
« l'instruction.

« 5. Cette ville cessera de s'appeler Lyon. Elle
« s'appellera *Commune-Affranchie*.

« 6. Sur les débris de Lyon sera élevé un monu-
« ment où seront lus ces mots : *Lyon fit la guerre
« à la liberté, Lyon n'est plus* [1] ! »

La nouvelle de la prise de Lyon fut aussitôt
annoncée aux deux armées du Nord et de la
Vendée, où devaient se porter les coups décisifs,
et une proclamation les invita à imiter l'armée de
Lyon. On disait à l'armée du Nord : « L'étendard
« de la liberté flotte sur les murs de Lyon, et les
« purifie. Voilà le présage de la victoire ; la victoire
« appartient au courage. Elle est à vous ; frappez,
« exterminez les satellites des tyrans !.... La patrie
« vous regarde, la convention seconde votre gé-
« néreux dévouement ; encore quelques jours, les
« tyrans ne seront plus, et la république vous
« devra son bonheur et sa gloire ! » On disait aux
soldats de la Vendée : « Et vous aussi, braves
« soldats, vous remporterez une victoire ; il y a
« assez long-temps que la Vendée fatigue la ré-
« publique ; marchez, frappez, finissez ! Tous

---

[1]. Décret du 18e jour du 1er mois de l'an IIe de la République.

« nos ennemis doivent succomber à la fois :
« chaque armée va vaincre. Seriez-vous les der-
« niers à moissonner des palmes, à mériter la
« gloire d'avoir exterminé les rebelles et sauvé la
« patrie ? »

Le comité, comme on voit, n'oubliait rien pour tirer le plus grand parti de la prise de Lyon. Cet événement, en effet, était de la plus haute importance. Il délivrait l'est de la France des derniers restes de l'insurrection, et ôtait toute espérance aux émigrés intrigant en Suisse, et aux Piémontais qui ne pouvaient compter à l'avenir sur aucune diversion. Il comprimait le Jura, assurait les derrières de l'armée du Rhin, permettait de porter devant Toulon et les Pyrénées des secours en hommes et en matériel devenus indispensables; il intimidait enfin toutes les villes qui avaient eu du penchant à s'insurger, et assurait leur soumission définitive.

C'est au nord que le comité voulait déployer le plus d'énergie, et qu'il faisait aux généraux et aux soldats un devoir d'en montrer davantage. Tandis que Custine venait de porter sa tête sur l'échafaud, Houchard, pour n'avoir pas fait à Dunkerque tout ce qu'il aurait pu, était envoyé au tribunal révolutionnaire. Les derniers reproches adressés au comité, en septembre dernier, l'avaient obligé de renouveler tous les états-majors. Il venait de les recomposer entièrement, et d'élever aux plus hauts grades de simples officiers. Houchard, colonel au commencement de la campagne, et, avant qu'elle fût finie, devenu général en chef, et maintenant accusé devant le tribunal révolutionnaire; Hoche, simple officier au siége de Dunkerque, et promu aujourd'hui au commandement de l'armée de la Moselle; Jourdan, chef de bataillon, puis commandant au centre le jour d'Hondschoote, et enfin nommé général en chef de l'armée du Nord, étaient de frappans exemples des vicissitudes de la fortune dans ces armées républicaines. Ces promotions subites empêchaient que soldats, officiers, et généraux, eussent le temps de se connaître et de s'accorder de la confiance; mais elles donnaient une idée terrible de cette volonté qui frappait ainsi sur toutes les existences, non pas seulement dans le cas d'une trahison prouvée, mais seulement pour un soupçon, pour une insuffisance de zèle, pour une demi-victoire; et il en résultait un dévouement absolu de la part des armées, et des espérances sans bornes chez les génies assez hardis pour braver les dangereuses chances du généralat.

C'est à cette époque qu'il faut rapporter les premiers progrès de l'art de la guerre. Sans doute, les principes de cet art avaient été connus et pratiqués de tous les temps par les capitaines qui joignaient l'audace d'esprit à l'audace de caractère. Tout récemment encore, Frédéric venait de donner l'exemple des plus belles combinaisons stratégiques. Mais dès que l'homme de génie disparaît pour faire place aux hommes ordinaires, l'art de la guerre retombe dans la circonspection et la routine. On combat éternellement pour la défense ou l'attaque d'une ligne, on devient habile à calculer les avantages d'un terrain, à y adapter chaque espèce d'arme; mais, avec tous ces moyens, on dispute pendant des années entières une province qu'un capitaine hardi pourrait gagner en une manœuvre; et cette prudence de la médiocrité sacrifie plus de sang que la témérité du génie, car elle consomme les hommes sans résultats. Ainsi avaient fait les savans tacticiens de la coalition. A chaque bataillon ils en opposaient un autre; ils gardaient toutes les routes menacées par l'ennemi; et tandis qu'avec une marche hardie ils auraient pu détruire la révolution, ils n'osaient faire un pas, de peur de se découvrir. L'art de la guerre était à régénérer. Former une masse compacte, la remplir de confiance et d'audace, la porter promptement au-delà d'un fleuve, d'une chaîne de montagnes, et venir frapper un ennemi qui ne s'y attend pas, en divisant ses forces, en l'isolant de ses ressources, en lui prenant sa capitale, était un art difficile et grand qui exigeait du génie, et qui ne pouvait se développer qu'au milieu de la fermentation révolutionnaire.

La révolution, en mettant en mouvement tous les esprits, prépara l'époque des grandes combinaisons militaires. D'abord elle suscita pour sa cause des masses d'hommes énormes, et bien autrement considérables que toutes celles qui furent jamais soulevées pour la cause des rois. Ensuite elle excita une impatience de succès extraordinaires, dégoûta des combats lents et méthodiques, et suggéra l'idée des irruptions soudaines et nombreuses sur un même point. De tous côtés on disait : il faut nous battre en masse. C'était le cri des soldats sur toutes les frontières, et des jacobins dans les clubs. Couthon, arrivant à Lyon, avait répondu à tous les raisonnemens de Dubois-Crancé, en disant qu'il fallait livrer l'assaut en masse. Enfin Barrère avait fait un rapport habile et profond, où il montrait que la cause de nos revers était dans les combats de détail. Ainsi, en formant des masses, en les remplissant d'audace, en les affranchissant de toute routine, en leur imprimant l'esprit et le courage des innovations, la révolution prépara la renaissance de la grande guerre. Ce changement ne pouvait pas s'opérer sans désordre. Des paysans, des ouvriers, transportés sur les champs de bataille, n'y apportaient le premier jour que l'ignorance, l'indiscipline et les terreurs paniques, effets naturels d'une mauvaise organisation. Les représentans, qui venaient souffler les passions révolutionnaires dans les camps, exigeaient souvent l'impossible, et commettaient des iniquités à l'égard de braves généraux. Dumouriez, Custine, Houchard, Brunet, Canclaux, Jourdan, périrent ou se retirèrent devant ce torrent; mais en un mois, ces ouvriers, d'abord jacobins déclamateurs, devenaient des soldats dociles et braves; ces représentans communiquaient une audace et une volonté extraordinaires aux armées; et, à force d'exigences et de changemens, ils finissaient par trouver les génies hardis qui convenaient aux circonstances.

Enfin un homme vint régulariser ce grand mouvement: ce fut Carnot. Autrefois officier du génie, et depuis membre de la convention et du comité de salut public; partageant en quelque sorte son inviolabilité, il put impunément introduire de l'ordre dans des opérations trop décousues, et surtout leur imprimer un ensemble qu'avant lui aucun ministre n'eût été assez obéi pour leur imposer. L'une des principales causes de nos revers précédens, c'était la confusion qui accompagne une grande fermentation. Le comité établi et devenu irrésistible, et Carnot étant revêtu de toute la puissance de ce comité, on obéit à la pensée de l'homme sage qui, calculant sur l'ensemble, prescrivait des mouvemens parfaitement coordonnés entre eux, et tendant à un même but. Des généraux ne pouvaient plus, comme Dumouriez ou Custine avaient fait autrefois, agir chacun de leur côté, en attirant toute la guerre et tous les moyens à eux. Des représentans ne pouvaient plus ordonner ni contrarier des manœuvres, ni modifier les ordres supérieurs. Il fallait obéir à la volonté suprême du comité, et se conformer au plan uniforme qu'il avait prescrit. Placé ainsi au centre, planant sur toutes les frontières, l'esprit de Carnot, en s'élevant, dut s'agrandir; il conçut des plans étendus, dans lesquels la prudence se conciliait avec la hardiesse. L'instruction envoyée à Houchard en est la preuve. Sans doute, ses plans avaient quelquefois l'inconvénient des plans formés dans des bureaux : quand ses ordres arrivaient, ils n'étaient ni toujours convenables aux lieux, ni exécutables dans le moment, mais ils rachetaient par l'ensemble l'inconvénient des détails, et nous assurèrent, l'année suivante, des triomphes universels.

Carnot était accouru sur la frontière du Nord auprès de Jourdan. La résolution était prise d'attaquer hardiment l'ennemi, quoiqu'il parût formidable. Carnot demanda un plan au général pour juger ses vues et les concilier avec celles du comité, c'est-à-dire avec les siennes. Les coalisés, revenus de Dunkerque vers le milieu de la ligne, s'étaient réunis entre l'Escaut et la Meuse, et formaient là une masse redoutable qui pouvait porter des coups décisifs. Nous avons déjà fait connaître le théâtre de la guerre. Plusieurs lignes partagent l'espace compris entre la Meuse et la mer; c'est la Lys, la Scarpe, l'Escaut et la Sambre. Les alliés, en prenant Condé et Valenciennes, s'étaient assuré deux points importans sur l'Escaut. Le Quesnoy, dont ils venaient de s'emparer, leur donnait un appui entre l'Escaut et la Sambre; mais ils n'en avaient aucun sur la Sambre même. Ils songèrent à Maubeuge, qui, par sa position sur la Sambre, les aurait rendus à peu près maîtres de l'espace compris entre cette rivière et la Meuse. A l'ouverture de la campagne prochaine, Valenciennes et Maubeuge leur auraient fourni ainsi une base excellente d'opérations, et leur campagne de 1793 n'eût pas été entièrement inutile. Leur dernier projet consista donc à occuper Maubeuge.

Du côté des Français, chez lesquels l'esprit de combinaison commençait à se développer, on imagina d'agir par Lille et Maubeuge, sur les deux ailes de l'ennemi, et, en le débordant ainsi sur ses deux flancs, on espéra de faire tomber son centre. On s'exposait, il est vrai, de cette manière, à essuyer tout son effort sur l'une ou sur l'autre des deux ailes, et on lui laissait tout l'avantage de sa masse; mais il y avait certainement moins de routine dans cette conception que dans les précédentes. Cependant le plus pressant était de secourir Maubeuge. Jourdan, laissant à peu près cinquante mille hommes dans les camps de Gavrelle, de Lille et de Cassel, pour former son aile gauche, réunissait à Guise le plus de monde possible. Il avait composé une masse d'environ quarante-cinq mille hommes, déjà organisés, et faisait enrégimenter en toute hâte les nouvelles levées provenant de la réquisition permanente. Cependant ces levées étaient dans un tel désordre, qu'il fallut laisser des détachemens de troupes de ligne pour les garder. Jourdan fixa donc à Guise le rendez-vous de toutes les recrues, et s'avança sur cinq colonnes au secours de Maubeuge.

Déjà l'ennemi avait investi cette place. Comme celles de Valenciennes et de Lille, elle était soutenue par un camp retranché, placé sur la rive droite de la Sambre, du côté même par lequel s'avançaient les Français. Deux divisions, celles des généraux Desjardins et Mayer, gardaient le cours de la Sambre, l'une au-dessus, l'autre au-dessous de Maubeuge. L'ennemi, au lieu de s'avancer en deux masses serrées, et de refouler Desjardins sur Maubeuge, et de rejeter Mayer en arrière sur Charleroy, où il eût été perdu, passa la Sambre en petites masses, et laissa les deux divisions Desjardins et Mayer se rallier dans le camp retranché de Maubeuge. C'était fort bien d'avoir séparé Desjardins de Jourdan, et de l'avoir empêché ainsi de grossir l'armée active des Français; mais en laissant Mayer se réunir à Desjardins, on avait permis à ces deux généraux de former sous Maubeuge un corps de vingt mille hommes, qui pouvait sortir du rôle de simple garnison, surtout à l'approche de la grande armée de Jourdan. Cependant la difficulté de nourrir ce nombreux rassemblement était un inconvénient des plus graves pour Maubeuge, et pouvait, jusqu'à un certain point, excuser les généraux ennemis d'avoir permis la jonction.

Le prince de Cobourg plaça les Hollandais, au nombre de douze mille, sur la rive gauche de la Sambre, et s'attacha à faire incendier les magasins de Maubeuge, pour augmenter la disette. Il porta le général Colloredo sur la rive droite, et le chargea d'investir le camp retranché. En avant de Colloredo, Clerfayt avec trois divisions forma le corps d'observation, et dut s'opposer à la marche de Jourdan. Les coalisés comptaient à peu près soixante-cinq mille hommes.

Avec de l'audace et du génie, le prince de Cobourg aurait laissé quinze ou vingt mille hommes au plus pour contenir Maubeuge; il aurait marché ensuite avec quarante-cinq ou cinquante mille sur le général Jourdan, et l'aurait battu infailliblement ; car, avec l'avantage de l'offensive, et à nombre égal, ses troupes devaient l'emporter sur les nôtres encore mal organisées. Au lieu d'adopter ce plan, le prince de Cobourg laissa environ trente-cinq mille hommes autour de la place, et resta en observation avec environ trente mille, dans les positions de Dourlers et Watignies.

Dans cet état de choses, il n'était pas impossible au général Jourdan de percer sur un point la ligne occupée par le corps d'observation, de marcher sur Colloredo qui faisait l'investissement du camp retranché, de le mettre entre deux feux, et, après l'avoir accablé, de s'adjoindre l'armée entière de Maubeuge, de former avec elle une masse de soixante mille hommes, et de battre tous les coalisés placés sur la rive droite de la Sambre. Pour cela, il fallait diriger une seule attaque sur Watignies, point le plus faible ; mais, en se portant exclusivement de ce côté, on laissait ouverte la route d'Avesnes qui aboutissait à Guise, où était notre base et le lieu de la réunion de tous les dépôts. Le général français préféra un plan plus prudent, mais moins fécond, et fit attaquer le corps d'observation sur quatre points, de manière à garder toujours la route d'Avesnes et de Guise. A sa gauche, il détacha la division

Fromentin sur Saint-Waast, avec ordre de marcher entre la Sambre et la droite de l'ennemi. Le général Balland, avec plusieurs batteries, dut se placer au centre, en face de Dourlers, pour contenir Clerfayt par une forte canonnade. Le général Duquesnoy s'avança avec la droite sur Watignies, qui formait la gauche de l'ennemi, un peu en arrière de la position centrale de Dourlers. Ce point n'était occupé que par un faible corps. Une quatrième division, celle du général Beauregard, placée encore au-delà de la droite, dut seconder Duquesnoy dans son attaque sur Watignies. Ces divers mouvemens étaient peu liés, et ne portaient pas sur les points décisifs. Ils s'effectuèrent le 15 octobre au matin. Le général Fromentin s'empara de Saint-Waast; mais n'ayant pas pris la précaution de longer les bois pour se tenir à l'abri de la cavalerie, il fut assailli et rejeté dans le ravin de Saint-Rémy. Au centre, où l'on croyait Fromentin maître de Saint-Waast, et où l'on savait que la droite avait réussi à s'approcher de Watignies, on voulut passer outre, et au lieu de canonner Dourlers, on songea à s'en emparer. Il paraît que ce fut l'avis de Carnot, qui décida l'attaque malgré le général Jourdan. Notre infanterie se jeta dans le ravin qui la séparait de Dourlers, gravit le terrain sous un feu meurtrier, et arriva sur un plateau où elle avait en tête des batteries formidables, et en flanc une nombreuse cavalerie prête à la charger. Dans ce même instant, un nouveau corps, qui venait de contribuer à mettre Fromentin en déroute, menaçait encore de la déborder sur sa gauche. Le général Jourdan s'exposa au plus grand danger pour la maintenir; mais elle plia, se jeta en désordre dans le ravin, et très heureusement reprit ses positions sans avoir été poursuivie. Nous avions perdu près de mille hommes à cette tentative, et notre gauche sous Fromentin avait perdu son artillerie. Le général Duquesnoy, à la droite, avait seul réussi, en parvenant à s'approcher de Watignies.

Après cette tentative, la position était mieux connue des Français. Ils sentirent que Dourlers était trop défendu pour diriger sur ce point l'attaque principale; que Watignies, à peine gardé par le général Trécy, et placé en arrière de Dourlers, était facile à emporter, et que ce village une fois occupé par le gros de nos forces, la position de Dourlers tombait nécessairement. Jourdan détacha donc six à sept mille hommes vers sa droite, pour renforcer le général Duquesnoy; il ordonna au général Beauregard, trop éloigné avec sa quatrième colonne, de se rabattre d'Eule sur Obrechies, de manière à opérer un effort concentrique sur Watignies, conjointement avec le général Duquesnoy; mais il persista à continuer sa démonstration sur le centre, et à faire marcher Fromentin vers la gauche, afin d'embrasser toujours le front entier de l'ennemi.

Le lendemain 16, l'attaque commença. Notre infanterie débouchant par les trois villages de Dinant, Demichaux et Choisy, aborda Watignies. Les grenadiers autrichiens, qui liaient Watignies à Dourlers, furent rejetés dans les bois. La cavalerie ennemie fut contenue par l'artillerie légère disposée à propos, et Watignies fut emporté. Le général Beauregard, moins heureux, fut surpris par une brigade que les Autrichiens avaient détachée contre lui. Sa troupe, s'exagérant la force de l'ennemi, se débanda, et céda une partie du terrain. A Dourlers et Saint-Waast, on s'était contenu réciproquement ; mais Watignies était occupé, et c'était l'essentiel. Jourdan, pour s'en assurer la possession, y renforça encore une fois sa droite de cinq ou six mille hommes. Cobourg, trop prompt à céder au danger, se retira, malgré le succès obtenu sur Beauregard, et malgré l'arrivée du duc d'York, qui venait à marches forcées de l'autre côté de la Sambre. Il est probable que la crainte de voir les Français s'unir aux vingt mille hommes du camp retranché, l'empêcha de persister à occuper la rive droite de la Sambre. Il est certain que si l'armée de Maubeuge, au bruit du canon de Watignies, eût attaqué le faible corps d'investissement, et tâché de marcher vers Jourdan, les coalisés auraient pu être accablés. Les soldats le demandaient à grands cris; mais le général Ferrand s'y opposa, et le général Chancel, qu'on crut à tort coupable de ce refus, fut envoyé au tribunal révolutionnaire. L'heureuse attaque de Watignies décida la levée du siége de Maubeuge, comme celle d'Hondschoote avait décidé la levée du siége de Dunkerque : elle fut appelée victoire de Watignies, et produisit sur les esprits la plus grande impression.

Les coalisés se trouvaient ainsi concentrés entre l'Escaut et la Sambre. Le comité de salut public voulut aussitôt tirer parti de la victoire de Watignies, du découragement qu'elle avait jeté chez l'ennemi, de l'énergie qu'elle avait rendue à notre armée, et résolut de tenter un dernier effort qui, avant l'hiver, rejetât les coalisés hors du territoire, et les laissât avec le sentiment décourageant d'une campagne entièrement perdue. L'avis de Jourdan et de Carnot était opposé à celui du comité. Ils pensaient que les pluies, déjà très abondantes, le mauvais état des chemins, la fatigue des troupes, étaient des raisons suffisantes d'entrer dans les quartiers d'hiver, et ils conseillaient d'employer la mauvaise saison à discipliner et organiser l'armée. Cependant le comité insista pour qu'on délivrât le territoire, disant que dans cette saison une défaite ne pourrait pas avoir de grands résultats. D'après l'idée nouvellement imaginée d'agir sur les ailes, le comité ordonna de marcher par Maubeuge et Charleroi d'un côté, par Cysaing, Maulde et Tournay de l'autre, et d'envelopper ainsi l'ennemi sur le territoire qu'il avait envahi. L'arrêté fut signé le 22 octobre. Les ordres furent donnés en conséquence; l'armée des Ardennes dut se joindre à Jourdan; les garnisons des places fortes durent en sortir, et être remplacées par les nouvelles réquisitions.

La guerre de la Vendée venait d'être reprise avec une nouvelle activité. On a vu que Canclaux s'était replié sur Nantes, et que les colonnes de la Haute-Vendée étaient rentrées à Angers et à Saumur. Avant que les nouveaux décrets qui confondaient les deux armées de la Rochelle et de Brest en une seule, et en conféraient le commandement au général Léchelle, fussent connus, Canclaux prépara un nouveau mouvement offensif. La garnison de Mayence était déjà réduite, par la guerre et les maladies, à neuf ou dix mille hommes. La division de Brest, battue sous Beysser, était presque désorganisée. Canclaux n'en résolut pas moins une marche très-hardie au centre de la Vendée, et en même temps il conjura Rossignol de le seconder avec son armée. Rossignol réunit aussitôt un conseil de guerre à Saumur, le 2 octobre, et fit décider que les colonnes de Saumur, de Thouars et de la Châtaigneraye, se réuniraient le 7 à Bressuire, et marcheraient de là à Châtillon, pour faire concourir leur attaque avec celle de Canclaux. Il prescrivit en même temps aux deux colonnes de Luçon et des Sables de garder la défensive, à cause de leurs derniers revers, et des dangers qui les menaçaient du côté de la Basse-Vendée.

Pendant ce temps, Canclaux s'était avancé le 1er octobre jusqu'à Montaigu, poussant des reconnaissances jusqu'à Saint-Fulgent, pour tâcher de se lier par sa droite avec la colonne de Luçon, dans le cas où elle parviendrait à reprendre l'offensive. Enhardi par le succès de sa marche, il ordonna, le 6, à l'avant-garde, toujours commandée par Kléber, de se porter à Tiffauges. Quatre mille Mayençais rencontrèrent l'armée de d'Elbée et de Bonchamps à Saint-Simphorien, la mirent en déroute après un combat sanglant, et la repoussèrent fort loin. Dans la soirée même, arriva le décret qui destituait Canclaux, Aubert-Dubayet et Grouchy. Le mécontentement fut très-grand dans la colonne de Mayence, et Philippeaux, Gillet, Merlin et Rewbell, qui voyaient l'armée privée d'un excellent général au moment où elle était exposée au centre de la Vendée, en furent indignés. C'était sans doute une excellente mesure que de réunir le commandement de l'Ouest sur une seule tête, mais il fallait choisir un autre individu pour en supporter le fardeau. Léchelle était ignorant et lâche, dit Kléber dans ses mémoires, et ne se montra jamais une seule fois au feu. Simple officier dans l'armée de La Rochelle, on l'avança subitement, comme Rossignol, à cause de sa réputation de patriotisme, mais on ignorait que n'ayant ni l'esprit naturel de Rossignol, ni sa bravoure, il était aussi mauvais soldat que mauvais général. En attendant son arrivée, Kléber eut le commandement. On resta dans les mêmes positions entre Montaigu et Tiffauges.

Léchelle arriva enfin le 8 octobre, et on tint un conseil de guerre en sa présence. On venait d'apprendre la marche des colonnes de Saumur, de Thouars et de la Châtaigneraye, sur Bressuire : il fut convenu alors qu'on persisterait à marcher sur Cholet, où l'on se joindrait aux trois colonnes réunies à Bressuire, et en même temps il fut ordonné au reste de la division de Luçon de s'avancer vers le rendez-vous général. Léchelle ne comprit rien aux raisonnemens des généraux, et approuva tout en disant : *Il faut marcher majestueusement et en masse*. Kléber replia sa carte avec mépris. Merlin dit qu'on avait choisi le plus ignorant des hommes pour l'envoyer à l'armée la plus compromise. Dès ce moment, Kléber fut chargé, par les représentans, de diriger seul les opérations, en se bornant, pour la forme, à en rendre compte à Léchelle. Celui-ci profita de cet arrangement pour se tenir à une grande distance du champ de bataille. Éloigné du danger, il haïssait les braves qui se battaient pour lui, mais du moins il les laissait se battre, quand et comme il leur plaisait.

Dans ce moment, Charette, voyant les dangers qui menaçaient les chefs de la Haute-Vendée, se sépara d'eux, prétextant de fausses raisons de mécontentement, et il se rejeta sur la côte, avec le projet de s'emparer de l'île de Noirmoutiers. Il s'en rendit maître en effet, le 12, par une surprise et par la trahison du chef qui y commandait. Il était ainsi assuré de sauver sa division, et d'entrer en communication avec les Anglais; mais il laissait le parti de la Haute-Vendée exposé à une destruction presque inévitable. Dans l'intérêt de la cause commune, il avait bien mieux à faire : il pouvait attaquer la colonne de Mayence sur les derrières, et peut-être la détruire. Les chefs de la grande armée lui envoyèrent lettres sur lettres pour l'y engager; mais ils n'en reçurent jamais aucune réponse.

Ces malheureux chefs de la Haute-Vendée étaient pressés de tous côtés. Les colonnes républicaines qui devaient se réunir à Bressuire s'y trouvaient à l'époque fixée, et elles s'étaient acheminées le 9 de Bressuire sur Châtillon. Sur la route, elles rencontrèrent l'armée de M. de Lescure, et la mirent en désordre. Westermann, réintégré dans son commandement, était toujours à l'avant-garde, à la têtes de quelques cents hommes. Il entra le premier dans Châtillon le 9 au soir. L'armée entière y pénétra le lendemain 10. Pendant ce mouvement, Lescure et Larochejacquelein avaient appelé à leur secours la grande armée, qui n'était pas loin d'eux; car, déjà très resserrés au centre de ce pays, ils combattaient à peu de distance les uns des autres. Tous les généraux réunis résolurent de se porter sur Châtillon. Ils se mirent en marche le 11. Westermann s'avançait déjà de Châtillon sur Mortagne, avec cinq cents hommes d'avant-garde. D'abord il ne crut pas avoir affaire à toute une armée, et ne demanda pas de grands secours à son général. Mais enveloppé tout à coup, il fut obligé de se replier rapidement, et rentra dans Châtillon avec sa troupe. Le désordre se mit alors dans la ville, et l'armée républicaine l'abandonna précipitamment. Westermann se réunissant au général en chef Chalbos, et groupant autour de lui quelques braves, arrêta la fuite, et se reporta même assez près de Châtillon. A l'entrée de la nuit, il dit à quelques-uns de ses soldats qui avaient fui: « Vous « avez perdu votre honneur aujourd'hui, il faut « le recouvrer. » Il prend aussitôt cent cavaliers, fait monter cent grenadiers en croupe, et la nuit, tandis que les Vendéens confondus dans Châtillon sont endormis ou pris de vin, il a l'audace d'y entrer, et de se jeter au milieu de toute une armée. Le désordre fut au comble, et le carnage effroyable. Les Vendéens, ne se reconnaissant pas, se battaient entre eux, et, au milieu d'une horrible confusion, femmes, enfans, vieillards, étaient égorgés. Westermann sortit à la pointe du jour avec les trente ou quarante soldats qui lui restaient, et alla rejoindre, à une lieue de la ville, le gros de l'armée. Le 12, un spectacle affreux vint frapper les Vendéens, ils sortirent eux-mêmes de Châtillon, inondé de sang et dévoré des flammes, et se portèrent du côté de Cholet où marchaient les Mayençais. Chalbos, après avoir rétabli l'ordre dans sa division, rentra le surlendemain 14 dans Châtillon, et se disposa à se porter de nouveau en avant, pour faire sa jonction avec l'armée de Nantes.

Tous les chefs vendéens, d'Elbée, Bonchamps, Lescure, La Rochejaquelein, étaient réunis avec leurs forces aux environs de Cholet. Les Mayençais, qui s'étaient mis en marche le 14, s'en approchaient; la colonne de Châtillon n'en était plus qu'à peu de distance; et la division de Luçon, qu'on avait mandée, s'avançait aussi, et devait venir se placer entre les colonnes de Mayence et de Châtillon. On touchait donc au moment de la jonction générale. Le 15, l'armée de Mayence marchait en deux masses vers Mortagne, qui venait d'être évacué. Kléber, avec le corps de bataille, formait la gauche, et Beaupuy, la droite. Au même moment, la colonne de Luçon arrivait vers Mortagne, espérant trouver un bataillon de direction que Léchelle aurait dû faire placer sur sa route. Mais ce général, qui ne faisait rien, ne s'était pas même acquitté de ce soin accessoire. La colonne est aussitôt surprise par Lescure, et se trouve assaillie de tous côtés. Heureusement Beaupuy, qui était près d'elle par sa position vers Mortagne, accourt à son secours, et parvient à la dégager. Les Vendéens sont repoussés. Le malheureux Lescure reçoit une balle au-dessus du sourcil, et tombe dans les bras de ses soldats, qui l'emportent et prennent la fuite. La colonne de Luçon se réunit alors à celle de Beaupuy. Le jeune Marceau venait d'en prendre le commandement. A la gauche, et dans le même moment, Kléber soutenait un combat vers Saint-Christophe, et repoussait l'ennemi. Le 15 au soir, toutes les troupes républicaines bivouaquaient dans les champs devant Cholet, où les Vendéens s'étaient retirés. La division de Luçon était d'environ trois mille hommes, ce qui, avec la colonne de Mayence, faisait à peu près douze ou treize mille.

Le lendemain matin 16, les Vendéens, après

quelques coups de canon, évacuèrent Cholet, et se replièrent sur Beaupréau. Kléber y entra aussitôt, et, défendant le pillage sous peine de mort, y fit observer le plus grand ordre. La colonne de Luçon fit de même à Mortagne. Ainsi tous les historiens qui ont dit qu'on brûla Cholet et Mortagne ont commis une erreur ou avancé un mensonge.

Kléber fit aussitôt toutes ses dispositions, car Léchelle était à deux lieues en arrière. La rivière de Moine passe devant Cholet; au-delà, se trouve un terrain montueux, inégal, formant un demi-cercle de hauteurs. A gauche de ce demi-cercle, se trouve le bois de Cholet; au centre de Cholet même, et à droite, un château élevé. Kléber plaça Beaupuy, avec l'avant-garde, en avant du bois; Haxo, avec la réserve des Mayençais, derrière l'avant-garde, et de manière à la soutenir; il rangea la colonne de Luçon, commandée par Marceau, au centre, et Vimeux, avec le reste des Mayençais, à la droite, sur les hauteurs. La colonne de Châtillon arriva dans la nuit du 16 au 17. Elle était à peu près de neuf ou dix mille hommes, ce qui portait les forces totales des républicains à vingt-deux mille environ. Le 17, au matin, on tint conseil. Kléber n'aimait pas sa position en avant de Cholet, parce qu'elle n'avait qu'une retraite, le pont de la rivière de Moine aboutissant à la ville. Il voulait qu'on marchât en avant pour tourner Beaupréau, et couper les Vendéens de la Loire. Les représentans combattirent son avis, parce que la colonne venue de Châtillon avait besoin d'un jour de repos.

Pendant ce temps, les chefs vendéens délibéraient à Beaupréau, au milieu d'une horrible confusion. Les paysans traînaient avec eux leurs femmes, leurs enfans, leurs bestiaux, et formaient une émigration de plus de cent mille individus. La Rochejaquelein, d'Elbée, auraient voulu qu'on se fît tuer sur la rive gauche; mais Talmont, d'Autichamp, qui avaient une grande influence en Bretagne, désiraient impatiemment qu'on se transportât sur la rive droite. Bonchamps, qui voyait, dans une excursion vers les côtes du Nord, une grande entreprise, et qui avait, dit-on, un projet lié avec l'Angleterre, opinait pour passer la Loire. Cependant il était assez d'avis de tenter un dernier effort, et d'essayer une grande bataille devant Cholet. Avant d'engager le combat, il fit envoyer un détachement de quatre mille hommes à Varades, pour s'assurer un passage sur la Loire en cas de défaite.

La bataille était résolue. Les Vendéens s'avancèrent, au nombre de quarante mille hommes, sur Cholet, le 15 octobre, à une heure après midi. Les généraux républicains ne s'attendaient pas à être attaqués, et venaient d'ordonner un jour de repos. Les Vendéens s'étaient formés en trois colonnes : l'une dirigée sur la gauche, où étaient Beaupuy et Haxo ; l'autre sur le centre, commandé par Marceau ; la troisième sur la droite, confiée à Vimeux. Les Vendéens marchaient en ligne et en rang, comme des troupes régulières. Tous les chefs blessés qui pouvaient supporter le cheval étaient au milieu de leurs paysans, et les soutenaient en ce jour qui devait décider de leur existence et de la possession de leurs foyers. Entre Beaupréau et la Loire, dans chaque commune qui leur restait, on célébrait la messe, et on invoquait le ciel pour cette cause si malheureuse et si menacée.

Les Vendéens s'ébranlent, et joignent l'avant-garde de Beaupuy, placée, comme nous l'avons dit, dans une plaine en avant du bois de Cholet. Une partie d'entre eux s'avance en masse serrée, et charge à la manière des troupes de ligne ; les autres s'éparpillent en tirailleurs pour tourner l'avant-garde, et même l'aile gauche, en pénétrant dans les bois de Cholet. Les républicains accablés sont forcés de plier ; Beaupuy a deux chevaux tués sous lui ; il tombe embarrassé par son éperon, et allait être pris, lorsqu'il se jette derrière un caisson, se saisit d'un troisième cheval, et va rejoindre sa colonne. Dans ce moment Kléber accourt vers l'aile menacée ; il ordonne au centre et à la droite de ne pas se dégarnir, et mande à Chalbos de faire sortir de Cholet une de ses colonnes pour venir au secours de la gauche. Lui-même se place auprès d'Haxo, rétablit la confiance dans ses bataillons, et ramène au feu ceux qui avaient plié sous le grand nombre. Les Vendéens sont repoussés à leur tour, reviennent avec acharnement, et sont repoussés encore. Pendant ce temps, le combat s'engage au centre et à la droite avec la même fureur. A la droite, Vimeux est si bien placé, que tous les efforts de l'ennemi demeurent impuissans.

Au centre, cependant, les Vendéens s'avancent avec plus d'avantage qu'aux deux ailes, et pénètrent dans l'enfoncement où se trouve le jeune Marceau. Kléber y accourt pour soutenir la colonne de Luçon, et, à l'instant même, une des divisions de Chalbos, qu'il avait demandée, sort de Cholet, au nombre de quatre mille hommes. Ce renfort était d'une grande importance dans ce moment; mais, à la vue de cette plaine en feu, cette division mal organisée, comme toutes celles de l'armée de La Rochelle, se débande et rentre en désordre dans Cholet. Kléber et Marceau restent au centre avec la seule colonne de Luçon. Le jeune Marceau, qui la commande, ne s'intimide pas; il laisse approcher l'ennemi à une portée de fusil, puis tout à coup démasque son artillerie, et, de son feu imprévu, arrête et accable les Vendéens. Ceux-ci résistent d'abord; ils se rallient, se serrent sous une pluie de mitraille; mais bientôt ils cèdent et fuient en désordre. Dans ce moment, leur déroute est générale au centre, à la droite et à la gauche; Beaupuy, avec son avant-garde ralliée, les poursuit à toute outrance.

Les colonnes de Mayence et de Luçon étaient les seules qui eussent pris part à la bataille. Ainsi treize mille hommes en avaient battu quarante mille. De part et d'autre, on avait déployé la plus grande valeur; mais la régularité et la discipline décidèrent l'avantage en faveur des républicains. Marceau, Beaupuy, Merlin, qui pointait lui-même les pièces, avaient déployé le plus grand héroïsme; Kléber avait montré son coup d'œil et sa vigueur accoutumés sur le champ de bataille. Du côté des Vendéens, d'Elbée, Bonchamps, après avoir fait des prodiges, avaient été blessés à mort; La Rochejaquelein restait seul de tous les chefs, et il n'avait rien oublié pour partager leurs glorieuses blessures. Le combat avait duré depuis deux heures jusqu'à six.

L'obscurité régnait déjà de toutes parts; les Vendéens fuyaient en toute hâte, jetant leurs sabots sur les routes. Beaupuy les suivait à perte d'haleine. A Beaupuy s'était joint Westermann, qui, ne voulant pas partager l'inaction des troupes de Chalbos, avait pris un corps de cavalerie, et courait, à bride abattue, sur les fuyards. Après avoir poursuivi l'ennemi fort long-temps, Beaupuy et Westermann s'arrêtent, et songent à faire reposer leurs troupes. Cependant, disent-ils, nous trouverons plûtot du pain à Beaupréau qu'à Cholet, et ils osent marcher sur Beaupréau, où l'on supposait que les Vendéens s'étaient retirés en masse. Mais la fuite avait été si rapide, qu'une partie se trouvait déjà à Saint-Florent, sur les bords de la Loire. Le reste, à l'approche des républicains, évacue Beaupréau en désordre, et leur cède ce poste où ils auraient pu se défendre.

Le lendemain matin, 18, l'armée entière marche de Cholet vers Beaupréau. Les avant-gardes de Beaupuy, placées sur la route de Saint-Florent, voient un grand nombre d'individus accourir en criant : *Vive la république, vive Bonchamps!* On les interroge, et ils répondent en proclamant Bonchamps comme leur libérateur. En effet, ce jeune héros, étendu sur un matelas, et près d'expirer d'un coup de feu dans le bas-ventre, avait demandé et obtenu la grace de quatre mille prisonniers que les Vendéens traînaient à leur suite, et qu'ils voulaient fusiller ; les prisonniers rejoignaient l'armée républicaine.

Dans ce moment, quatre-vingt mille individus, femmes, enfans, vieillards, hommes armés, étaient au bord de la Loire, avec les débris de ce qu'ils possédaient, et se disputaient une vingtaine de barques pour passer à l'autre bord. Le conseil

MORT DE BONCHAMP.

supérieur, composé des chefs qui étaient capables encore d'opiner, délibérait s'il fallait se séparer ou porter la guerre en Bretagne. Quelques-uns auraient voulu qu'on se dispersât dans la Vendée, et qu'on s'y cachât en attendant des temps meilleurs : La Rochejaquelein était du nombre, et il conseillait de se faire tuer sur la rive gauche plutôt que de passer sur la rive droite. Cependant l'avis contraire prévalut, et on se décida à rester réunis et à passer outre. Mais Bonchamps venait d'expirer, et personne n'était capable d'accomplir les projets qu'il avait formés sur la Bretagne. D'Elbée, mourant, était envoyé à Noirmoutiers ; Lescure, blessé à mort, était transporté sur un brancard. Quatre-vingt mille individus quittaient leurs champs, allaient porter le ravage dans les champs voisins, et y chercher l'extermination, pour quel but, grand Dieu! pour une cause absurde et de toutes parts délaissée ou hypocritement défendue! Tandis que ces infortunés s'exposaient généreusement à tant de maux, la coalition songeait à peine à eux, les émigrés intriguaient dans les cours, quelques-uns seulement se battaient bravement sur le Rhin, mais dans les rangs des étrangers; et personne encore n'avait songé à envoyer ni un soldat ni un écu à cette malheureuse Vendée, déjà signalée par vingt combats héroïques, et aujourd'hui vaincue, fugitive et désolée.

Les généraux républicains se réunirent à Beaupréau, et là on résolut de se diviser, et de se rendre partie à Nantes et partie à Angers, pour empêcher un coup de main sur ces deux places. L'avis des représentans, non partagé pourtant par Kléber, fut que la Vendée était détruite. *La Vendée n'est plus*, écrivirent-ils à la convention. On avait donné jusqu'au 20 octobre à l'armée pour en finir, et elle avait terminé le 18. L'armée du Nord avait, le même jour, gagné la bataille de Watignies, et avait terminé la campagne en débloquant Maubeuge. Ainsi, de toutes parts, la convention semblait n'avoir qu'à décréter la victoire pour l'assurer. L'enthousiasme fut au comble à Paris et dans toute la France, et on commença à croire qu'avant la fin de la saison la république serait victorieuse de tous les trônes conjurés contre elle.

Un seul événement pouvait troubler cette joie, c'était la perte des lignes de Wissembourg sur le Rhin, qui avaient été forcées le 13 et le 15 octobre. Après l'échec de Pirmasens, nous avons laissé les Prussiens et les Autrichiens en présence des lignes de la Sarre et de la Lauter, et menaçant à chaque instant de les envahir. Les Prussiens, ayant inquiété les Français sur les bords de la Sarre, les obligèrent à se replier. Le corps des Vosges, rejeté au-delà d'Hornbach, se retira fort en arrière à

Bitche, dans le centre des montagnes; l'armée de la Moselle, repoussée jusqu'à Sarreguemines, fut séparée du corps des Vosges et de l'armée du Rhin. Dans cette position, il devenait facile aux Prussiens, qui avaient, sur le revers occidental, dépassé la ligne commune de la Sarre et de la Lauter, de tourner les lignes de Wissembourg par leur extrême gauche. Alors ces lignes devaient tomber nécessairement. C'est ce qui arriva le 13 octobre. La Prusse et l'Autriche, que nous avons vues en désaccord, s'étaient enfin entendues, le roi de Prusse s'était rendu en Pologne, et avait laissé le commandement à Brunswick, avec ordre de se concerter avec Wurmser. Du 13 au 14 octobre, tandis que les Prussiens marchaient le long de la ligne des Vosges jusqu'à Bitche, bien au-delà de la hauteur de Wissembourg, Wurmser devait attaquer les lignes de la Lauter sur sept colonnes. La première, sous le prince de Waldeck, chargée de passer le Rhin à Seltz, et de tourner Lauterbourg, rencontra, dans la nature des lieux et le courage d'un demi-bataillon des Pyrénées, des obstacles invincibles; la seconde, bien qu'elle eût passé les lignes au-dessus de Lauterbourg, fut repoussée; les autres, après avoir obtenu au-dessus et autour de Wissembourg des avantages balancés par la résistance vigoureuse des Français, s'emparèrent cependant de Wissembourg. Nos troupes se retirèrent sur le poste du Geisberg, placé un peu en arrière de Wissembourg, et beaucoup plus difficile à emporter. On ne pouvait pas regarder encore les lignes de Wissembourg comme tout à fait perdues; mais la nouvelle de la marche des Prussiens sur le revers occidental, obligea le général français à se replier sur Hagueneau et sur les lignes de la Lauter, et à céder ainsi une partie du territoire aux coalisés. Sur ce point, la frontière était donc envahie; mais les succès du Nord et de la Vendée couvrirent l'effet de cette mauvaise nouvelle. On envoya Saint-Just et Lebas en Alsace, pour contenir les mouvemens que la noblesse alsacienne et les émigrés excitaient à Strasbourg. On dirigea de ce côté des levées nombreuses, et on se consola par la résolution de vaincre sur ce point comme sur tous les autres.

Les craintes affreuses qu'on avait conçues dans le mois d'août, avant les victoires d'Hondschoote et de Watignies, avant la prise de Lyon et la retraite des Piémontais au-delà des Alpes, avant les succès de la Vendée, étaient dissipées. On voyait, dans ce moment, la frontière du Nord, la plus importante et la plus menacée, délivrée de l'ennemi, Lyon rendu à la république, la Vendée soumise, toute rébellion étouffée dans l'intérieur jusqu'à la frontière d'Italie, où la place de Toulon résistait encore, il est vrai, mais résistait seule.

Encore un succès aux Pyrénées, à Toulon, au Rhin, et la république était complétement victorieuse; et ce triple succès ne semblait pas plus difficile à obtenir que les autres. Sans doute, la tâche n'était pas finie, mais elle pouvait l'être bientôt, en continuant les mêmes efforts et les mêmes moyens : on n'était pas encore entièrement rassuré, mais on ne se croyait plus en danger de mort prochaine.

CHAPITRE XV.

EFFETS DES LOIS RÉVOLUTIONNAIRES; PROSCRIPTIONS A LYON, A MARSEILLE ET A BORDEAUX. — PERSÉCUTIONS DIRIGÉES CONTRE LES *suspects*. INTÉRIEUR DES PRISONS DE PARIS; ÉTAT DES PRISONNIERS A LA CONCIERGERIE. — LA REINE MARIE-ANTOINETTE EST SÉPARÉE DE SA FAMILLE ET TRANSFÉRÉE A LA CONCIERGERIE; TOURMENS QU'ON LUI FAIT SUBIR. CONDUITE ATROCE D'HÉBERT. SON PROCÈS DEVANT LE TRIBUNAL RÉVOLUTIONNAIRE. ELLE EST CONDAMNÉE A MORT ET EXÉCUTÉE. — DÉTAILS DES PROCÈS ET DU SUPPLICE DES GIRONDINS. — EXÉCUTION DU DUC D'ORLÉANS, DE BAILLY, DE MADAME ROLAND. — TERREUR GÉNÉRALE. SECONDE LOI DU *maximum*. AGIOTAGE. FALSIFICATION D'UN DÉCRET PAR QUATRE DÉPUTÉS. — ÉTABLISSEMENT DU NOUVEAU SYSTÈME MÉTRIQUE ET DU CALENDRIER RÉPUBLICAIN. — ABOLITION DES ANCIENS CULTES; ABJURATION DE GOBEL, ÉVÊQUE DE PARIS. ÉTABLISSEMENT DU CULTE DE LA RAISON.

Les mesures révolutionnaires décrétées pour le salut de la France s'exécutaient dans toute son étendue avec la dernière vigueur. Imaginées par les hommes les plus ardens, elles étaient violentes dans leur principe ; exécutées loin des chefs qui les avaient conçues, dans une région inférieure, où les passions moins éclairées étaient plus brutales, elles devenaient encore plus violentes dans l'application. On obligeait une partie des citoyens à quitter leurs foyers, on enfermait les autres comme suspects, on faisait enlever les denrées et les marchandises pour les besoins des armées, on imposait des corvées pour les transports accélérés, et on ne donnait en échange des objets requis ou des services exigés, que des assignats, ou une créance sur l'état, qui n'inspirait aucune confiance. On poursuivait rapidement la répartition de l'emprunt forcé, et les répartiteurs des communes disaient aux uns : Vous avez dix mille livres de rente; aux autres : Vous en avez vingt; et tous, sans pouvoir répliquer, étaient obligés de fournir la somme demandée. De grandes vexations résultaient de ce vaste arbitraire; mais les armées se remplissaient d'hommes, les vivres s'acheminaient en abondance vers les dépôts, et le milliard d'assignats qu'il fallait retirer de la circulation, commençait à être perçu. Ce n'est jamais sans de grandes douleurs qu'on opère si rapidement, et qu'on sauve un état menacé.

Dans tous les lieux où le danger plus imminent avait exigé la présence des commissaires de la convention, les mesures révolutionnaires étaient devenues plus rigoureuses. Près des frontières et dans tous les départemens suspects de royalisme ou de fédéralisme, ces commissaires avaient fait lever la population en masse; ils avaient mis toutes choses en réquisition, frappé les riches de taxes ré-

volutionnaires, en outre de la taxe générale résultant de l'emprunt forcé; ils avaient accéléré l'emprisonnement des suspects, et quelquefois enfin ils les avaient fait juger par des commissions révolutionnaires, instituées par eux. Laplanche, envoyé dans le département du Cher, disait, le 29 vendémiaire, aux Jacobins : « Partout j'ai mis la
« terreur à l'ordre du jour ; partout j'ai imposé des
« contributions sur les riches et les aristocrates.
« Orléans m'a fourni cinquante mille livres, et
« deux jours m'ont suffi à Bourges pour une levée
« de deux millions. Ne pouvant être partout, mes
« délégués m'ont suppléé : un individu nommé
« Mamin, riche de sept millions, et taxé par l'un
« d'eux à quarante mille livres, s'est plaint à la con-
« vention, qui a applaudi à ma conduite; et s'il
« eût été imposé par moi-même, il eût payé deux
« millions. J'ai fait rendre, à Orléans, un compte
« public à mes délégués; c'est au sein de la société
« populaire qu'ils l'ont rendu, et ce compte a été
« sanctionné par le peuple. Partout j'ai fait fondre
« les cloches, et réuni plusieurs paroisses. J'ai
« destitué tous les fédéralistes, renfermé les gens
« suspects, mis les sans-culottes en force. Des
« prêtres avaient toutes leurs commodités dans les
« maisons de réclusion; les sans-culottes couchaient
« sur la paille dans les prisons; les premiers m'ont
« fourni des matelas pour les derniers. Partout j'ai

« fait marier les prêtres. Partout j'ai électrisé les
« cœurs et les esprits. J'ai organisé des manufac-
« tures d'armes, visité les ateliers, les hôpitaux,
« les prisons. J'ai fait partir plusieurs bataillons de
« la levée en masse. J'ai passé en revue quantité de
« gardes nationales pour les républicaniser, et j'ai
« fait guillotiner plusieurs royalistes. Enfin, j'ai
« suivi mon mandat impératif. J'ai agi partout en
« chaud montagnard, en représentant révolution-
« naire. »

C'est surtout dans les trois principales villes fédéralistes, Lyon, Marseille et Bordeaux, que les représentans venaient d'imprimer une profonde terreur. Le formidable décret rendu contre Lyon portait que les rebelles et leurs complices seraient militairement jugés par une commission, que les sans-culottes seraient nourris aux dépens des aristocrates, que les maisons des riches seraient détruites, et que la ville changerait son nom. L'exécution de ce décret était confiée à Collot-d'Herbois, Maribon-Montaut et Fouché de Nantes. Ils s'étaient rendus à Commune-Affranchie, emmenant avec eux quarante jacobins, pour organiser un nouveau club et propager les principes de la société-mère. Ronsin les avait suivis avec deux mille hommes de l'armée révolutionnaire, et ils avaient aussitôt déployé leurs fureurs. Les représentans donnèrent le premier coup de marteau sur l'une des maisons destinées à être démolies, et huit cents ouvriers se mirent sur-le-champ à l'ouvrage pour détruire les plus belles rues. Les proscriptions avaient commencé en même temps. Les Lyonnais soupçonnés d'avoir pris les armes étaient guillotinés ou fusillés au nombre de cinquante et soixante par jour. La terreur régnait dans cette malheureuse cité : les commissaires envoyés pour la punir, entraînés, enivrés par l'effusion du sang, croyant, à chaque cri de douleur, voir renaître la révolte, écrivaient à la convention que les aristocrates n'étaient pas réduits encore, qu'ils n'attendaient qu'une occasion pour réagir, et qu'il fallait, pour n'avoir plus rien à craindre, déplacer une partie de la population et détruire l'autre. Comme les moyens mis en usage ne paraissaient pas assez rapides, Collot-d'Herbois imagina d'employer la mine pour détruire les édifices, la mitraille pour immoler les proscrits; et il écrivit à la convention que bientôt il allait se servir de moyens plus prompts et plus efficaces pour punir la ville rebelle.

A Marseille, plusieurs victimes avaient déjà succombé. Mais toute la colère des représentans était dirigée contre Toulon, dont ils poursuivaient le siége.

Dans la Gironde, les vengeances s'exerçaient avec la plus grande fureur. Isabeau et Tallien s'étaient placés à la Réole : là, ils s'occupaient à former le noyau d'une armée révolutionnaire pour pénétrer dans Bordeaux, et, en attendant, ils tâchaient de désorganiser les sections de cette ville. Pour cela, ils s'étaient servis d'une section toute montagnarde, et qui, parvenant à effrayer les autres, avait fait fermer successivement le club fédéraliste et destituer les autorités départementales. Alors ils étaient entrés triomphalement dans Bordeaux, et avaient rétabli la municipalité et les autorités montagnardes. Immédiatement après, ils avaient rendu un arrêté portant que le gouvernement de Bordeaux serait militaire, que tous les habitans seraient désarmés, qu'une commission spéciale jugerait les aristocrates et les fédéralistes, et qu'on lèverait immédiatement sur les riches une taxe extraordinaire, pour fournir aux dépenses de l'armée révolutionnaire. Cet arrêté fut aussitôt mis à exécution, les citoyens furent désarmés, et une foule de têtes tombèrent.

C'est à cette époque même que les députés fugitifs, qui s'étaient embarqués en Bretagne pour la Gironde, arrivaient à Bordeaux. Ils allèrent tous chercher un asile chez une parente de Guadet, dans les grottes de Saint-Émilion. On savait confusément qu'ils étaient cachés de ce côté, et Tallien faisait les plus grands efforts pour les découvrir. Il n'y avait pas réussi encore, mais il parvint malheureusement à saisir Biroteau, venu de Lyon pour s'embarquer à Bordeaux. Ce dernier était hors la loi. Tallien fit aussitôt constater l'identité et consommer l'exécution. Duchâtel fut aussi découvert; mais comme il n'était pas hors la loi, il fut transféré à Paris pour être jugé par le tribunal révolutionnaire. On lui adjoignit les trois jeunes amis Riouffe, Girey-Dupré et Marchenna, qui s'étaient, comme on l'a vu, attachés à la fortune des Girondins.

Ainsi, toutes les grandes villes de France subissaient les vengeances de la Montagne. Mais Paris, tout plein des plus illustres victimes, allait devenir le théâtre de bien plus grandes cruautés.

Tandis qu'on préparait le procès de Marie-Antoinette, des girondins, du duc d'Orléans, de Bailly, d'une foule de généraux et de ministres, on remplissait les prisons de suspects. La commune de Paris s'était arrogé, avons-nous dit, une espèce d'autorité législative sur tous les objets de police, de subsistance, de commerce, de culte, et, à chaque décret, elle rendait un arrêté explicatif pour étendre ou limiter les volontés de la convention. Sur les réquisitions de Chaumette, elle avait singulièrement étendu la définition des suspects, donnée par la loi du 17 septembre. Chaumette avait, dans une instruction municipale, énuméré les caractères auxquels il fallait les reconnaître. Cette instruction, adressée aux sections de Paris, et bientôt à toutes celles de la république, était conçue en ces termes :

« Doivent être considérés comme suspects :
« 1° ceux qui, dans les assemblées du peuple,
« arrêtent son énergie par des discours astucieux,
« des cris turbulens et des menaces ; 2° ceux qui,
« plus prudens, parlent mystérieusement des
« malheurs de la république, s'apitoient sur le
« sort du peuple, et sont toujours prêts à ré-
« pandre de mauvaises nouvelles avec une dou-
« leur affectée ; 3° ceux qui ont changé de con-
« duite et de langage selon les événemens ; qui,
« muets sur les crimes des royalistes et des fédé-
« ralistes, déclament avec emphase contre les
« fautes légères des patriotes, et affectent, pour
« paraître républicains, une austérité, une sévé-
« rité étudiées, et qui cèdent aussitôt qu'il s'agit
« d'un modéré ou d'un aristocrate ; 4° ceux qui
« plaignent les fermiers, les marchands avides,
« contre lesquels la loi est obligée de prendre des
« mesures ; 5° ceux qui, ayant toujours les mots
« de *liberté*, *république* et *patrie* sur les lèvres,
« fréquentent les ci-devant nobles, les prêtres, les
« contre-révolutionnaires, les aristocrates, les
« feuillans, les modérés, et s'intéressent à leur
« sort ; 6° ceux qui n'ont pris aucune part active
« dans tout ce qui intéresse la révolution, et qui,

« pour s'en disculper, font valoir le paiement de
« leurs contributions, leurs dons patriotiques,
« leurs services dans la garde nationale par rem-
« placement ou autrement ; 7° ceux qui ont reçu
« avec indifférence la constitution républicaine,
« et ont fait paraître de fausses craintes sur son
« établissement et sa durée ; 8° ceux qui, n'ayant
« rien fait contre la liberté, n'ont aussi rien fait
« pour elle ; 9° ceux qui ne fréquentent pas leurs
« sections, et donnent pour excuse qu'ils ne savent
« pas parler, ou que leurs affaires les en empê-
« chent ; 10° ceux qui parlent avec mépris des
« autorités constituées, des signes de la loi, des
« sociétés populaires, des défenseurs de la liberté ;
« 11° ceux qui ont signé des pétitions contre-
« révolutionnaires, ou fréquenté des sociétés et
« clubs anticiviques ; 12° ceux qui sont reconnus
« pour avoir été de mauvaise foi, partisans de
« Lafayette, et ceux qui ont marché au pas de
« charge au Champ-de-Mars. »

Avec une telle définition, le nombre des suspects devait être illimité, et bientôt il s'éleva, dans les prisons de Paris, de quelques cents à trois mille. D'abord on les avait placés à la Mairie, à la Force, à la Conciergerie, à l'Abbaye, à Sainte-Pélagie, aux Madelonettes, dans toutes les prisons de l'état, mais ces vastes dépôts devenant insuffisans, on songea à établir de nouvelles maisons d'arrêt, spécialement consacrées aux détenus politiques. Les frais de garde étant à la charge des prisonniers, on loua des maisons à leurs dépens. On en choisit une dans la rue d'Enfer, qui fut connue sous le nom de *maison de Port-Libre*, une autre dans la rue de Sèvres, appelée *maison Lazare*. Le collége Duplessis devint un lieu de détention ; enfin le palais du Luxembourg, d'abord destiné à recevoir les vingt-deux girondins, fut rempli d'un grand nombre de prisonniers, et renferma pêle-mêle tout ce qui restait de la brillante société du faubourg Saint-Germain. Ces arrestations subites ayant amené un encombrement dans les prisons, les détenus furent d'abord mal logés. Confondus avec les malfaiteurs et jetés sur la paille, les premiers momens de leur détention furent cruels. Bientôt, cependant, le temps amena l'ordre et les adoucissemens. Les communications avec le dehors leur étant permises, ils eurent la consolation d'embrasser leurs proches, et la faculté de se procurer de l'argent. Alors ils louèrent des lits ou s'en firent apporter ; ils ne couchèrent plus sur la paille, et furent séparés des malfaiteurs. On leur accorda même toutes les commodités qui pouvaient rendre leur sort plus supportable : car le décret permettait de transporter dans les maisons d'arrêt tous les objets dont les détenus auraient besoin. Ceux qui habitaient les maisons nouvellement établies furent encore mieux traités. A Port-Libre, dans la maison Lazare, au Luxembourg, où se trouvaient de riches prisonniers, on vit régner la propreté et l'abondance. Les tables étaient délicatement servies, moyennant les droits d'entrée que prélevaient les geôliers. Cependant l'affluence des visiteurs étant devenue trop considérable, et les communications avec le dehors paraissant une trop grande faveur, cette consolation fut interdite, et les détenus ne purent plus communiquer avec personne que par écrit, et seulement pour se procurer les objets dont ils avaient besoin. Dès cet instant, la société parut devenir plus intime entre ces malheureux, condamnés à exister exclusivement ensemble. Chacun se rapprocha suivant ses goûts, et de petites sociétés se formèrent. Des règlemens furent établis; on se partagea les soins domestiques, et chacun en eut la charge à son tour. Une souscription fut ouverte pour les frais de logement et de nourriture, et les riches contribuèrent ainsi pour les pauvres.

Après avoir vaqué aux soins de leur ménage, les différentes chambrées se réunissaient dans des salles communes. Autour d'une table, d'une poêle, d'une cheminée, se formaient des groupes. On se livrait au travail, à la lecture, à la conversation. Des poètes, jetés dans les fers avec tout ce qui avait excité la défiance par une supériorité quelconque, lisaient des vers. Des musiciens donnaient des concerts, et on entendait chaque jour de l'excellente musique dans ces lieux de proscription. Bientôt le luxe accompagna les plaisirs. Les femmes se parèrent, des liaisons d'amitié et d'amour s'établirent, et on vit se reproduire, jusqu'à la veille de l'échafaud, toutes les scènes ordinaires de la société. Singulier exemple du caractère français, de son insouciance, de sa gaieté, de son aptitude au plaisir dans toutes les situations de la vie!

Des vers charmans, des aventures romanesques, des actes de bienfaisance, une confusion singulière de rangs, de fortune et d'opinion, signalèrent ces trois premiers mois de la détention des suspects. Une sorte d'égalité volontaire réalisa dans ces lieux cette égalité chimérique que des sectaires opiniâtres voulaient faire régner partout, et qu'ils ne réussirent à établir que dans les prisons. Il est vrai que l'orgueil de quelques prisonniers résista à cette égalité du malheur. Tandis qu'on voyait des hommes, fort inégaux d'ailleurs en fortune, en éducation, vivre très bien entre eux, et se réjouir, avec un admirable désintéressement, des victoires de cette république qui les persécutait, quelques ci-devant nobles et leurs femmes, trouvés par hasard dans les hôtels déserts du faubourg Saint-Germain, vivaient à part, s'appelaient encore des noms proscrits de comte et de marquis, et laissaient voir leur dépit quand on venait dire que les Autrichiens avaient fui devant Watignies, ou que les Prussiens n'avaient pu franchir les Vosges. Cependant la douleur ramène tous les cœurs à la nature et à l'humanité : bientôt, lorsque Fouquier-Tinville, frappant chaque jour à la porte de ces demeures désolées, demanda sans cesse de nouvelles têtes; quand les amis, les parens, furent chaque jour séparés par la mort, ceux qui restaient gémirent, se consolèrent ensemble, et n'eurent plus qu'un même sentiment au milieu des mêmes malheurs.

Cependant les prisons n'offraient pas toutes les mêmes scènes. La Conciergerie, tenant au Palais de Justice, et renfermant, à cause de cette proximité, les prisonniers destinés au tribunal révolutionnaire, présentait le douloureux spectacle de quelques cents malheureux n'ayant jamais plus de trois ou quatre jours à vivre. On les y transférait la veille de leur jugement, et ils n'y passaient que le court intervalle qui séparait leur jugement de leur exécution. Là se trouvaient les girondins qu'on avait tirés du Luxembourg, leur première prison; madame Roland, qui, après avoir fait évader son mari, s'était laissé enfermer sans songer à fuir; les jeunes Rioufle, Girey-Dupré, Bois-Guion, attachés à la cause des députés proscrits, et traduits de Bordeaux à Paris pour y être jugés conjointement avec eux ; Bailly, qu'on avait arrêté à Melun ; l'ex-ministre des finances Clavières, qui n'avait pas réussi à s'enfuir comme Lebrun ; le duc d'Orléans, transféré des prisons de Marseille dans celles de Paris ; les généraux Houchard, Brunet, tous réservés au même sort ; et enfin l'infortunée Marie-Antoinette, qui était destinée à devancer à l'échafaud ces illustres victimes. Là, on ne songeait pas même à se procurer les commodités qui adoucissaient le sort des détenus dans les autres prisons. On habitait de sombres et de tristes réduits, où ne pénétraient ni la lumière, ni les consolations, ni les plaisirs. A peine les prisonniers jouissaient-ils du privilége d'être couchés sur des lits, au lieu de l'être sur la paille. Ne pouvant se distraire du spectacle de la mort comme les simples suspects, qui espéraient n'être que détenus jusqu'à la paix, ils tâchaient de s'en amuser, et faisaient du tribunal révolutionnaire et de la guillotine les plus étranges parodies. Les girondins, dans leur prison, improvisaient et jouaient des drames singuliers et terribles, dont leur destinée et la révolution étaient le sujet. C'est à minuit, lorsque tous les geôliers reposaient, qu'ils commençaient ces divertissemens lugubres. Voici l'un de ceux qu'ils avaient imaginés. Assis chacun sur un lit, ils figuraient et les juges et les jurés du tribunal révolutionnaire, et Fouquier-Tinville lui-même. Deux d'entre eux, placés vis-à-vis, représentaient l'accusé avec son défenseur. Suivant l'usage du sanglant tribunal, l'accusé était toujours condamné. Étendu aussitôt sur une planche de lit que l'on renversait, il subissait le simulacre du supplice jusque dans ses moindres détails. Après beaucoup d'exécutions, l'accusateur devenait accusé, et succombait à son tour. Revenant alors couvert d'un drap de lit, il peignait les tortures qu'il endurait aux enfers, prophétisait leur destinée à tous ces juges iniques, et, s'emparant d'eux avec des cris lamentables, il les entraînait dans les abîmes...... « C'est ainsi, dit Riouffe, que nous badinions dans le sein de la mort, et que dans nos jeux prophétiques nous disions la vérité au milieu des espions et des bourreaux. »

Depuis la mort de Custine, on commençait à s'habituer à ces procès politiques, où de simples torts d'opinion étaient transformés en crimes dignes de mort. On s'accoutumait, par une sanglante pratique, à chasser tous les scrupules, et à regarder comme naturel d'envoyer à l'échafaud tout membre d'un parti contraire. Les cordeliers et les jacobins avaient fait décréter la mise en jugement de la reine, des girondins, de plusieurs généraux et du duc d'Orléans. Ils exigeaient impérieusement qu'on leur tînt parole, et c'est surtout par la reine qu'ils voulaient commencer cette longue suite d'immolations. Il semble qu'une femme aurait dû désarmer les fureurs politiques; mais on portait plus de haine encore à Marie-Antoinette qu'à Louis XVI. C'est à elle qu'on reprochait les trahisons de la cour, les dilapidations du trésor, et surtout la guerre acharnée de l'Autriche. Louis XVI, disait-on, avait tout laissé faire; mais Marie-Antoinette avait tout fait, et c'est sur elle qu'il fallait tout punir.

Déjà on a vu quelles réformes avaient été faites au Temple. Marie-Antoinette avait été séparée de sa sœur, de sa fille et de son fils. En vertu du décret qui ordonnait le jugement ou la déportation des derniers membres de la famille des Bourbons, on l'avait transférée à la Conciergerie; et là, seule, dans une prison étroite, elle était réduite au plus strict nécessaire comme tous les autres prisonniers. L'imprudence d'un ami dévoué rendit sa situation encore plus pénible. Un membre de la municipalité, Michonnis, auquel elle inspirait un vif intérêt, voulut introduire auprès d'elle un individu qui voulait, disait-il, la voir par curiosité. Cet individu était un émigré courageux, mais imprudent, qui lui jeta un œillet renfermant ces mots écrits sur un papier très-fin : *Vos amis sont prêts.* Espérance fausse, et aussi dangereuse pour celle qui la recevait que pour celui qui la donnait! Michonnis et l'émigré furent découverts et arrêtés sur-le-champ; la surveillance exercée à l'égard de l'infortunée prisonnière devint dès ce jour encore plus rigoureuse. Des gendarmes devaient être sans cesse de garde à la porte de sa prison, et il leur était expressément défendu de répondre à aucune de ses paroles.

Le misérable Hébert, substitut de Chaumette, et rédacteur de la dégoûtante feuille du *Père Duchéne*, l'écrivain du parti dont Vincent, Ronsin, Varlet, Leclerc, étaient chefs, Hébert s'était particulièrement attaché à tourmenter les restes infortunés de la famille détrônée. Il prétendait que la famille du tyran ne devait pas être mieux traitée qu'une famille sans-culotte; et il avait fait rendre un arrêté qui supprimait l'espèce de luxe avec lequel on avait nourri jusque-là les prisonniers du Temple. On interdisait aux détenues la volaille et la pâtisserie; on les réduisait à une seule espèce d'aliment à déjeuner; à un potage, à un bouilli et un plat quelconque à dîner; à deux plats à souper, et une demi-bouteille de vin par tête. La bougie était remplacée par la chandelle, l'argenterie par l'étain, et la porcelaine par la faïence. Les porteurs d'eau ou de bois pouvaient seuls entrer dans leur chambre, accompagnés de deux commissaires. Les alimens ne leur parvenaient qu'au moyen d'un tour. Le nombreux domestique était réduit à un cuisinier, un aide, deux servans, et une femme de charge pour le linge.

Immédiatement après cet arrêté, Hébert s'était rendu au Temple, et avait inhumainement arraché aux deux infortunées prisonnières jusqu'à de petits meubles auxquels elles tenaient beaucoup. Quatre-vingts louis que madame Élisabeth avait en réserve, et qu'elle avait reçus de madame de Lamballe, lui furent enlevés. Nul n'est plus dangereux, plus cruel que l'homme sans lumières et sans éducation, revêtu d'une autorité récente. S'il a, surtout, une ame vile; si, comme Hébert, qui distribuait des contre-marques à la porte d'un théâtre, et volait sur les recettes, il est sans moralité naturelle, et s'il arrive tout à coup de la fange de sa condition au pouvoir, il se montrera aussi bas qu'atroce. Tel fut Hébert dans sa conduite au Temple. Il ne se borna pas aux vexations que nous venons de rapporter; lui et quelques autres imaginèrent de séparer le jeune prince de sa tante et de sa sœur. Un cordonnier, nommé Simon, et sa femme, furent les instituteurs auxquels on crut devoir le confier pour lui donner l'éducation des sans-culottes. Simon et sa femme s'enfermèrent au Temple, et devenant prisonniers avec le malheureux enfant, se chargèrent de le soigner à leur manière. Leur nourriture était meilleure que celle des princesses, et ils partageaient la table des commissaires municipaux qui étaient de garde. Simon pouvait, accompagné de deux commissaires, descendre dans la cour du Temple avec le jeune prince, afin de lui procurer un peu d'exercice.

Hébert conçut la pensée infâme d'arracher à cet enfant des révélations contre sa malheureuse mère. Soit que ce misérable prêtât à l'enfant de fausses révélations, soit qu'il eût abusé de son âge et de son état pour lui arracher tout ce qu'il voulait, il provoqua une déposition révoltante; et comme l'âge du jeune prince ne permettait pas de le conduire au tribunal, Hébert vint y rapporter à sa place les infamies que lui-même avait dictées ou supposées.

Ce fut le 14 octobre que Marie-Antoinette parut devant ses juges. Traînée au sanglant tribunal par l'inexorable vengeance révolutionnaire, elle n'y paraissait avec aucune chance d'acquittement, car ce n'était pas pour l'y faire absoudre que les jacobins l'y avaient appelée. Cependant il fallait énoncer des griefs. Fouquier recueillit les bruits répandus dans le peuple, depuis l'arrivée de la princesse en France; et, dans l'acte d'accusation, il lui reprocha d'avoir dilapidé le trésor, d'abord pour ses plaisirs, puis pour faire passer des fonds à l'empereur son frère. Il insista sur les scènes des 5 et 6 octobre, et sur le repas des gardes-du-corps, prétendant qu'elle avait tramé à cette époque un complot qui obligea le peuple à se transporter à Versailles pour le déjouer. Il lui imputa ensuite de s'être emparée de son époux, de s'être mêlée du choix des ministres, d'avoir conduit elle-même les intrigues avec les députés gagnés à la cour, d'avoir préparé le voyage à Varennes, d'avoir amené la guerre, et livré aux généraux ennemis tous nos plans de campagne. Il l'accusa d'avoir préparé une nouvelle conspiration au 10 août, d'avoir fait tirer ce jour-là sur le peuple, et engagé son époux à se défendre en le taxant de lâcheté; enfin de n'avoir cessé de machiner et de correspondre au dehors depuis sa captivité au Temple, et d'y avoir traité son jeune fils en roi. On voit comment tout est travesti et tourné à crime au jour terrible où les vengeances des peuples long-temps différées éclatent enfin, et frappent ceux de leurs princes qui ne les ont pas méritées. On voit comment la prodigalité, l'amour des plaisirs, si naturels chez une jeune princesse, comment son attachement à son pays, son influence sur son époux, ses regrets, plus indiscrets toujours chez une femme que chez un homme, son courage même plus hardi, se peignaient dans ces imaginations irritées ou méchantes.

Il fallait des témoins : on appela Lecointre, député de Versailles, qui avait vu les 5 et 6 octobre;

Hébert, qui avait souvent visité le Temple; divers employés des ministères, et plusieurs domestiques de l'ancienne cour. On tira de leurs prisons, pour les faire comparaître, l'amiral d'Estaing, ancien commandant de la garde nationale de Versailles, l'ex-procureur de la commune Manuel, Latour-du-Pin, ministre de la guerre en 1789, le vénérable Bailly, qui, disait-on, avait été, avec Lafayette, complice du voyage à Varennes; enfin Valazé, l'un des girondins destinés à l'échafaud.

Aucun fait précis ne fut articulé. Les uns avaient vu la reine joyeuse lorsque les gardes-du-corps lui témoignaient leur dévouement; les autres l'avaient vue triste et courroucée lorsqu'on la conduisait à Paris, ou lorsqu'on la ramenait de Varennes; ceux-ci avaient assisté à des fêtes splendides qui devaient coûter des sommes énormes; ceux-là avaient entendu dire dans les bureaux ministériels que la reine s'opposait à la sanction des décrets. Une ancienne femme de service à la cour avait, en 1788, ouï dire au duc de Coigny que l'empereur avait déjà reçu deux cents millions de la France pour faire la guerre aux Turcs.

Le cynique Hébert, amené devant l'infortunée reine, osa enfin apporter les accusations arrachées au jeune prince. Il dit que Charles Capet avait raconté à Simon le voyage à Varennes, et désigné Lafayette et Bailly comme en étant les coopérateurs. Puis il ajouta que cet enfant avait des vices funestes et bien prématurés pour son âge; que Simon, l'ayant surpris et l'ayant interrogé, avait appris qu'il tenait de sa mère les vices auxquels il se livrait. Hébert ajouta que Marie-Antoinette voulait sans doute, en affaiblissant de bonne heure la constitution physique de son fils, s'assurer le moyen de le dominer, s'il remontait sur le trône.

Les bruits échappés d'une cour méchante, pendant vingt années, avaient donné au peuple l'opinion la plus défavorable des mœurs de la reine. Cependant cet auditoire tout jacobin fut révolté des accusations d'Hébert. Celui-ci n'en persista pas moins à les soutenir. Cette mère infortunée ne répondait pas; pressée de nouveau de s'expliquer, elle dit avec une émotion extraordinaire : « Je croyais que la nature me dispenserait de répondre à une telle imputation; mais j'en appelle au cœur de toutes les mères ici présentes. » Cette réponse si noble et si simple remua tous les assistans. Cependant tout ne fut pas aussi amer pour Marie-Antoinette dans les dépositions des témoins. Le brave d'Estaing, dont elle avait été l'ennemie, refusa de rien dire à sa charge, et ne parla que du courage qu'elle montra les 5 et 6 octobre, de la noble résolution qu'elle exprima de mourir auprès de son époux plutôt que de fuir. Manuel, malgré ses hostilités avec la cour pendant la législative déclara ne pouvoir rien dire contre l'accusée. Quand le vénérable Bailly fut amené, Bailly qui autrefois avait si souvent prédit à la cour les maux qu'entraîneraient ses imprudences, il parut douloureusement affecté; et comme on lui demandait s'il connaissait la femme Capet : « Oui, dit-il en s'inclinant avec respect, oui, j'ai connu *madame*. » Il déclara ne rien savoir, et soutint que les déclarations arrachées au jeune prince, relativement au voyage à Varennes, étaient fausses. En récompense de sa déposition, il reçut des reproches outrageans, et put juger du sort qui lui était bientôt réservé. Il n'y eut dans l'instruction que deux faits graves, attestés par Latour-du-Pin et Valazé, qui ne déposèrent que parce qu'ils ne pouvaient pas s'en dispenser. Latour-du-Pin avoua que Marie-Antoinette lui avait demandé un état exact des armées pendant qu'il était ministre de la guerre. Valazé, toujours froid, mais respectueux pour le malheur, ne voulut rien dire à la charge de l'accusée; cependant il ne put s'empêcher de déclarer que, membre de la commission des vingt-quatre, et chargé avec ses collègues de vérifier les papiers trouvés chez Septeuil, trésorier de la liste civile, il avait vu des bons pour diverses sommes, signés *Antoinette*, ce qui était fort naturel; mais il ajouta qu'il avait vu une lettre où le ministre priait le roi de transmettre à la reine la copie d'un plan de cam-

LA REINE À LA CONCIERGERIE.

pagne qu'il avait entre ses mains. Ces deux faits, la demande de l'état des armées et la communication du plan de campagne, furent interprétés sur-le-champ d'une manière funeste, et on en conclut que c'était pour les envoyer à l'ennemi; car on ne supposait pas qu'une jeune princesse s'occupât, seulement par goût, d'administration et de plans militaires. Après ces dépositions, on en recueillit plusieurs autres sur les dépenses de la cour, sur l'influence de la reine dans les affaires, sur la scène du 10 août, sur ce qui se passait au Temple; et les bruits les plus vagues, les circonstances les plus insignifiantes, furent accueillis comme des preuves.

Marie-Antoinette répéta souvent avec présence d'esprit et avec force, qu'il n'y avait aucun fait précis contre elle; que d'ailleurs, épouse de Louis XVI, elle ne répondait d'aucun des actes du règne. Fouquier néanmoins la déclara suffisamment convaincue. Chauveau-Lagarde fit d'inutiles efforts pour la défendre; et cette reine infortunée fut condamnée à partager le supplice de son époux.

Ramenée à la Conciergerie, elle y passa avec assez de calme la nuit qui précéda son exécution; et le lendemain, 16 octobre, au matin, elle fut transportée, au milieu d'une populace nombreuse, sur la place fatale où, dix mois auparavant, avait succombé Louis XVI. Elle écoutait avec calme les exhortations de l'ecclésiastique qui l'accompagnait, et promenait un regard indifférent sur ce peuple qui tant de fois avait applaudi à sa beauté et à sa grâce, et qui aujourd'hui applaudissait à son supplice avec le même empressement. Arrivée au pied de l'échafaud, elle aperçut les Tuileries, et parut émue; mais elle se hâta de monter l'échelle fatale, et s'abandonna avec courage aux bourreaux. L'infâme exécuteur montra la tête au peuple, comme il faisait toujours quand il avait immolé une victime illustre.

Les jacobins furent comblés de joie. « Qu'on porte cette nouvelle à l'Autriche, dirent-ils; les Romains vendaient le terrain occupé par Annibal; nous faisons tomber les têtes les plus chères aux souverains qui ont envahi notre territoire. »

Mais ce n'était là que le commencement des vengeances. Immédiatement après le jugement de Marie-Antoinette, il fallut procéder à celui des girondins enfermés à la Conciergerie.

Avant la révolte du Midi, on ne pouvait leur reprocher que des opinions. On disait bien, à la vérité, qu'ils étaient complices de Dumouriez, de la Vendée, de d'Orléans; mais cette complicité, facile à imputer à la tribune, était impossible à prouver, même devant un tribunal révolutionnaire. Depuis le jour, au contraire, où ils levèrent l'étendard de la guerre civile, et où l'on eut contre eux des faits positifs, il devint facile de les condamner.

A la vérité, les députés détenus n'étaient pas ceux qui avaient provoqué l'insurrection du Calvados et du Midi, mais c'étaient les membres du même parti, les soutiens de la même cause; on avait la conviction intime qu'ils avaient correspondu les uns avec les autres; et quoique les lettres interceptées ne prouvassent pas suffisamment la complicité, elles suffisaient à un tribunal qui, par son institution, devait se contenter de la vraisemblance. Toute la modération des girondins fut donc transformée en une vaste conspiration, dont la guerre civile avait été le dénouement. Leur lenteur, sous la législative, à s'insurger contre le trône, leur opposition au projet du 10 août, leur lutte avec la commune depuis le 10 août jusqu'au 20 septembre, leurs énergiques protestations contre les massacres, leur pitié pour Louis XVI, leurs résistances au système inquisiteur qui dégoûtait les généraux, leur opposition au tribunal extraordinaire, au *maximum*, à l'emprunt forcé, à tous les moyens révolutionnaires : enfin leurs efforts pour créer une autorité répressive en instituant la commission des douze, leur désespoir après leur défaite à Paris, désespoir qui les fit recourir aux provinces, tout cela fut travesti en une conspiration dans laquelle tout était inséparable. Dans ce système d'accusation, les opinions proférées à la tribune n'étaient que les symptômes, les préparatifs de la guerre civile qui éclata bientôt; et quiconque avait parlé dans la législative et la convention, comme les députés réunis à Caen, à Bordeaux, à Lyon, à Marseille, était coupable comme eux. Quoiqu'on n'eût aucune preuve directe du concert, on en trouvait dans leur communauté d'opinion, dans l'amitié qui avait uni la plupart d'entre eux, dans leurs réunions habituelles chez Roland et chez Valazé.

Les girondins, au contraire, ne croyaient pas pouvoir être condamnés, si on consentait à discuter avec eux. Leurs opinions, disaient-ils, avaient été libres; ils avaient pu différer d'avis avec les montagnards sur le choix des moyens révolutionnaires, sans être coupables : leurs opinions ne prouvaient ni ambition personnelle, ni complot prémédité. Elles attestaient au contraire que sur une foule de points ils n'avaient pas été d'accord entre eux. Enfin leur complicité avec les députés révoltés n'était que supposée, et leurs lettres, leur amitié, leur habitude de siéger sur les mêmes bancs, ne suffisaient nullement pour la démontrer. « Si on nous laisse parler, disaient les girondins, « nous sommes sauvés. » Funeste idée, qui, sans assurer leur salut, leur fit perdre une partie de cette dignité, seul dédommagement d'une mort injuste!

Si les partis avaient plus de franchise, ils se-

raient du moins bien plus nobles. Le parti vainqueur aurait pu dire au parti vaincu : « Vous avez
« poussé l'attachement à votre système de modé-
« ration, jusqu'à nous faire la guerre, jusqu'à
« mettre la république à deux doigts de sa perte,
« par une diversion désastreuse ; vous êtes vaincus,
« il faut mourir. » De leur côté, les girondins
avaient un beau discours à tenir à leurs vainqueurs. Ils pouvaient leur répondre : « Nous vous
« regardons comme des scélérats qui bouleversez
« la république, qui la déshonorez en prétendant
« la défendre, et nous avons voulu vous combattre
« et vous détruire. Oui, nous sommes tous également
« coupables, nous sommes tous complices
« de Buzot, de Barbaroux, de Pétion, de Guadet ;
« ce sont de grands et vertueux citoyens, dont
« nous proclamons les vertus à votre face. Tandis
« qu'ils sont allés venger la république, nous
« sommes restés ici pour la glorifier en présence
« des bourreaux. Vous êtes vainqueurs, donnez-
« nous la mort. »

Mais l'esprit de l'homme n'est pas fait de telle sorte, qu'il cherche ainsi à tout simplifier par de la franchise. Le parti vainqueur veut convaincre, et il ment ; un reste d'espoir engage le parti vaincu à se défendre, et il ment ; et l'on voit, dans les discordes civiles, ces honteux procès, où le plus fort écoute pour ne pas croire, où le plus faible parle pour ne pas persuader, et demande la vie sans l'obtenir. C'est après l'arrêt prononcé, c'est après que tout espoir est perdu, que la dignité humaine se retrouve, et c'est à la vue du fer qu'on la voit reparaître tout entière.

Les girondins résolurent donc de se défendre, et il leur fallut pour cela employer les concessions, les réticences. On voulut leur prouver leurs crimes, et on envoya, pour les convaincre, au tribunal révolutionnaire tous leurs ennemis, Pache, Hébert, Chaumette, Chabot, et autres, ou aussi faux, ou aussi vils. L'affluence était considérable, car c'était un spectacle encore nouveau que celui de tant de républicains condamnés pour la cause de la république. Les accusés étaient au nombre de vingt-un, tous à la fleur de l'âge, dans la force du talent, quelques-uns même dans tout l'éclat de la jeunesse et de la beauté. La seule déclaration de leurs noms et de leur âge avait de quoi toucher.

Brissot, Gardien et Lasource, avaient trente-neuf ans; Vergniaud, Gensonné et Lehardy, trente-cinq; Mainvielle et Ducos, vingt-huit; Boyer-Fonfrède et Duchastel, vingt-sept; Duperret, quarante-six; Carra, cinquante; Valazé et Lacase, quarante-deux; Duprat, trente-trois; Sillery, cinquante-sept; Fauchet, quarante-neuf; Lesterp-Beauvais, quarante-trois; Boileau, quarante-un; Antiboul, quarante; Vigée, trente-six.

Gensonné était calme et froid ; Valazé indigné et méprisant; Vergniaud était plus ému que de coutume; le jeune Ducos était gai ; et Fonfrède, qu'on avait épargné dans la journée du 2 juin, parce qu'il n'avait pas voté pour les arrestations de la commission des douze, et qui, par ses instances réitérées en faveur de ses amis, avait mérité depuis de partager leur sort, Fonfrède semblait, pour une si belle cause, abandonner avec facilité, et sa grande fortune, et sa jeune épouse, et sa vie.

Amar avait rédigé, au nom du comité de sûreté générale, l'acte d'accusation. Pache fut le premier témoin entendu à l'appui. Cauteleux et prudent, comme il l'était toujours, il dit qu'il avait aperçu depuis long-temps une faction contraire à la révolution, mais il n'articula aucun fait prouvant un complot prémédité. Il dit seulement que, lorsque la convention était menacée par Dumouriez, il se rendit au comité des finances pour obtenir des fonds et approvisionner Paris, et que le comité les refusa; il ajouta qu'il avait été maltraité dans le comité de sûreté générale, et que Guadet l'avait menacé de demander l'arrestation des autorités municipales. Chaumette raconta toutes les luttes de la commune avec le côté droit, telles qu'on les avait apprises par les journaux; il n'ajouta qu'un seul fait particulier, c'est que Brissot avait fait nommer Santonax commissaire aux colonies, et que Brissot était par conséquent l'auteur de tous les maux du Nouveau-Monde. Le misérable Hébert raconta son arrestation par la commission des douze, et dit que Roland corrompait tous les écrivains, car madame Roland avait voulu acheter sa feuille du *Père Duchêne*. Destournelles, ministre de la justice, et autrefois employé à la commune, déposa d'une manière aussi vague, et répéta ce qu'on savait, c'est que les accusés avaient poursuivi la commune, tonné contre les massacres, et voulu instituer une garde départementale, etc., etc. Le témoin le plus prolixe, le plus acharné dans sa déposition, qui dura plusieurs heures, fut l'ex-capucin Chabot. Ame bouillante, faible et vile, Chabot avait toujours été traité par les girondins comme un extravagant; il ne leur pardonnait pas leurs dédains; il était fier d'avoir voulu le 10 août contre leur avis; il prétendait que, s'ils avaient consenti à l'envoyer aux prisons, il aurait sauvé les prisonniers comme il avait sauvé les Suisses; il voulait donc se venger des girondins, et surtout recouvrer, en les calomniant, sa popularité, qu'il commençait à perdre aux jacobins, parce qu'on le soupçonnait de prendre part à l'agiotage. Il imagina une longue et méchante accusation, où il montra les girondins cherchant d'abord à s'emparer du ministre Narbonne, puis, après avoir chassé Narbonne, oc-

cupant trois ministères à la fois, faisant le 20 juin pour ranimer leurs créatures, s'opposant au 10 août, parce qu'ils ne voulaient pas la république, enfin suivant toujours un plan calculé d'ambition, et, ce qui est plus atroce que tout le reste, souffrant les massacres de septembre et le vol du Garde-Meuble, pour perdre la réputation des patriotes. « S'ils avaient voulu, disait Chabot, j'au-
« rais sauvé les prisonniers. Pétion a fait boire
« les égorgeurs, et Brissot n'a pas voulu qu'on les
« arrêtât, parce qu'il y avait dans les prisons un
« de ses ennemis, Morande ! »

Tels sont les êtres vils qui s'acharnent sur les hommes de bien, dès que le pouvoir leur en a donné le signal ! Aussitôt que les chefs ont jeté la première pierre, tout ce qui vit dans la fange se soulève, et accable la victime. Fabre-d'Églantine, devenu suspect comme Chabot, pour cause d'agiotage, avait besoin aussi de se populariser, et il fit une déposition plus ménagée, mais plus perfide, où il insinua que l'intention de laisser commettre les massacres et le vol du Garde-Meuble, avait bien pu entrer dans la politique des girondins. Vergniaud, n'y résistant pas davantage, s'écria avec indignation : « Je ne suis pas tenu de me justifier de complicité avec des voleurs et des assassins. »

Cependant il n'y avait aucun fait précis allégué

contre les accusés, on ne leur reprochait que des opinions publiquement soutenues, et ils répondaient que ces opinions avaient pu être erronées, mais qu'ils avaient eu le droit de se tromper. On leur objectait que leurs doctrines étaient non le résultat d'une erreur involontaire et dès lors excusable, mais d'un complot tramé chez Roland et chez Valazé. Ils répliquaient de nouveau que ces doctrines étaient si peu l'effet d'un accord fait entre eux, qu'elles n'avaient pas été conformes sur tous les points. L'un disait : Je n'ai pas voté pour l'appel au peuple ; l'autre : Je n'ai pas voté pour la garde départementale ; un troisième : Je n'étais pas de l'avis de la commission des douze, je n'étais pas pour l'arrestation d'Hébert et de Chaumette. Tout cela était vrai, mais alors la défense n'était plus commune à tous les inculpés ; ils semblaient presque s'abandonner les uns les autres, et chacun paraissait condamner la mesure à laquelle il n'avait pas pris part. L'accusé Boileau poussa le soin de se justifier jusqu'à la plus extrême faiblesse, et se couvrit même de honte. Il avoua qu'il avait existé une conspiration contre l'unité et l'indivisibilité de la république, qu'il en était convaincu maintenant, et le déclarait à la justice ; qu'il ne pouvait pas désigner les coupables, mais qu'il souhaitait leur punition et se déclarait franc montagnard. Gardien eut aussi la faiblesse de

désavouer tout à fait la commission des douze.
Cependant Gensonné, Brissot, Vergniaud, et surtout Valazé, corrigèrent le mauvais effet de la conduite de leurs deux collègues. Ils alléguèrent bien qu'ils n'avaient pas toujours pensé de même, que par conséquent ils ne s'étaient pas concertés dans leurs opinions, mais ils ne désavouèrent ni leur amitié, ni leurs doctrines. Valazé avoua franchement les réunions qui avaient eu lieu chez lui, et soutint qu'ils avaient eu le droit de se réunir et de s'éclairer de leurs idées, comme tous les autres citoyens. Lorsqu'on leur objecta enfin leur connivence avec les fugitifs, ils la nièrent. Hébert alors s'écria : « Les accusés nient la conspiration ! Quand
« le sénat de Rome eut à prononcer sur la conspi-
« ration de Catilina, s'il eût interrogé chaque
« conjuré et qu'il se fût contenté d'une dénégation,
« ils auraient tous échappé au supplice qui les at-
« tendait; mais les réunions chez Catilina, mais la
« fuite de celui-ci, mais les armes trouvées chez
« Lecca, étaient des preuves matérielles, et elles
« suffirent pour déterminer le jugement du sénat.
— Eh bien ! répondit Brissot, j'accepte la compa-
« raison qu'on fait de nous avec Catilina. Cicéron
« lui dit : On a trouvé des armes chez toi; les am-
« bassadeurs des Allobroges t'accusent; les signa-
« tures de Lentulus, de Céthégus et de Statilius,
« tes complices, prouvent tes infâmes projets. Ici

« le sénat nous accuse, il est vrai, mais a-t-on
« trouvé chez nous des armes? Nous oppose-t-on
« des signatures? »

Malheureusement, on avait découvert des plaintes écrites à Bordeaux par Vergniaud, qui respiraient la plus vive indignation. On avait trouvé une lettre d'un cousin de l'accusé Lacase, où les préparatifs de l'insurrection étaient annoncés; enfin on avait intercepté une lettre de Duperret à madame Roland, où celui-ci disait qu'il avait reçu des nouvelles de Buzot et de Barbaroux, et qu'ils se préparaient à punir les attentats commis à Paris. Vergniaud interpellé répondit : « Si je vous
« rappelais les motifs qui m'ont engagé à écrire,
« peut-être vous paraîtrais-je plus à plaindre qu'à
« blâmer. J'ai dû croire, d'après les complots du
« 10 mars, que le projet de nous assassiner était
« lié à celui de dissoudre la représentation natio-
« nale. Marat l'a écrit ainsi le 11 mars. Les pétitions
« faites depuis contre nous avec tant d'acharnement
« m'ont confirmé dans cette opinion. C'est dans
« cette circonstance que mon ame s'est brisée de
« douleur, et que j'ai écrit à mes concitoyens que
« j'étais sous le couteau. J'ai réclamé contre la ty-
« rannie de Marat. C'est le seul que j'aie nommé.
« Je respecte l'opinion du peuple sur Marat, mais
« enfin Marat était mon tyran!...... » — A ces paroles, un juré se lève et dit : « Vergniaud se plaint

« d'avoir été persécuté par Marat. J'observe que
« Marat a été assassiné, et que Vergniaud est en-
« core ici. » Cette sotte observation est applaudie
par une partie des spectateurs, et toute la franchise, toute la raison de Vergniaud, restent sans
effet sur la multitude aveuglée.

Cependant Vergniaud était parvenu à se faire
écouter, et avait retrouvé, en parlant de la conduite de ses amis, de leur dévouement, de leurs
sacrifices à la république, toute son éloquence.
L'auditoire entier avait été remué; et cette condamnation, quoique commandée, ne semblait plus
irrévocable. Les débats avaient duré plusieurs
jours. Les jacobins, indignés des lenteurs du tribunal, adressèrent une nouvelle pétition à la convention, pour accélérer la procédure. Robespierre
fit rendre un décret par lequel, après trois jours
de discussion, les jurés étaient autorisés à se déclarer suffisamment éclairés, et à procéder au jugement sans plus rien entendre. Et pour rendre le
titre plus conforme à la chose, il fit décider en
outre que le nom de tribunal extraordinaire serait changé en celui de TRIBUNAL RÉVOLUTIONNAIRE.

Ce décret rendu, les jurés n'osèrent pas s'en
servir sur-le-champ, et déclarèrent n'être pas suffisamment éclairés. Mais, le lendemain, ils usèrent
de leur nouveau pouvoir d'abréger les débats, et en
demandèrent la clôture. Les accusés avaient déjà

perdu toute espérance, et ils étaient résolus à mourir noblement. Ils se rendirent à la dernière séance du tribunal avec un visage serein. Tandis qu'on les fouillait à la porte de la Conciergerie, pour leur enlever les armes meurtrières avec lesquelles ils auraient pu attenter à leur vie, Valazé, donnant une paire de ciseaux à son ami Riouffe, lui dit en présence des gendarmes : « Tiens, mon ami, voilà une arme défendue ; il ne faut pas attenter à nos jours ! »

Le 30 octobre, à minuit, les jurés entrent pour prononcer la sentence. Antonelle, leur président, avait le visage altéré. Camille Desmoulins, en entendant prononcer l'arrêt, s'écria : « Ah ! c'est moi « qui les tue, c'est *mon Brissot dévoilé*[1] ! Je m'en « vais, » dit-il ; et il sort désespéré. Les accusés rentrent. En entendant prononcer le mot fatal de mort, Brissot laisse tomber ses bras, sa tête se penche subitement sur sa poitrine ; Gensonné veut dire quelques mots sur l'application de la loi, mais il ne peut se faire entendre. Sillery, en laissant échapper ses béquilles, s'écrie : *Ce jour est le plus beau de ma vie.* On avait conçu quelques espérances pour les deux jeunes frères Ducos et Fonfrède, qui avaient paru moins compromis, et qui s'étaient attachés aux girondins, moins encore par

---

[1]. Titre d'une brochure qu'il avait écrite contre les girondins.

LES GIRONDINS MARCHENT A LA MORT.

conformité d'opinion que par admiration pour leur caractère et leurs talens. Cependant ils sont condamnés comme les autres. Fonfrède embrasse Ducos en lui disant : « Mon frère, c'est moi qui te « donne la mort. — Console-toi, répond Ducos, « nous mourrons ensemble. » L'abbé Fauchet, le visage baissé, semble prier le ciel, Carra conserve son air de dureté, Vergniaud a dans toute sa personne quelque chose de dédaigneux et de fier ; Lasource prononce ce mot d'un ancien : « Je « meurs le jour où le peuple a perdu la raison ; « vous mourrez le jour où il l'aura recouvrée. » Le faible Boileau, le faible Gardien, ne sont pas épargnés. Boileau, en jetant son chapeau en l'air, s'écrie : « Je suis innocent. — Nous sommes in- « nocens, répètent tous les accusés; peuple, on « vous trompe. » Quelques-uns d'entre eux ont le tort de jeter quelques assignats, comme pour engager la multitude à voler à leur secours, mais elle reste immobile. Les gendarmes les entourent alors pour les conduire dans leur cachot. Tout à coup l'un des condamnés tombe à leurs pieds; ils le relèvent noyé dans son sang. C'était Valazé, qui, en donnant ses ciseaux à Riouffe, avait gardé un poignard, et s'en était frappé. Le tribunal décide sur-le-champ que son cadavre sera transporté sur une charrette, à la suite des condamnés. En sortant du tribunal, ils entonnent tous ensemble, par un mouvement spontané, l'hymne des Marseillais :

> Contre nous de la tyrannie
> L'étendard sanglant est levé.

Leur dernière nuit fut sublime. Vergniaud avait du poison, il le jeta pour mourir avec ses amis. Ils firent en commun un dernier repas, où ils furent tour à tour gais, sérieux, éloquens. Brissot Gensonné, étaient graves et réfléchis; Vergniaud parla de la liberté expirante avec les plus nobles regrets, et de la destinée humaine avec une éloquence entraînante. Ducos répéta des vers qu'il avait faits en prison, et tous ensemble chantèrent des hymnes à la France et à la liberté.

Le lendemain, 31 octobre, une foule immense s'était portée sur leur passage. Ils répétaient, en marchant à l'échafaud, cet hymne des Marseillais que nos soldats chantaient en marchant à l'ennemi. Arrivés à la place de la Révolution, et descendus de leurs charrettes, ils s'embrassèrent en criant : *Vive la république!* Sillery monta le premier sur l'échafaud, et après avoir salué gravement le peuple, dans lequel il respectait encore l'humanité faible et trompée, il reçut le coup fatal. Tous imitèrent Sillery, et moururent avec la même dignité. En trente-une minutes, le bourreau fit tomber ces illustres têtes, et détruisit ainsi en quelques instans, jeunesse, beauté, vertus, talens. Telle fut la fin de ces nobles et courageux citoyens, victimes de leur généreuse utopie. Ne comprenant ni l'humanité, ni ses vices, ni les moyens de la conduire dans une révolution, ils s'indignèrent de ce qu'elle ne voulait pas être meilleure, et se firent dévorer par elle, en s'obstinant à la contrarier. Respect à leur mémoire! jamais tant de vertus, de talens, ne brillèrent dans les guerres civiles; et il faut le dire à leur gloire, s'ils ne comprirent pas la nécessité des moyens violens pour sauver la cause de la France, la plupart de leurs adversaires, qui préférèrent ces moyens, se décidèrent par passion plutôt que par génie. On ne pourrait mettre au dessus d'eux que celui des montagnards qui se serait décidé pour les moyens révolutionnaires, par politique seule et non par l'entraînement de la haine.

A peine les girondins eurent-ils expiré, que de nouvelles victimes furent immolées après eux. Le glaive ne se reposa pas un instant. Le 2 novembre, on mit à mort l'infortunée Olympe de Gouges, pour des écrits prétendus contre-révolutionnaires, et Adam Lux, député de Mayence, accusé du même délit. Le 6 novembre, le malheureux duc d'Orléans, transféré de Marseille à Paris, fut traduit au tribunal révolutionnaire, et condamné pour les soupçons qu'il avait inspirés à tous les partis. Odieux à l'émigration, suspect aux girondins et aux jacobins, il n'inspirait aucun de ces regrets qui consolent d'une mort injuste. Plus ennemi de la cour qu'enthousiaste de la république, il n'éprouvait pas cette conviction qui soutient au moment suprême ; et il fut de toutes les victimes la moins dédommagée et la plus à plaindre. Un dégoût universel, un scepticisme absolu, furent ses derniers sentimens, et il marcha à l'échafaud avec un calme et une indifférence extraordinaire. Traîné le long de la rue Saint-Honoré, il vit son palais d'un œil sec, et ne démentit pas un moment son dégoût des hommes et de la vie. Son aide-de-camp Coustard, député comme lui, fut associé à son sort. Deux jours après, l'intéressante et courageuse épouse de Roland les suivit à l'échafaud. Cette femme, réunissant aux grâces d'une Française l'héroïsme d'une Romaine, portait toutes les douleurs dans son ame. Elle respectait et chérissait son époux comme un père ; elle éprouvait pour l'un des girondins proscrits une passion profonde, qu'elle avait toujours contenue ; elle laissait une fille, jeune et orpheline, confiée à des amis ; tremblante pour tant d'êtres si chers, elle croyait à jamais perdue cette cause de la liberté dont elle était enthousiaste, et à laquelle elle avait fait de si grands sacrifices. Ainsi elle souffrait dans toutes ses affections à la fois. Condamnée pour cause de complicité avec les girondins, elle entendit son

Mme ROLAND.

arrêt avec une sorte d'enthousiasme, sembla inspirée depuis le moment de sa condamnation jusqu'à celui de son exécution, et excita, chez tous ceux qui la virent, une espèce d'admiration religieuse. Elle alla à l'échafaud vêtue en blanc; pendant toute la route, elle ranima les forces d'un compagnon d'infortune qui devait périr avec elle, et qui n'avait pas le même courage; deux fois même elle parvint à lui arracher un sourire. Arrivée sur le lieu du supplice, elle s'inclina devant la statue de la liberté en s'écriant : *O liberté! que de crimes on commet en ton nom!* Elle subit ensuite la mort avec un courage inébranlable (10 novembre). Ainsi périt cette femme charmante et courageuse, qui méritait de partager la destinée de ses amis, mais qui, plus modeste et plus soumise au rôle passif de son sexe, aurait, non pas évité la mort, due à ses talens et à ses vertus, mais épargné à son époux et à elle-même des ridicules et des calomnies.

Son époux s'était réfugié du côté de Rouen. En apprenant sa fin tragique, il ne voulut pas lui survivre. Il quitta la maison hospitalière où il avait reçu un asile; et, pour ne compromettre aucun ami, il vint se donner la mort sur la grande route. On le trouva percé au cœur d'une épée, et gisant au pied d'un arbre contre lequel il avait appuyé l'arme meurtrière. Dans sa poche était renfermé un écrit sur sa vie et sur sa conduite au ministère.

Ainsi, dans cet épouvantable délire qui rendait suspects et le génie, et la vertu, et le courage, tout ce qu'il y avait de plus noble, de plus généreux en France, périssait ou par le suicide ou par le fer des bourreaux!

Entre tant de morts illustres et courageuses, il y en eut une surtout plus lamentable et plus sublime que toutes les autres, ce fut celle de Bailly. Déjà on avait pu voir, à la manière dont il avait été traité dans le procès de la reine, comment il serait accueilli au tribunal révolutionnaire. La scène du Champ-de-Mars, la proclamation de la loi martiale et la fusillade qui s'en était suivie, étaient les événemens le plus souvent et le plus amèrement reprochés au parti constituant. C'était sur Bailly, l'ami de Lafayette, c'était sur le magistrat qui avait fait déployer le drapeau rouge, qu'on voulait punir tous les prétendus forfaits de la constituante. Il fut condamné, et dut être exécuté au Champ-de-Mars, théâtre de ce qu'on appelait son crime. Ce fut le 11 novembre, et par un temps froid et pluvieux, qu'eut lieu son supplice. Conduit à pied, et au milieu des outrages d'une populace barbare, qu'il avait nourrie pendant qu'il était maire, il demeura calme et d'une sérénité inaltérable. Pendant le long trajet de la

BAILLY.

Publié par Furne, Paris.

Conciergerie au Champ-de-Mars, on lui agitait sous le visage le drapeau rouge qu'on avait retrouvé à la mairie, enfermé dans un étui en acajou. Arrivé au pied de l'échafaud, il semblait toucher au terme de son supplice; mais un des forcenés, attachés à le poursuivre, s'écrie qu'il ne faut pas que le champ de la fédération soit souillé de son sang. Alors on se précipite sur la guillotine, on la transporte avec le même empressement qu'on mit autrefois à creuser ce même champ de la fédération; on court l'élever enfin sur le bord de la Seine, sur un tas d'ordures, et vis-à-vis le quartier de Chaillot, où Bailly avait passé sa vie et composé ses ouvrages. Cette opération dure plusieurs heures. Pendant ce temps, on lui fait parcourir plusieurs fois le Champ-de-Mars. La tête nue, les mains derrière le dos, il se traîne avec peine. Les uns lui jettent de la boue, d'autres lui donnent des coups de pied ou de bâton. Accablé, il tombe; on le relève de nouveau. La pluie, le froid, ont communiqué à ses membres un tremblement involontaire. « Tu trembles, » lui dit un soldat. — « Mon ami, répond le vieillard, c'est de froid. » Après plusieurs heures de cette torture, on lui brûle sous le nez le drapeau rouge; le bourreau s'empare de lui enfin, et on nous enlève encore un savant illustre, et l'un des hommes les plus vertueux qui aient honoré notre patrie.

Depuis ces temps où Tacite la vit applaudir aux crimes des empereurs, la vile populace n'a pas changé. Toujours brusque en ses mouvemens, tantôt elle élève l'autel de la patrie, tantôt elle dresse des échafauds, et n'est belle et noble à voir que lorsque, entraînée dans les armées, elle se précipite sur les bataillons ennemis. Que le despotisme n'impute pas ses crimes à la liberté; car, sous le despotisme, elle fut toujours aussi coupable que sous la république; mais invoquons sans cesse les lumières et l'instruction pour ces barbares, pullulant au fond des sociétés, et toujours prêts à les souiller de tous les crimes, à l'appel de tous les pouvoirs, et pour le déshonneur de toutes les causes.

Le 25 novembre, eut encore lieu la mort du malheureux Manuel, qui était devenu de procureur de la commune, député à la convention, et qui donna sa démission lors du procès de Louis XVI, parce qu'on l'accusait d'avoir dérobé le scrutin. Au tribunal, on lui reprocha d'avoir favorisé les massacres de septembre pour soulever les départemens contre Paris. C'est Fouquier-Tinville qui était chargé d'imaginer ces perfides calomnies, plus atroces encore que la condamnation. Ce même jour, fut condamné le malheureux général Brunet, pour n'avoir pas envoyé une partie de son armée de Nice devant Toulon; et le lendemain 26, la mort fut prononcée contre le victorieux Houchard, pour n'avoir pas compris le plan qui lui fut tracé, et ne s'être pas rapidement porté sur la chaussée de Furnes, de manière à prendre toute l'armée anglaise. Sa faute était criante, mais ne méritait pas la mort.

Ces exécutions commençaient à répandre une terreur générale, et à rendre l'autorité formidable. L'effroi n'était pas seulement dans les prisons, dans la salle du tribunal révolutionnaire, à la place de la Révolution; il régnait partout, dans les marchés, dans les boutiques, où le *maximum* et les lois contre l'accaparement venaient d'être mis en vigueur. On a déjà vu comment le discrédit des assignats et le renchérissement des denrées avaient conduit à décréter le *maximum*, dans le but de remettre en rapport les denrées et la monnaie. Les premiers effets de ce *maximum* furent des plus malheureux, et amenèrent la clôture d'une grande quantité de boutiques. En fixant un tarif pour les marchandises de première nécessité, on n'avait atteint que la marchandise rendue chez le détaillant, et prête à passer des mains de celui-ci dans celles du consommateur. Mais le détaillant qui l'avait achetée chez le marchand en gros ou chez le fabricant, avant le *maximum*, et à un prix supérieur à celui du nouveau tarif, faisait des pertes énormes et se plaignait amèrement. Les pertes n'étaient pas moindres pour lui, même lorsqu'il avait acheté après le *maximum*. En effet, dans le tarif des marchandises dites de première nécessité, on ne les désignait que déjà tout ouvrées et prêtes à être consommées, et on ne fixait leur prix que parvenues à ce dernier état. Mais on ne disait pas quel prix elles devaient avoir, sous forme de matière première, quel prix il fallait payer à l'ouvrier qui les travaillait, au roulier, au navigateur qui les transportaient; par conséquent le détaillant, qui était obligé de vendre au consommateur selon le tarif, et qui ne pouvait traiter avec l'ouvrier, le fabricant, le commerçant en gros, d'après ce même tarif, était dans l'impossibilité de continuer un commerce aussi désavantageux. La plupart des marchands fermaient leurs boutiques, ou bien échappaient à la loi par la fraude; ils ne vendaient au maximum que la plus mauvaise marchandise, et réservaient la bonne pour ceux qui venaient secrètement la payer sa valeur.

Le peuple, qui s'apercevait de ces fraudes, et voyait se fermer un grand nombre de boutiques, se déchaînait avec fureur, et venait assaillir la commune de ses réclamations; il voulait qu'on obligeât tous les marchands à tenir leurs boutiques ouvertes, et à continuer leur commerce malgré eux. Disposé à se plaindre de tout, il dénonçait les bouchers et les charcutiers, qui achetaient des animaux malsains ou morts d'accidens, et qui ne saignaient pas assez les viandes dans l'intention de les rendre plus pesantes; les boulangers, qui, pour fournir de la belle farine au riche, réservaient la mauvaise au pauvre, et ne faisaient pas assez cuire le pain afin qu'il pesât davantage; les marchands de vin, qui mêlaient aux boissons les drogues les plus malfaisantes; les marchands de sel, qui pour augmenter le poids de cette denrée, en altéraient la qualité; les épiciers, tous les détaillans enfin, qui falsifiaient les denrées de mille manières.

De ces abus, les uns étaient éternels, les autres tenaient à la crise actuelle, mais, quand l'impatience du mal saisit les esprits, on se plaint de tout, on veut tout réformer, tout punir.

Le procureur-général Chaumette fit à ce sujet un discours fulminant contre les marchands.

« On se rappelle, dit-il, qu'en 89, et les années
« suivantes, tous ces hommes ont fait un très
« grand commerce, mais avec qui? avec l'étranger.
« On sait que ce sont eux qui ont fait tomber les
« assignats, et que c'est au moyen de l'agiotage
« sur le papier-monnaie qu'ils se sont enrichis.
« Qu'ont-ils fait après que leur fortune a été com-
« plète? Ils se sont retirés du commerce, ils ont
« menacé le peuple de la pénurie des marchan-

« dises; mais s'ils ont de l'or et des assignats, la
« république a quelque chose de plus précieux,
« elle a des bras. Ce sont des bras et non pas de
« l'or qu'il faut pour faire mouvoir les fabriques
« et les manufactures. Eh bien! si ces individus
« abandonnent les fabriques, la république s'en
« emparera, et elle mettra en réquisition toutes
« les matières premières. Qu'ils sachent qu'il
« dépend de la république de réduire, quand elle
« le voudra, en boue et en cendres, l'or et les
« assignats qui sont en leurs mains. Il faut que
« le géant du peuple écrase les spéculateurs mer-
« cantiles.

« Nous sentons les maux du peuple, parce que
« nous sommes peuple nous-mêmes. Le conseil
« tout entier est composé de sans-culottes, il est
« le législateur-peuple. Peu nous importe que nos
« têtes tombent, pourvu que la postérité daigne
« ramasser nos crânes..... Ce n'est pas l'Évangile
« que j'invoquerai, c'est Platon. Celui qui frappera
« du glaive, dit ce philosophe, périra par le glaive;
« celui qui frappera du poison, périra par le poi-
« son; la famine étouffera celui qui voudrait affa-
« mer le peuple..... Si les subsistances et les mar-
« chandises viennent à manquer, à qui s'en prendra
« le peuple? aux autorités constituées? non... A la
« convention? non... Il s'en prendra aux fournis-
« seurs et aux approvisionneurs. Rousseau était

« peuple aussi, et il disait : *Quand le peuple n'aura plus rien à manger, il mangera le riche.* » (Commune du 14 octobre.)

Les moyens forcés conduisent aux moyens forcés, comme nous l'avons dit ailleurs. On s'était occupé, dans les premières lois, de la marchandise ouvrée, il fallait maintenant passer à la matière première; l'idée même de s'emparer de la matière première et de l'ouvrer pour le compte de la république, germait dans les têtes. C'est une redoutable obligation que celle de violenter la nature, et de vouloir régler tous ses mouvemens. On est bientôt obligé de suppléer la spontanéité en toutes choses, et de remplacer la vie même par les commandemens de la loi. La commune et la convention furent forcées de prendre de nouvelles mesures, chacune suivant sa compétence.

La commune de Paris obligea chaque marchand à déclarer la quantité de denrées qu'il possédait, les demandes qu'il avait faites pour s'en procurer, et l'espérance qu'il avait des arrivages. Tout marchand qui, faisant un commerce depuis un an, l'abandonnait ou le laissait languir, était déclaré suspect, et enfermé comme tel. Pour empêcher la confusion et l'engorgement provenant de l'empressement à s'approvisionner, la commune décida encore que le consommateur ne pourrait s'adresser qu'au marchand détaillant, le détaillant qu'au marchand en gros, et elle fixa les quantités que chacun pourrait exiger. Ainsi l'épicier ne pouvait exiger que vingt-cinq livres de sucre à la fois chez le marchand en gros, et le limonadier que douze. C'étaient les comités révolutionnaires qui délivraient les bons d'achat, et fixaient les quantités. La commune ne borna pas là ses règlemens. Comme l'affluence à la porte des boulangers était toujours la même, et occasionnait des scènes tumultueuses, et que beaucoup de gens passaient une partie des nuits à attendre, Chaumette fit décider que la distribution ne commencerait que par les derniers arrivés, ce qui ne diminua ni le tumulte ni l'empressement. Comme le peuple se plaignait de ce qu'on lui réservait la plus mauvaise farine, il fut arrêté que, dans la ville de Paris, il ne serait plus fait qu'une seule espèce de pain, composée de trois quarts de froment et d'un quart de seigle. Enfin, on institua une commission d'inspection aux subsistances, pour vérifier l'état des denrées, constater les fraudes, et les punir. Ces mesures, imitées par les autres communes, souvent même converties en décrets, devenaient aussitôt des lois générales; et c'est ainsi, comme nous l'avons déjà dit, que la commune exerçait une influence immense dans tout ce qui tenait au régime intérieur et à la police.

La convention, pressée de réformer la loi du

maximum, en imagina une nouvelle qui remontait de la marchandise à la matière première. Il devait être fait un tableau du prix que coûtait la marchandise en 1790, sur le lieu même de production. A ce prix, il était ajouté premièrement, un tiers en sus, à cause des circonstances ; secondement, un prix fixe pour le transport du lieu de production au lieu de consommation ; troisièmement enfin, une somme de cinq pour cent pour le profit du marchand en gros, et de dix pour le marchand détailliste ; de tous ces élémens on devait composer, pour l'avenir, le prix des marchandises de première nécessité. Les administrations locales étaient chargées de faire ce travail chacune pour ce qui se produisait et se consommait chez elles. Une indemnité était accordée à tout marchand détailliste qui, ayant moins de dix mille francs de capital, pouvait prouver qu'il avait perdu ce capital par le *maximum*. Les communes devaient juger le cas à vue-d'œil, comme on jugeait toute chose alors, comme on juge tout en temps de dictature. Ainsi la loi, sans remonter encore à la production, à la matière brute, à la main-d'œuvre, fixait le prix de la marchandise au sortir de la fabrique, le prix des transports, le gain du commerçant et du détaillant, et remplaçait, dans la moitié au moins de l'œuvre sociale, la mobilité de la nature par des règles absolues. Mais tout cela, nous le répétons, provenait inévitablement du premier *maximum*, le premier *maximum* des assignats, et les assignats des besoins impérieux de la révolution.

Pour suffire à ce système de gouvernement introduit dans le commerce, il fut nommé une commission des subsistances et approvisionnemens, dont l'autorité s'étendait sur toute la république, et qui était composée de trois membres, choisis par la convention, jouissant presque de l'importance des ministres eux-mêmes, et ayant voix au conseil. Cette commission était chargée de faire exécuter les tarifs, de surveiller la conduite des communes à cet égard, de faire incessamment continuer le recensement des subsistances et des denrées dans toute la France, d'en ordonner le versement d'un département dans l'autre, de fixer les réquisitions pour les armées, conformément au célèbre décret qui instituait le gouvernement révolutionnaire.

La situation financière n'était pas moins extraordinaire que tout le reste. Les deux emprunts, l'un forcé, l'autre volontaire, se remplissaient avec rapidité. On s'empressait surtout de contribuer au second, parce que les avantages qu'il présentait le rendaient bien préférable; et ainsi le moment approchait où un milliard d'assignats allait être retiré de la circulation. Il y avait dans les caisses, pour les besoins courans, quatre cents millions à peu près, restant des anciennes créations, et cinq cents millions d'assignats royaux, rentrés par le décret qui les démonétisait, et convertis en une somme égale d'assignats républicains. Il restait donc pour le service neuf cents millions environ.

Ce qui paraîtra extraordinaire, c'est que l'assignat, qui perdait trois quarts et même quatre cinquièmes, était remonté au pair avec l'argent. Il y avait, dans cette hausse, du réel et du factice. La suppression graduelle d'un milliard flottant, le succès de la première levée, qui venait de produire six cent mille hommes en un mois de temps, les dernières victoires de la république, qui assuraient presque son existence, avaient hâté le débit des biens nationaux, et rendu quelque confiance aux assignats, mais point assez cependant pour les égaler à l'argent. Voici les causes qui les mirent, en apparence, au pair avec le numéraire. On se souvient qu'une loi défendait, sous des peines graves, le commerce de l'argent, c'est-à-dire l'échange à perte de l'assignat contre l'argent; qu'une autre loi punissait aussi de peines sévères celui qui, dans les achats, traiterait à des prix différens, selon que le paiement aurait lieu en papier ou en numéraire. De cette manière, l'argent, échangé soit contre l'assignat, soit contre la marchandise, ne pouvait valoir son prix réel, et il ne restait plus qu'à l'enfouir. Mais une dernière loi portait que l'argent, l'or ou les bijoux enfouis, appartiendraient, partie à l'état, partie au dénonciateur. Dès lors on ne pouvait ni se servir de l'argent dans le commerce, ni le cacher ; il était à charge, il exposait le détenteur à passer pour suspect ; on commençait à s'en défier et à préférer l'assignat pour l'usage journalier. C'est là ce qui rétablit momentanément le pair, qui n'avait jamais réellement existé pour le papier, même au premier jour de sa création. Beaucoup de communes, ajoutant leurs lois à celles de la convention, avaient même défendu la circulation du numéraire, et ordonné qu'il fût apporté dans les caisses pour y être changé en assignats. La convention, il est vrai, avait aboli toutes ces décisions particulières des communes ; mais les lois générales portées par elle n'en rendaient pas moins le numéraire inutile et dangereux. Beaucoup de gens le portaient à l'impôt ou à l'emprunt, ou bien le donnaient aux étrangers qui en faisaient un grand commerce, et qui venaient dans les villes frontières le recevoir contre des marchandises. Les Italiens, et les Génois surtout, qui nous apportaient beaucoup de blé, accouraient dans les ports du Midi, et achetaient au plus bas prix les matières d'or et d'argent. Le numéraire avait donc reparu par l'effet de ces lois terribles ; et le parti des révolutionnaires ardens, craignant que son apparition ne fût de nouveau nuisible au papier-monnaie, voulait que le numéraire, qui, jusqu'ici, n'était pas exclu de la circulation, fût prohibé tout à fait; ils demandaient que la transmission en fût interdite, et qu'on ordonnât à tous ceux qui en possédaient de se présenter aux caisses publiques pour l'échanger contre des assignats.

La terreur avait presque fait cesser l'agiotage. Les spéculations sur le numéraire étaient, comme on vient de le voir, devenues impossibles. Le papier étranger, frappé de réprobation, ne circulait plus comme deux mois auparavant; et les banquiers, accusés de toutes parts d'être les intermédiaires des émigrés, et de se livrer à l'agiotage, étaient dans le plus grand effroi. Pour un moment, le scellé avait été mis chez eux, mais on sentit bientôt le danger d'interrompre les opérations de la banque, d'arrêter ainsi la circulation de tous les capitaux, et on retira le scellé. Néanmoins, l'effroi était assez grand pour qu'on ne songeât plus à aucune espèce de spéculation.

La compagnie des Indes venait enfin d'être abolie. On a vu quelle intrigue s'était formée entre quelques députés pour spéculer sur les actions de cette compagnie. Le baron de Batz, s'entendant avec Julien de Toulouse, Delaunay d'Angers, et Chabot, voulait, par des motions effrayantes, faire baisser les actions, les acheter alors, puis, par des motions plus douces, les faire remonter, les revendre, et réaliser les profits de cette hausse frauduleuse. L'abbé d'Espagnac, que Julien favorisait auprès du comité des marchés, devait prêter les fonds pour ces spéculations. Ces misérables réussirent, en effet, à faire tomber les actions de 4500 à 650 livres, et recueillirent des profits considérables. Cependant on ne pouvait éviter la suppression de la compagnie; alors ils se mirent à traiter avec elle pour adoucir le décret de suppression. Delaunay et Julien de Toulouse le discutaient avec ses directeurs, et leur disaient : « Si vous donnez telle somme, nous présenterons tel décret; si non, nous en présenterons tel autre.» Ils convinrent d'une somme de cinq cent mille francs, moyennant laquelle ils devaient, en proposant la suppression de la compagnie, qui était inévitable, lui faire attribuer à elle-même le soin de sa liquidation, ce qui pouvait prolonger pour long-temps encore sa durée. La somme devait être partagée entre Delaunay, Julien de Toulouse, Chabot, et Bazire, que son ami Chabot avait mis au fait de l'intrigue, mais qui refusa d'y prendre part. Delaunay présenta le décret de suppression le 17 vendémiaire. il proposait de supprimer la compagnie, de l'obliger à restituer les sommes qu'elle devait à l'état, et surtout de lui faire payer le droit sur les transferts, qu'elle était parvenue à éluder en transformant ses actions en inscriptions sur ses livres. Il proposait enfin de lui laisser à elle-même le soin de sa liquidation. Fabre d'Églantine, qui n'était pas encore dans le secret, et qui spéculait, à ce qu'il paraît, en sens contraire, s'éleva aussitôt contre ce projet, en disant que permettre à la compagnie de se liquider elle-même, c'était l'éterniser, et que sous ce prétexte elle demeurerait indéfiniment en exercice. Il conseilla donc de transporter au gouvernement le soin de cette liquidation. Cambon demanda, par un sous-amendement, que l'état, en faisant la liquidation, ne restât pas chargé des dettes, si le passif de la compagnie excédait son actif. Le décret et les deux amendemens furent adoptés, et on les renvoya à la commission, pour en arrêter la rédaction définitive. Aussitôt les membres du complot pensèrent qu'il fallait s'emparer de Fabre pour obtenir, au moyen de la rédaction, quelques modifications au décret. Chabot fut dépêché à Fabre avec cent mille francs, et parvint à le gagner. Voici alors ce qui fut fait : on rédigea le décret tel qu'il avait été adopté par la convention, et on le donna à signer à Cambon et aux membres de la commission qui n'étaient pas complices du projet. Ensuite on ajouta à cette copie authentique quelques mots qui en altéraient tout à fait le sens. A l'article des transferts qui avaient échappé au droit, et qui devaient le supporter, on ajouta ces mots : *Excepté ceux faits en fraude*, ce qui faisait revivre toutes les prétentions de la compagnie à l'égard de l'exemption du droit. A propos de la liquidation, il fut encore ajouté ces mots : *D'après les statuts et règlemens de la compagnie*, ce qui donnait entrée à celle-ci dans la liquidation. Ces mots intercalés changeaient gravement le dispositif du décret. Chabot, Fabre, Delaunay, Julien de Toulouse, signèrent ensuite, et remirent la copie falsifiée à la commission de l'envoi des lois, qui la fit imprimer et promulguer comme décret authentique. Ils espéraient que les membres qui avaient signé avant cette légère altération, ou ne s'en souviendraient pas, ou ne s'en apercevraient pas, et ils se partagèrent la somme de cinq cent mille francs. Bazire refusa seul sa part, en disant qu'il ne voulait pas participer à de telles turpitudes.

Cependant Chabot, dont on commençait à dénoncer le luxe, tremblait de se voir compromis. Il avait suspendu les cent mille francs, reçus pour son compte, dans des lieux d'aisance; et comme ses complices le voyaient prêt à les trahir, ils menaçaient de prendre les devans, et de tout révéler s'il les abandonnait. Telle avait été l'issue de cette honteuse intrigue liée entre le baron de Batz et trois ou quatre députés. La terreur générale qui grondait sur toutes les têtes, même innocentes, s'était communiquée à eux, et ils avaient peur de se voir découverts et punis. Pour le moment donc, toutes les spéculations étaient suspendues, et personne ne songeait plus à se livrer à l'agiotage.

C'est dans cet instant, où l'on ne craignait pas de faire violence à toutes les idées reçues, à toutes les habitudes établies, que le projet de renouveler le système des poids et mesures et de changer le calendrier fut exécuté. Le goût de la régularité et le mépris des obstacles devaient signaler une révolution qui était à la fois philosophique et politique. Elle avait divisé le territoire en quatre-vingt-trois portions égales; elle avait uniformisé l'administration civile, religieuse et militaire; elle avait égalisé toutes les parties de la dette publique. Elle ne pouvait manquer de régulariser les poids, les mesures et la division du temps. Sans doute ce goût pour l'uniformité, dégénérant en esprit de système, en fureur même, a fait oublier trop souvent les variétés nécessaires et attrayantes de la nature; mais ce n'est que dans ces sortes d'accès que l'esprit humain opère les régénérations grandes et difficiles. Le nouveau système des poids et mesures, l'une des plus belles créations du siècle, fut le résultat de cet audacieux esprit d'innovation. On imagina de prendre pour unité de poids et pour unité de mesures, des quantités naturelles et invariables dans tous les pays. Ainsi, l'eau distillée fut prise pour unité de poids, et une partie du méridien pour unité de mesure. Ces unités, multipliées ou divisées par dix, à l'infini, formèrent ce beau système connu sous le nom de *calcul décimal*.

La même régularité devait être appliquée à la division du temps; et la difficulté de changer les habitudes d'un peuple, dans ce qu'elles ont de plus invincible, ne devait pas arrêter des hommes aussi résolus que ceux qui présidaient alors aux destinées de la France. Déjà ils avaient changé l'ère grégorienne en ère républicaine, et fait dater celle-ci de l'an premier de la liberté. Ils firent commencer l'année et la nouvelle ère au 22 septembre 1792, jour qui par une rencontre heureuse, était celui de l'institution de la république et de l'équinoxe d'automne. L'année aurait dû être divisée en dix parties, conformément au système décimal; mais en prenant pour base de la division des mois les douze révolutions de la lune autour de la terre, il fallait admettre douze mois. La nature commandait ici l'infraction au système décimal. Le mois fut de trente jours; il se divisa en trois dizaines de jours, nommées *décades*, et remplaçant les quatre semaines. Le dixième jour de chaque décade fut consacré au repos, et remplaça l'ancien dimanche. C'était un jour de repos de moins par mois. La religion catholique avait multiplié les fêtes à l'infini; la révolution, préconisant le travail, croyait devoir les réduire le plus possible. Les mois s'appelèrent du nom des saisons auxquelles ils appartenaient. L'année commençant en automne, les trois premiers mois appartenaient à cette saison; on les nomma, le 1er, *vendémiaire*, le 2e, *brumaire*, le 3e, *frimaire*; les trois suivans, correspondant à l'hiver, s'appelaient *nivôse, pluviôse, ventôse*; les trois autres, répondant au printemps, *germinal, floréal, prairial*; les trois derniers enfin, comprenant l'été, furent nommés *messidor, thermidor, fructidor*. Ces douze mois, de trente jours chacun, ne faisaient que trois cent soixante jours en tout. Il restait cinq jours pour compléter l'année; ils furent appelés *complémentaires*, et on eut la belle idée de les réserver pour des fêtes nationales, sous le nom de *sans-culottides*, nom qu'il faut accorder au temps, et qui n'est pas plus absurde que beaucoup d'autres adoptés par les peuples. La première dut être consacrée au *génie*; la seconde au *travail*; la troisième, aux *belles actions*; la quatrième, aux *récompenses*; la cinquième enfin, à *l'opinion*. Cette dernière fête, tout à fait originale, et parfaitement adaptée au caractère français, devait être une espèce de carnaval politique de vingt-quatre heures, pendant lequel il serait permis de dire et d'écrire impunément sur tout homme public, tout ce qu'il plairait au peuple et aux écrivains d'imaginer. C'était à l'opinion à faire justice de l'opinion même, et à tous les magistrats à se défendre par leurs vertus contre les vérités et les calomnies de ce jour. Rien n'était plus grand et plus moral que cette idée. Il ne faut point, parce qu'une destinée plus forte a emporté les pensées et les institutions de cette époque, frapper de ridicule ses vastes et hardies conceptions. Les Romains ne sont pas restés ridicules, parce que, le jour du triomphe, le soldat placé derrière le char du triomphateur, pouvait dire tout ce que lui suggérait sa haine ou sa gaieté. Tous les quatre ans, l'année bissextile, amenant six jours complémentaires au lieu de cinq, cette sixième sans-culottide devait s'appeler fête de la *révolution*, et être consacrée à une grande solennité, dans laquelle les Français viendraient célébrer l'époque de leur affranchissement et l'institution de la république.

Le jour fut divisé, suivant le système décimal, en dix parties ou heures, celles-ci en dix autres, et ainsi de suite. De nouveaux cadrans furent ordonnés pour mettre en pratique cette nouvelle manière de calculer le temps; cependant, pour ne pas tout faire à la fois, on ajourna à une année cette dernière réforme.

La dernière révolution, la plus difficile, la plus accusée de tyrannie, fut celle qu'on essaya à l'égard du culte. Les lois révolutionnaires, relatives à la religion, étaient restées telles que l'assemblée constituante les avait faites. On se souvient que cette première assemblée, désirant ramener l'administration ecclésiastique à l'uniformité de l'administration civile, voulut que les circonscriptions des diocèses fussent les mêmes que celles des départemens, que l'évêque fût électif comme tous les autres fonctionnaires, et qu'en un mot, sans toucher au dogme, la discipline fût régularisée, comme venaient de l'être toutes les parties de l'organisation politique. Telle fut la constitution civile du clergé, à laquelle on obligea les ecclésiastiques de prêter serment. Dès ce jour, on s'en souvient, il y eut un schisme; on appela prêtres constitutionnels ou assermentés, ceux qui avaient adhéré à la nouvelle institution, et prêtres réfractaires ceux qui s'y étaient refusés. Ces derniers seulement étaient privés de leurs fonctions et pourvus d'une pension. L'assemblée législative, voyant qu'ils s'attachaient à indisposer l'opinion contre le nouveau régime, les soumit à la surveillance des autorités des départemens, et décréta même que sur un jugement de ces autorités, ils pourraient être bannis du territoire de la France. La convention, plus sévère enfin, à mesure que leur conduite devenait plus séditieuse, condamna à la déportation tous les prêtres réfractaires. L'emportement des esprits augmentant chaque jour, on se demandait pourquoi, en abolissant toutes les anciennes superstitions monarchiques, on conservait encore un fantôme de religion, à laquelle presque personne ne croyait plus, et qui formait le contraste le plus tranchant avec les nouvelles institutions, les nouvelles mœurs de la France républicaine. Déjà on avait demandé des lois pour favoriser les prêtres mariés, et les protéger contre certaines administrations locales qui voulaient les priver de leurs fonctions. La convention, très réservée en cette matière, n'avait rien voulu statuer à leur égard, mais par son silence même elle les avait autorisés à conserver leurs fonctions et leurs traitemens. Il s'agissait en outre, dans certaines pétitions, de ne plus salarier aucun culte, de laisser chaque secte payer ses ministres, d'interdire les cérémonies extérieures, et d'obliger toutes les religions à se renfermer dans leurs temples. La convention se borna à réduire le revenu des évêques au *maximum* de six mille francs, vu qu'il y en avait dont le revenu s'élevait à soixante-dix mille. Quant à tout le reste elle ne voulut rien prendre sur elle, et garda le silence, laissant la France prendre l'initiative de l'abolition des cultes. Elle craignait, en touchant elle-même aux croyances, d'indisposer une partie de la population, encore attachée à la religion catholique. La commune de Paris, moins réservée, saisit cette occasion importante d'une grande réforme, et s'empressa de donner le premier exemple de l'abjuration du catholicisme.

Tandis que les patriotes de la convention et des Jacobins, tandis que Robespierre, Saint-Just et les autres chefs révolutionnaires, s'arrêtaient au déisme, Chaumette, Hébert, tous les notables de la commune et des Cordeliers, placés plus bas par leurs fonctions et leurs lumières, devaient, suivant la loi ordinaire, dépasser les bornes, et aller jusqu'à l'athéisme. Ils ne professaient pas ouvertement cette doctrine, mais on pouvait la leur supposer; jamais dans leurs discours ou leurs feuilles, ils ne prononçaient le nom de Dieu, et ils répétaient sans cesse qu'un peuple ne devait se gouverner que par la raison, et n'admettre aucun culte que celui de la raison. Chaumette n'était ni bas, ni méchant, ni ambitieux comme Hébert; il ne cherchait pas, en exagérant les opinions régnantes, à supplanter les chefs actuels de la révolution; mais, dénué de vues politiques, plein d'une philosophie commune, entraîné par un extraordinaire penchant à la déclamation, il prêchait, avec l'ardeur et l'orgueil dévot d'un missionnaire, les bonnes mœurs, le travail, les vertus patriotiques, et la raison enfin, en s'abstenant toujours de nommer

Dieu. Il s'était élevé avec véhémence contre les pillages; il avait fortement réprimandé les femmes qui négligeaient le soin de leur ménage pour se mêler de troubles politiques, et avait eu le courage de faire fermer leur club; il avait provoqué l'abolition de la mendicité et l'établissement d'ateliers publics pour fournir du travail aux pauvres; il avait tonné contre la prostitution, et avait fait prohiber par la commune la profession des filles publiques, partout tolérée comme inévitable. Il était défendu à ces malheureuses de se montrer en public, d'exercer même dans l'intérieur des maisons leur déplorable industrie. Chaumette disait qu'elles appartenaient aux pays monarchiques et catholiques, où il y avait des citoyens oisifs, des prêtres non mariés, et que le travail et le mariage devaient les chasser des républiques.

Chaumette, prenant donc l'initiative au nom de ce système de la raison, s'éleva à la commune contre la publicité du culte catholique. Il soutint que c'était un privilége dont ce culte ne devait pas plus jouir qu'un autre; que si chaque secte avait cette faculté, bientôt les rues et les places publiques seraient le théâtre des farces les plus ridicules. La commune ayant la police locale, il fit décider, le 23 vendémiaire (14 octobre), que les ministres d'aucune religion ne pourraient exercer leur culte hors des temples. Il fit instituer de nouvelles cérémonies funèbres pour rendre les derniers devoirs aux morts. Les amis et les parens devaient seuls accompagner le cercueil. Tous les signes religieux furent supprimés dans les cimetières, et remplacés par une statue du Sommeil, à l'exemple de ce que Fouché avait fait dans le département de l'Allier. Au lieu de cyprès et d'arbustes lugubres, les cimetières furent plantés des arbres les plus rians et les plus odorans. « Il faut, dit Chaumette, « que l'éclat et le parfum des fleurs rappellent les « idées les plus douces ; je voudrais, s'il était pos- « sible, pouvoir respirer l'âme de mon père ! » Tous les signes extérieurs du culte furent entièrement abolis. On décida encore dans un même arrêté, et toujours sur les réquisitoires de Chaumette, qu'on ne pourrait plus vendre dans les rues *toutes espèces de jongleries, telles que des saints-suaires, des mouchoirs de sainte Véronique, des eccehomo, des croix, des agnus Dei, des Vierges, des cors et bagues de saint Hubert,* ni pareillement *des poudres, des eaux médicinales, et autres drogues falsifiées.* L'image de la Vierge fut partout supprimée, et toutes les madones qui se trouvaient dans des niches, aux coins des rues, furent remplacées par les bustes de Marat et de Lepelletier.

Anacharsis Clootz, ce même baron prussien qui, riche à cent mille livres de rentes, avait quitté son pays pour venir à Paris représenter, disait-il, le genre humain, qui avait figuré à la première fédération de 1790, à la tête des prétendus envoyés de tous les peuples, et qui ensuite fut nommé député à la convention nationale, Anacharsis Clootz prêchait sans cesse la république universelle et le culte de la raison. Plein de ces deux idées, il les développait sans relâche dans ses écrits, et, tantôt dans des manifestes, tantôt dans des adresses, il les proposait à tous les peuples. Le déisme lui paraissait aussi coupable que le catholicisme même; il ne cessait de proposer la destruction des tyrans et de toutes les espèces de dieux, et prétendait qu'il ne devait rester chez l'humanité, affranchie et éclairée, que la raison pure, et son culte bienfaisant et immortel. Il disait à la convention : « Je « n'ai pu échapper à tous les tyrans sacrés et pro« fanes que par des voyages continuels; j'étais à « Rome quand on voulait m'incarcérer à Paris, et « j'étais à Londres quand on voulait me brûler à « Lisbonne. C'est en faisant ainsi la navette d'un « bout de l'Europe à l'autre, que j'échappais aux « alguazils, aux mouchards, à tous les maîtres, à « tous les valets. Mes émigrations cessèrent quand « l'émigration des scélérats commença. C'est dans « le chef-lieu du globe, c'est à Paris, qu'était le « poste de l'orateur du genre humain. Je ne le « quittai plus depuis 1789; c'est alors que je re« doublai de zèle contre les prétendus souverains

« de la terre et du ciel. Je prêchai hautement qu'il
« n'y a pas d'autre Dieu que la nature, d'autre
« souverain que le genre humain, le peuple-dieu.
« Le peuple se suffit à lui-même, il sera toujours
« debout. La nature ne s'agenouille point devant
« elle-même. Jugez de la majesté du genre humain
« libre par celle du peuple français, qui n'en est
« qu'une fraction. Jugez de l'infaillibilité du tout
« par la sagacité d'une portion qui, elle seule, fait
« trembler le monde esclave. Le comité de surveil-
« lance de la république universelle aura moins de
« besogne que le comité de la moindre section de
« Paris. Une confiance générale remplacera une
« méfiance universelle. Il y aura dans ma républi-
« que peu de bureaux, peu d'impôts, et point de
« bourreau. La raison réunira tous les hommes
« dans un seul faisceau représentatif, sans autre
« lien que la correspondance épistolaire. Citoyens,
« la religion est le seul obstacle à cette utopie; le
« temps est venu de la détruire. Le genre humain
« a brûlé ses lisières. On n'a de vigueur, dit un
« ancien, que le jour qui suit un mauvais règne;
« profitons de ce premier jour, que nous prolon-
« gerons jusqu'au lendemain de la délivrance du
« monde ! »

Les réquisitoires de Chaumette ranimèrent
toutes les espérances de Clootz; il alla trouver
Gobel, intrigant de Porentruy, devenu évêque

constitutionnel du département de Paris, par ce mouvement rapide qui avait élevé Chaumette, Hébert et tant d'autres aux premières fonctions municipales. Il lui persuada que le moment était venu d'abjurer à la face de la France le culte catholique, dont il était le premier pontife; que son exemple entraînerait tous les ministres du culte, éclairerait la nation, provoquerait une abjuration générale, et obligerait la convention à prononcer alors l'abolition du christianisme. Gobel ne voulut pas précisément abjurer sa croyance même, et déclarer par là qu'il avait trompé les hommes pendant toute sa vie, mais il consentit à venir abdiquer l'épiscopat. Gobel décida ensuite ses vicaires à suivre cet exemple. Il fut convenu aussi avec Chaumette et les membres du département que toutes les autorités constituées de Paris accompagneraient Gobel, et feraient partie de la députation, pour lui donner plus de solennité.

Le 17 brumaire (7 novembre 1793), Momoro, Pache, Lhuillier, Chaumette, Gobel et tous ses vicaires, se rendent à la convention. Chaumette et Lhuillier, tous deux procureurs, l'un de la commune, l'autre du département, annoncent que le clergé de Paris vient rendre à la raison un hommage éclatant et sincère. Alors ils présentent Gobel. Celui-ci, coiffé du bonnet rouge, et tenant à la main sa mitre, sa crosse, sa croix et son anneau, prend la parole : « Né plébéien, dit-il, curé dans le Porentruy, envoyé par mon clergé à la première assemblée, puis élevé à l'archevêché de Paris, je n'ai jamais cessé d'obéir au peuple. J'ai accepté les fonctions que ce peuple m'avait autrefois confiées, et aujourd'hui je lui obéis encore en venant les déposer. Je m'étais fait évêque quand le peuple voulait des évêques, je cesse de l'être maintenant que le peuple n'en veut plus. » Gobel ajoute que tout son clergé, animé des mêmes sentimens, le charge de faire la même déclaration. En achevant ces paroles, il dépose sa mitre, sa croix et son anneau. Son clergé ratifie sa déclaration. Le président lui répond avec adresse, que la convention a décrété la liberté des cultes, qu'elle a dû la laisser tout entière à chaque secte, qu'elle ne s'est jamais ingérée dans leurs croyances, mais qu'elle applaudit à celles qui, éclairées par la raison, viennent abjurer leurs superstitions et leurs erreurs.

Gobel n'avait pas abjuré le sacerdoce et le catholicisme, et n'avait pas osé se déclarer un imposteur qui venait enfin avouer ses mensonges ; mais d'autres étendent pour lui cette déclaration. « Revenu, dit le curé de Vaugirard, des préjugés que le fanatisme avait mis dans mon cœur et dans mon esprit, je dépose mes lettres de prêtrise. » Divers évêques et curés, membres de la convention, suivent cet exemple, et déposent leurs lettres de prêtrise ou abjurent le catholicisme. Julien de Toulouse abdique aussi sa qualité de ministre protestant. Des applaudissemens furieux de l'assemblée et des tribunes accueillent ces abdications. Dans ce moment, Grégoire, évêque de Blois, entre dans l'assemblée. On lui raconte ce qui vient de se passer, et on l'engage à imiter l'exemple de ses collègues. Il refuse avec courage : « S'agit-il du revenu attaché aux fonctions d'évêque? je l'abandonne, dit-il, sans regret. S'agit-il de ma qualité de prêtre et d'évêque? je ne puis m'en dépouiller; ma religion me le défend. J'invoque la liberté des cultes. » Les paroles de Grégoire s'achèvent dans le tumulte, mais n'arrêtent point cependant l'explosion de joie que cette scène a excitée. La députation quitte l'assemblée au milieu d'une foule immense, et va se rendre à l'Hôtel-de-Ville pour recevoir les félicitations de la commune.

Il n'était pas difficile, une fois cet exemple donné, d'exciter toutes les sections de Paris et toutes les communes de la république à l'imiter. Bientôt les sections se réunissent, et viennent déclarer, l'une après l'autre, qu'elles renoncent à toutes les erreurs de la superstition, et qu'elles ne reconnaissent plus qu'un seul culte, celui de la raison. La section de l'Homme-Armé déclare qu'elle ne reconnaît d'autre culte que celui de la vérité et de la raison, d'autre fanatisme que celui de la liberté et de l'égalité, d'autre dogme que celui de la fraternité et des lois républicaines décrétées depuis le 31 mai 1793. Celle de la Réunion annonce qu'elle fera un feu de joie de tous les confessionnaux, de tous les livres qui servaient aux catholiques, et qu'elle fera fermer l'église de Saint-Méry. Celle de Guillaume-Tell renonce pour toujours au culte de l'erreur et du mensonge. Celle de Mucius Scævola abjure le catholicisme, et fera, décadi prochain, sur le maître-autel de Saint-Sulpice, l'inauguration des bustes de Marat, de Lepelletier et de Mucius Scævola. Celle des Piques n'adorera d'autre Dieu que le Dieu de la liberté et de l'égalité. Celle de l'Arsenal abdique aussi le culte catholique.

Ainsi les sections, prenant l'initiative, abjuraient le catholicisme comme religion publique, et s'emparaient de ses édifices et de ses trésors comme d'édifices et de trésors appartenant au domaine communal. Déjà les députés en mission dans les départemens avaient engagé une foule de communes à se saisir du mobilier des églises qui n'était pas nécessaire, disaient-ils, à la religion, qui, d'ailleurs, comme toute propriété publique, appartenait à l'état, et pouvait être consacré à ses besoins. Fouché avait envoyé du département de l'Allier plusieurs caisses d'argenterie. Il en était venu beaucoup aussi de divers départemens.

Bientôt le même exemple, suivi à Paris et aux environs, fit affluer à la barre de la convention des monceaux de richesses. On dépouilla toutes les églises, et les communes envoyèrent des députations avec l'or et l'argent accumulés dans les niches des saints, ou dans les lieux consacrés par une ancienne dévotion. On se rendait en procession à la convention, et le peuple, se livrant à ses goûts burlesques, parodiait de la manière la plus bizarre les scènes de la religion, et trouvait autant de plaisir à les profaner qu'il en avait trouvé jadis à les célébrer. Des hommes, vêtus de surplis, de chasubles, de chappes, venaient en chantant des *alleluia* et en dansant *la carmagnole* à la barre de la convention; ils y déposaient les ostensoirs, les crucifix, les saints ciboires, les statues d'or et d'argent; ils prononçaient des discours burlesques, et souvent adressaient aux saints eux-mêmes les allocutions les plus singulières. « O vous!
« s'écriait une députation de Saint-Denis, ô vous,
« instrumens du fanatisme ! saints, bienheureux
« de toute espèce, soyez enfin patriotes, levez-
« vous en masse, servez la patrie en allant vous
« fondre à la Monnaie, et faites en ce monde
« notre bonheur que vous vouliez faire dans
« l'autre ! » A ces scènes de gaieté succédaient tout à coup des scènes de respect et de recueillement. Ces mêmes individus, qui foulaient aux pieds les

saints du christianisme, portaient un dais; ils en ouvraient les voiles, et montrant les bustes de Marat et de Lepelletier : « Voici, disaient-ils, non pas des dieux faits par des hommes, mais l'image de citoyens respectables, assassinés par les esclaves des rois. » On défilait ensuite devant la convention, en chantant encore des *alleluia* et en dansant *la carmagnole ;* on allait déposer les riches dépouilles des autels à la Monnaie, et les bustes vénérés de Marat et de Lepelletier dans les églises, devenues désormais les temples d'un nouveau culte.

Sur le réquisitoire de Chaumette, il fut arrêté que l'église métropolitaine de Notre-Dame serait convertie en un édifice républicain, appelé *Temple de la Raison*; une fête fut instituée pour tous les jours de décade. Elle dut remplacer les cérémonies catholiques du dimanche. Le maire, les officiers municipaux, les fonctionnaires publics, se rendaient dans le temple de la Raison, y lisaient la déclaration des droits de l'homme, ainsi que l'acte constitutionnel, y faisaient l'analyse des nouvelles des armées, et racontaient les actions d'éclat qui avaient eu lieu dans la décade. *Une bouche de vérité*, semblable aux bouches de dénonciations qui se trouvaient à Venise, était placée dans le temple de la Raison pour recevoir *les avis, reproches* ou *conseils,* utiles au bien public. On faisait la levée de ces lettres chaque jour de décade; on procédait à leur lecture; un orateur prononçait un discours de morale; après, on exécutait des morceaux de musique, et on finissait par chanter des hymnes républicains. Il y avait dans le temple deux tribunes, l'une pour les vieillards, l'autre pour les femmes enceintes, avec ces mots : *Respect à la vieillesse, respect et soins aux femmes enceintes.*

La première fête de la raison fut célébrée avec pompe le 20 brumaire (10 novembre). Toutes les sections s'y rendirent avec les autorités constituées. Une jeune femme représentait la déesse de la Raison; c'était l'épouse de l'imprimeur Momoro, l'un des amis de Vincent, Ronsin, Chaumette, Hébert, et pareils. Elle était vêtue d'une draperie blanche; un manteau bleu céleste flottait sur ses épaules; ses cheveux épars étaient recouverts du bonnet de la liberté. Elle était assise sur un siége antique, entouré de lierre et porté par quatre citoyens. Des jeunes filles, vêtues de blanc et couronnées de roses, précédaient et suivaient la déesse. Puis venaient les bustes de Lepelletier et de Marat, des musiciens, des troupes, et toutes les sections armées. Des discours furent prononcés, et des hymnes chantés dans le temple de la Raison; on se rendit ensuite à la convention; Chaumette prit la parole en ces termes :

« Législateurs, le fanatisme a cédé la place à la

« raison. Ses yeux louches n'ont pu soutenir l'éclat
« de la lumière. Aujourd'hui un peuple immense
« s'est porté sous ces voûtes gothiques, qui pour
« la première fois ont servi d'écho à la vérité. Là,
« les Français ont célébré le seul vrai culte, celui
« de la liberté, celui de la raison. Là, nous avons
« formé des vœux pour la prospérité des armes
« de la république. Là, nous avons abandonné des
« idoles inanimées, pour la raison, pour cette
« image animée, chef-d'œuvre de la nature. » En
disant ces mots, Chaumette montrait la déesse
vivante de la Raison. La jeune et belle femme qui
la représentait, descend de son siége, et s'approche
du président, qui lui donne l'accolade fraternelle
au milieu des bravos universels, et des cris de
vive la république! vive la Raison! à bas le fanatisme! La convention, qui n'avait encore pris
aucune part à ces représentations, est entraînée
et obligée de suivre le cortége, qui retourne une
seconde fois au temple de la Raison, et va y
chanter un hymne patriotique. Une nouvelle importante, celle de la reprise de Noirmoutiers sur
Charette, augmentait la joie générale et lui
donnait un motif plus réel que celui de l'abolition
du fanatisme.

On voit sans doute avec dégoût ces scènes sans
recueillement, sans bonne foi, où un peuple
changeait son culte sans comprendre ni l'ancien

ni le nouveau. Mais quand le peuple est-il de bonne foi? quand est-il capable de comprendre les dogmes qu'on lui donne à croire? Ordinairement, que lui faut-il? De grandes réunions qui satisfassent son besoin d'être assemblé, des spectacles symboliques, où on lui rappelle sans cesse l'idée d'une puissance supérieure à la sienne, enfin des fêtes où l'on rende hommage aux hommes qui ont le plus approché du bien, du beau, du grand, en un mot des temples, des cérémonies et des saints. Il avait ici des temples, la Raison, Marat, et Lepelletier. Il était réuni, il adorait une puissance mystérieuse, il célébrait deux hommes. Tous ses besoins étaient donc satisfaits, et il n'y cédait pas autrement qu'il n'y cède toujours.

Si l'on considère le tableau de la France à cette époque, on verra que jamais plus de contraintes ne furent exercées à la fois sur cette partie inerte et patiente de la population, sur laquelle se font les expériences politiques. On n'osait plus émettre aucune opinion; on craignait de voir ses amis ou ses parens, de peur d'être compromis avec eux, et de perdre la liberté et quelquefois la vie. Cent mille arrestations et quelques centaines de condamnations rendaient la prison et l'échafaud toujours présens à la pensée de vingt-cinq millions de Français. On supportait des impôts considérables. Si on était, d'après une classification tout arbitraire, rangé dans la classe des riches, on perdait pour cette année une portion de son revenu. Quelquefois, sur une réquisition d'un représentant ou d'un agent quelconque, il fallait donner ou sa récolte, ou son mobilier le plus précieux, en or et en argent. On n'osait plus afficher aucun luxe, ni se livrer à des plaisirs bruyans. On ne pouvait plus se servir de la monnaie métallique; il fallait accepter ou donner un papier déprécié, et avec lequel il était difficile de se procurer les objets dont on avait besoin. Il fallait, si on était marchand, vendre à un prix fictif; si on était acheteur, se contenter de la plus mauvaise marchandise, parce que la bonne fuyait le maximum et les assignats; quelquefois même il fallait s'en passer tout à fait, parce que la bonne et la mauvaise se cachaient également. On n'avait plus qu'une seule espèce de pain noir, commun au riche et au pauvre, qu'il fallait se disputer à la porte des boulangers, en faisant queue pendant plusieurs heures. Les noms des poids et mesures, les noms des mois et des jours étaient changés; on n'avait plus que trois dimanches au lieu de quatre; enfin, les femmes, les vieillards, se voyaient privés des cérémonies du culte, auxquelles ils avaient assisté toute leur vie.

Jamais donc le pouvoir ne bouleversa plus violemment les habitudes d'un peuple : menacer toutes les existences, décimer les fortunes, régler obligatoirement le taux des échanges, renouveler les appellations de toutes choses, détruire les pratiques du culte, c'était sans contredit la plus atroce des tyrannies; mais on doit tenir compte du danger de l'état, des crises inévitables du commerce, et de l'esprit de système inséparable de l'esprit d'innovation.

CHAPITRE XVI.

RETOUR DE DANTON. — DIVISION DANS LE PARTI DE LA MONTAGNE, DANTONISTES ET HÉBERTISTES. — POLITIQUE DE ROBESPIERRE ET DU COMITÉ DE SALUT PUBLIC. — DANTON, ACCUSÉ AUX JACOBINS, SE JUSTIFIE; IL EST DÉFENDU PAR ROBESPIERRE. — ABOLITION DU CULTE DE LA RAISON. — DERNIERS PERFECTIONNEMENS APPORTÉS AU GOUVERNEMENT DICTATORIAL RÉVOLUTIONNAIRE. — ÉNERGIE DU COMITÉ CONTRE TOUS LES PARTIS. — ARRESTATION DE RONSIN, DE VINCENT, DES QUATRE DÉPUTÉS AUTEURS DU FAUX DÉCRET, ET DES AGENS PRÉSUMÉS DE L'ÉTRANGER.

Depuis la chute des girondins, le parti montagnard, resté seul et victorieux, avait commencé à se fractionner. Les excès toujours plus grands de la révolution achevèrent de le diviser tout à fait, et on touchait à une rupture prochaine. Beaucoup de députés avaient été émus du sort des girondins, de Bailly, de Brunet, de Houchard; d'autres blâmaient les violences commises à l'égard du culte, les jugeaient impolitiques et dangereuses. Ils disaient que de nouvelles superstitions succédaient à celles qu'on voulait détruire, que le prétendu culte de la Raison n'était que celui de l'athéisme, que l'athéisme ne pouvait convenir à un peuple, et que ces extravagances étaient payées par l'étranger. Au contraire, le parti qui régnait aux Cordeliers et à la commune, qui avait Hébert pour écrivain, Ronsin et Vincent pour chefs, Chaumette et Clootz pour apôtres, soutenait que ses adversaires voulaient ressusciter une faction modérée, et amener une nouvelle division dans la république.

Danton était revenu de sa retraite. Il ne disait pas sa pensée, mais un chef de parti voudrait en vain la cacher; elle se répand de proche en proche, et devient bientôt manifeste à tous les esprits. On savait qu'il aurait voulu empêcher l'exécution des girondins, et qu'il avait été vivement touché de leur fin tragique; on savait que, partisan et inventeur des moyens révolutionnaires, il commençait à en blâmer l'emploi féroce et aveugle; que la violence ne lui semblait pas devoir se prolonger au-delà du danger, et qu'à la fin de la campagne actuelle et après l'expulsion entière des ennemis, il voulait faire rétablir le règne des lois douces et équitables. On n'osait pas l'attaquer à la tribune des clubs. Hébert n'osait pas l'insulter dans sa feuille du *Père Duchéne*; mais on répandait verbalement les bruits les plus insidieux; on insinuait des soupçons sur sa probité; on rappelait avec plus de perfidie que jamais les concussions de la Belgique, et on lui en attribuait une partie; on était même allé jusqu'à dire, pendant sa retraite à Arcis-sur-Aube, qu'il avait émigré en emportant ses richesses. On lui associait, comme ne valant pas mieux, Camille Desmoulins, son ami, qui avait partagé sa pitié pour les girondins, et avait défendu Dillon; Philippeaux, qui revenait de la Vendée, furieux contre les désorganisateurs, et tout prêt à dénoncer Ronsin et Rossignol. On rangeait encore dans son parti tous ceux qui, de quelque manière, avaient démérité des révolutionnaires ardens, et le nombre commençait à en être assez grand.

Julien de Toulouse, déjà fort suspect par ses liaisons avec d'Espagnac et avec les fournisseurs, avait achevé de se compromettre par un rapport sur les administrations fédéralistes, dans lequel il s'efforçait d'excuser les torts de la plupart d'entre elles. A peine l'eut-il prononcé, que les cordeliers et les jacobins soulevés l'obligèrent à se rétracter. Ils firent une enquête sur sa vie privée; ils découvrirent qu'il vivait avec des agioteurs, et qu'il avait une ci-devant comtesse pour maîtresse, et ils le déclarèrent tout à la fois corrompu et modéré. Fabre-d'Églantine venait tout à coup de changer de situation, et déployait un luxe qu'on ne lui connaissait pas auparavant. Chabot, le capucin Chabot, qui, en entrant dans la révolution, n'avait que sa pension ecclésiastique, venait aussi d'étaler un beau mobilier, et d'épouser la jeune sœur des deux Frey, avec une dot de deux cent mille livres. Ce changement de fortune si prompt excita des soupçons contre les nouveaux enrichis, et bientôt une proposition qu'ils firent à la convention acheva de les perdre. Un député, Osselin, venait d'être arrêté pour avoir, dit-on, caché une émigrée. Fabre, Chabot, Julien, Delaunay, qui n'étaient pas tranquilles pour eux-mêmes; Bazire, Thuriot, qui n'avaient rien à se reprocher, mais qui voyaient avec effroi qu'on ne ménageât pas même les membres de la convention, proposèrent un décret, portant qu'aucun député ne pourrait être arrêté, sans auparavant être entendu à la barre. Ce décret fut adopté, mais tous les clubs et les jacobins se soulevèrent, et prétendirent qu'on voulait renouveler l'*inviolabilité*. Ils le firent rapporter, et commencèrent l'enquête la plus sévère sur ceux qui l'avaient proposé, sur leur conduite et sur l'origine de leur subite fortune. Julien, Fabre, Chabot, Delaunay, Bazire, Thuriot, dépopularisés en quelques jours, furent rangés dans le parti des hommes équivoques et modérés. Hébert les couvrit d'injures grossières dans sa feuille, et les livra à la vile populace.

Quatre ou cinq autres individus partagèrent encore le même sort, quoique jusqu'ici reconnus excellens patriotes. C'étaient Proli, Pereyra, Gusman, Dubuisson et Desfieux. Nés presque tous sur le sol étranger, ils étaient venus, comme les deux Frey et comme Clootz, se jeter dans la révolution française, par enthousiasme, et probablement aussi par besoin de faire fortune. On ne s'inquiéta pas de ce qu'ils étaient tant qu'on les vit abonder dans le sens de la révolution. Proli, qui était de Bruxelles, fut envoyé avec Pereyra et Desfieux auprès de Dumouriez, pour découvrir ses intentions. Ils le firent expliquer, et vinrent, comme nous l'avons rapporté, le dénoncer à la convention et aux Jacobins. C'était bien jusque-là; mais ils avaient été employés par Lebrun, parce qu'étant étrangers et instruits, ils pouvaient rendre des services aux relations extérieures. En approchant Lebrun, ils apprirent à l'estimer, et ils le défendirent plus tard. Proli avait connu beaucoup Dumouriez, et, malgré la défection de ce général, il avait persité à vanter ses talens et à dire qu'on aurait pu le conserver à la république; enfin presque tous, connaissant mieux les pays voisins, avaient blâmé l'application du système jacobin à la Belgique et aux provinces réunies à la France. Leurs propos furent recueillis, et lorsqu'une défiance générale fit imaginer l'intervention secrète d'une faction étrangère, on commença à les soupçonner, et à se raviser sur leurs discours. On sut que Proli était fils naturel de Kaunitz; on supposa qu'il était le meneur en chef, et on les métamorphosa tous en espions de Pitt et de Cobourg. Bientôt la fureur n'eut plus de bornes, et l'exagération même de leur patriotisme, qu'ils croyaient propre à les justifier, ne servit qu'à les compromettre davantage. On les confondit avec le parti des équivoques, des modérés. Ainsi, dès que Danton ou ses amis avaient quelque observation à faire sur les fautes des agens ministériels, ou sur les violences exercées contre le culte, le parti Hébert, Vincent et Ronsin, répondait en criant à la modération, à la corruption, à la faction étrangère.

Suivant l'usage, les modérés renvoyaient à leurs adversaires cette accusation, et leur disaient: C'est vous qui êtes les complices de ces étrangers; tout vous rapproche, et la commune violence de votre langage, et le projet de tout bouleverser en poussant tout au pire. Voyez, ajoutaient-ils, cette commune qui s'arroge une autorité législative, et rend des lois sous le titre modeste d'arrêtés; qui règle tout, police, subsistances, culte; qui substitue de son chef une religion à une autre, remplace les anciennes superstitions par des superstitions nouvelles, prêche l'athéisme, et se fait imiter par toutes les municipalités de la république; voyez ces bureaux de la guerre, d'où s'échappent une foule d'agens qui vont dans les provinces rivaliser avec les représentans, exercer les plus grandes vexations, et décrier la révolution par leur conduite ; voyez cette commune et ces bureaux! que veulent-ils, sinon usurper l'autorité législative et exécutive, déposséder la convention, les comités, et dissoudre le gouvernement? Qui peut les pousser à ce but, sinon l'étranger ?

Au milieu de ces agitations et de ces querelles, l'autorité devait prendre un parti vigoureux. Robespierre pensait, avec tout le comité, que ces accusations réciproques étaient extrêmement dangereuses. Sa politique, comme on l'a déjà vu, avait consisté, depuis le 31 mai, à empêcher un nouveau débordement révolutionnaire, à rallier l'opinion autour de la convention, et la convention autour du comité, afin de créer un pouvoir énergique, et il s'était servi pour cela des jacobins tout-puissans alors sur l'opinion. Ces nouvelles accusations contre les patriotes accrédités, comme Danton, Camille Desmoulins, lui semblaient très dangereuses. Il avait peur qu'aucune réputation ne résistât aux imaginations déchaînées; il craignait que les violences à l'égard du culte n'indisposassent une partie de la France, et ne fissent passer la révolution pour athée; il croyait voir enfin la main de l'étranger dans cette vaste confusion. Aussi ne manqua-t-il pas l'occasion que bientôt Hébert lui offrit, de s'en expliquer aux Jacobins.

Les dispositions de Robespierre avaient percé.

On répandait sourdement qu'il allait faire sévir contre Pache, Hébert, Chaumette, Clootz, auteurs du mouvement contre le culte. Proli, Desfieux, Pereyra, déjà compromis et menacés, voulaient rattacher leur cause à celle de Pache, Chaumette, Hébert; ils virent ces derniers, et leur dirent qu'il y avait une conspiration contre les meilleurs patriotes; qu'ils étaient tous également en danger, et qu'il fallait se soutenir et se garder réciproquement. Hébert se rend alors aux Jacobins, le 1er frimaire (21 novembre 1793), et se plaint d'un plan de désunion tendant à diviser les patriotes. « De « toutes parts, dit-il, je rencontre des gens qui « me complimentent de n'être pas arrêté. On ré- « pand que Robespierre doit me dénoncer, moi, « Chaumette et Pache... Quant à moi, qui me mets « tous les jours en avant pour les intérêts de la « patrie, et qui dis tout ce qui me passe par la « tête, cela pourrait avoir quelque fondement; « mais Pache... Je connais toute l'estime qu'a pour « lui Robespierre, et je rejette bien loin de moi « une pareille idée. On a dit aussi que Danton avait « émigré, qu'il était allé en Suisse chargé des dé- « pouilles du peuple..... Je l'ai rencontré ce matin « dans les Tuileries, et puisqu'il est à Paris, il « faut qu'il vienne s'expliquer fraternellement aux « Jacobins. Tous les patriotes se doivent de dé- « mentir les bruits injurieux qui courent sur leur

« compte. » Hébert rapporte ensuite qu'il tient une partie de ces bruits de Dubuisson, lequel a voulu lui dévoiler une conspiration contre les patriotes; et, suivant l'usage de tout rejeter sur les vaincus, il ajoute que la cause des troubles est dans les complices de Brissot qui vivent encore, et dans les Bourbons qui restent au Temple Robespierre monte aussitôt à la tribune : « Est-il vrai, « dit-il, que nos plus dangereux ennemis soient « les restes impurs de la race de nos tyrans? Je « vote en mon cœur pour que la race des tyrans « disparaisse de la terre; mais puis-je m'aveugler « sur la situation de mon pays, au point de croire « que cet événement suffirait pour éteindre le « foyer des conspirations qui nous déchirent? A « qui persuadera-t-on que la punition de la mé- « prisable sœur de Capet en imposerait plus à nos « ennemis que celle de Capet lui-même et de sa « criminelle compagne?

« Est-il vrai encore que la cause de nos maux « soit le fanatisme? Le fanatisme! il expire. Je « pourrais même dire qu'il est mort. En dirigeant « depuis quelques jours toute notre attention « contre lui, ne la détourne-t-on pas de nos vé- « ritables dangers? Vous avez peur des prêtres, « et ils s'empressent d'abdiquer leurs titres pour « les échanger contre ceux de municipaux, d'ad- « ministrateurs, et même de présidens de sociétés

« populaires.... Ils étaient naguère fort attachés à
« leur ministère quand il leur valait soixante-dix
« mille livres de rente ; ils l'ont abdiqué dès qu'il
« n'en a plus valu que six mille..... Oui, craignez
« non pas leur fanatisme, mais leur ambition !
« non pas l'habit qu'il portaient, mais la peau
« nouvelle qu'ils ont revêtue ! craignez non pas
« l'ancienne superstition, mais la nouvelle et fausse
« superstition qu'on veut feindre pour nous
« perdre ! »

Ici, Robespierre, abordant franchement la question des cultes, ajoute :

« Que des citoyens animés par un zèle pur
« viennent déposer sur l'autel de la patrie les mo-
« numens inutiles et pompeux de la superstition,
« pour les faire servir aux triomphes de la liberté,
« la patrie et la raison sourient à ces offrandes ;
« mais de quel droit l'aristocratie et l'hypocrisie
« viendraient-elles mêler ici leur influence à celle
« du civisme? De quel droit des hommes inconnus
« jusqu'à ce jour dans la carrière de la révolution
« viendraient-ils chercher, au milieu de tous ces
« événemens, les moyens d'usurper une fausse
« popularité, d'entraîner les patriotes même à de
« fausses mesures, et de jeter parmi nous le
« trouble et la discorde? De quel droit viendraient-
« ils troubler la liberté des cultes au nom de la
« liberté, et attaquer le fanatisme par un fana-

« tisme nouveau ? De quel droit feraient-ils dégé-
« nérer les hommages solennels rendus à la vérité
« pure en des farces éternelles et ridicules ?

« On a supposé qu'en accueillant des offrandes
« civiques, la convention avait proscrit le culte
« catholique. Non, la convention n'a point fait
« cette démarche, et ne la fera jamais. Son in-
« tention est de maintenir la liberté des cultes
« qu'elle a proclamée, et de réprimer en même
« temps tous ceux qui en abuseraient pour trou-
« bler l'ordre public. Elle ne permettra pas qu'on
« persécute les ministres paisibles des diverses
« religions, et elle les punira avec sévérité, toutes
« les fois qu'ils oseront se prévaloir de leurs fonc-
« tions pour tromper les citoyens, et pour armer
« les préjugés ou le royalisme contre la répu-
« blique.

« Il est des hommes qui veulent aller plus loin ;
« qui, sous le prétexte de détruire la superstition,
« veulent faire une sorte de religion de l'athéisme
« lui-même. Tout philosophe, tout individu peut
« adopter là-dessus l'opinion qui lui plaira : qui-
« conque voudrait lui en faire un crime est un
« insensé ; mais l'homme public, mais le légis-
« lateur serait cent fois plus insensé, qui adopte-
« rait un pareil système. La convention nationale
« l'abhorre. La convention n'est point un faiseur
« de livres et de systèmes. Elle est un corps poli-

« tique et populaire. L'athéisme est *aristocratique.*
« L'idée d'un grand Être qui veille sur l'innocence
« opprimée et qui punit le crime triomphant, est
« toute populaire. Le peuple, les malheureux
« m'applaudissent; si je trouvais des censeurs, ce
« serait parmi les riches et parmi les coupables.
« J'ai été, dès le collége, un assez mauvais catho-
« lique ; je n'ai jamais été ni un ami froid, ni un
« défenseur infidèle de l'humanité. Je n'en suis
« que plus attaché aux idées morales et politiques
« que je viens de vous exposer. *Si Dieu n'existait*
« *pas, il faudrait l'inventer.* »

Robespierre, après avoir fait cette profession de foi, impute à l'étranger les persécutions dirigées contre le culte, et les calomnies répandues contre les meilleurs patriotes. Robespierre, qui était extrêmement défiant, et qui avait supposé les girondins royalistes, croyait beaucoup à la faction de l'étranger, laquelle n'était représentée, comme nous l'avons dit, que par quelques espions envoyés aux armées, et quelques banquiers intermédiaires de l'agiotage, et correspondans des émigrés. « Les
« étrangers, dit-il, ont deux espèces d'armées ;
« l'une sur nos frontières, est impuissante et près
« de sa ruine, grâce à nos victoires; l'autre, plus
« dangereuse, est au milieu de nous. C'est une
« armée d'espions, de fripons stipendiés, qui s'in-
« troduisent partout, même au sein des sociétés

« populaires. C'est une faction qui a persuadé à
« Hébert que je voulais faire arrêter Pache, Chau-
« mette, Hébert, toute la commune. Moi, pour-
« suivre Pache, dont j'ai toujours admiré et dé-
« fendu la vertu simple et modeste, moi qui ai
« combattu pour lui contre les Brissot et ses com-
« plices! » Robespierre loue Pache et se tait sur
Hébert. Il se contente de dire qu'il n'a pas oublié
les services de la commune dans les jours où la
liberté était en péril. Se déchaînant ensuite contre
ce qu'il appelle la faction étrangère, il fait tomber
le courroux des jacobins sur Proli, Dubuisson,
Pereyra, Desfieux. Il raconte leur histoire, il les
dépeint comme des agens de Lebrun et de l'étranger, chargés d'envenimer les haines, de diviser les
patriotes, et de les animer les uns contre les autres.
A la manière dont il s'exprime, on voit que la
haine qu'il éprouve contre d'anciens amis de Lebrun se mêle pour beaucoup à sa défiance. Enfin
il les fait chasser tous quatre de la société, au
bruit des plus grands applaudissemens, et il propose un scrutin épuratoire pour tous les jacobins.

Ainsi Robespierre avait frappé d'anathème le
nouveau culte, avait donné une leçon sévère à
tous les brouillons, n'avait rien dit de bien ras-
surant pour Hébert, ne s'était pas compromis
jusqu'à louer ce sale écrivain, et avait fait retomber
tout l'orage sur des étrangers qui eurent le mal-

heur d'être amis de Lebrun, d'admirer Dumouriez, et de blâmer notre système politique dans les pays de conquête. Enfin il s'était arrogé la recomposition de la société, en faisant décider qu'il y aurait un scrutin épuratoire.

Pendant les jours suivans, Robespierre poursuit son système; il vient lire aux Jacobins des lettres anonymes, d'autres interceptées, prouvant que l'étranger, s'il n'est pas l'auteur des extravagances du nouveau culte et des calomnies à l'égard des meilleurs patriotes, les approuve au moins et les désire. Danton avait en quelque sorte reçu d'Hébert l'invitation de s'expliquer. Il ne le fait pas d'abord, pour ne pas obéir à une sommation; mais quinze jours après, il saisit une circonstance favorable pour prendre la parole. Il s'agissait de fournir à toutes les sociétés populaires un local aux dépens de l'état. Il présente à ce sujet diverses observations, et en prend occasion de dire que si la constitution doit être endormie pendant que le peuple frappe et épouvante les ennemis de ses opérations révolutionnaires, il faut cependant se défier de ceux qui veulent porter ce même peuple au-delà des bornes de la révolution. Coupé de l'Oise réplique à Danton, et dénature ses idées en les combattant. Danton remonte aussitôt à la tribune, et essuie des murmures. Il somme alors ceux qui ont contre lui des motifs de défiance de pré-

ciser leurs accusations, afin qu'il puisse y répondre publiquement. Il se plaint de cette défaveur qui se manifeste en sa présence. « Ai-je donc perdu, s'é-
« crie-t-il, ces traits qui caractérisent la figure d'un
« homme libre ? » Et en proférant ces mots, il agitait cette tête qu'on avait tant vue, tant rencontrée dans les orages de la révolution, et qui avait toujours soutenu l'audace des républicains et jeté la terreur chez les aristocrates. « Ne suis-je
« plus, ajoute-t-il, ce même homme qui s'est
« trouvé à vos côtés dans tous les momens de crise ?
« Ne suis-je plus cet homme tant persécuté, tant
« connu de vous ; cet homme que vous avez si
« souvent embrassé comme votre ami, et avec le-
« quel vous avez fait le serment de mourir dans
« les mêmes périls ? » Il rappelle alors qu'il fut le défenseur de Marat, et il est ainsi obligé de se couvrir de l'ombre de cet être, qu'il avait autrefois protégé et dédaigné. « Vous serez étonnés, dit-il,
« quand je vous ferai connaître ma conduite privée,
« de voir que la fortune colossale que mes ennemis
« et les vôtres m'ont prêtée, se réduit à la petite
« portion de bien que j'ai toujours eue. Je défie
« les malveillans de fournir aucune preuve contre
« moi. Tous leurs efforts ne pourront m'ébranler.
« Je veux rester debout en face du peuple, vous
« me jugerez en sa présence. Je ne déchirerai pas
« plus la page de mon histoire que vous ne déchi-

« rerez la vôtre.... » Danton demande, en finissant, une commission, pour examiner les accusations portées contre lui. Robespierre s'élance alors à la tribune avec un empressement extrême. « Danton, « s'écrie-t-il, vous demande une commission pour « examiner sa conduite; j'y consens, s'il pense « que cette mesure lui soit utile. Il veut qu'on pré- « cise les griefs portés contre lui; eh bien! je vais « le faire. Danton, tu es accusé d'avoir émigré. On « a dit que tu avais passé en Suisse; que ta maladie « était feinte pour cacher au peuple ta fuite; on a « dit que ton ambition était d'être régent sous « Louis XVII; qu'à une époque déterminée tout a « été préparé pour proclamer ce rejeton des « Capets; que tu étais le chef de la conspiration; « que ni Pitt, ni Cobourg, ni l'Angleterre, ni « l'Autriche, ni la Prusse, n'étaient nos véritables « ennemis, mais que c'était toi seul; que la Mon- « tagne était composée de tes complices; qu'il ne « fallait pas s'occuper des agens envoyés par les « puissances étrangères; que leurs conspirations « étaient des fables dignes de mépris; en un mot, « qu'il fallait t'égorger toi, toi seul!.... » Des ap-plaudissemens universels couvrent la voix de Ro-bespierre. Il reprend : « Ne sais-tu pas, Danton, « que plus un homme a de courage et de patrio- « tisme, plus les ennemis de la chose publique « s'attachent à sa perte? Ne sais-tu pas, et ne savez-

« vous pas tous, citoyens, que cette méthode est
« infaillible? Eh! si le défenseur de la liberté n'était
« pas calomnié, ce serait une preuve que nous
« n'aurions plus ni nobles, ni prêtres à combattre! »
Faisant alors allusion aux feuilles d'Hébert, où
lui, Robespierre, était fort loué, il ajoute : « Les
« ennemis de la patrie semblent m'accabler de
« louanges exclusivement. Mais je les répudie.
« Croit-on qu'à côté de ces éloges que l'on répète
« dans certaines feuilles, je ne voie pas le couteau
« avec lequel on a voulu égorger la patrie? La
« cause des patriotes est comme celle des tyrans;
« ils sont tous solidaires. Je me trompe peut-être
« sur Danton; mais, vu dans sa famille, il ne mé-
« rite que des éloges. Sous les rapports politiques,
« je l'ai observé; une différence d'opinion me le
« faisait étudier avec soin, souvent avec colère ;
« il ne s'est pas assez hâté, je le sais, de soup-
« çonner Dumouriez; il n'a pas assez haï Brissot
« et ses complices; mais s'il n'a pas toujours été
« de mon avis, en conclurai-je qu'il trahissait
« la patrie? Non, je la lui ai toujours vu servir
« avec zèle. Danton veut qu'on le juge; il a raison.
« Qu'on me juge aussi! qu'ils se présentent ces
« hommes qui sont plus patriotes que nous! Je
« parie que ce sont des nobles, des privilégiés, des
« prêtres. Vous y trouverez un marquis, et vous

« aurez la juste mesure du patriotisme des gens
« qui nous accusent. »

Robespierre demande ensuite que tous ceux qui ont quelque reproche à faire à Danton, prennent la parole. Personne ne l'ose. Momoro lui-même, l'un des amis d'Hébert, est le premier à s'écrier que, personne ne se présentant, c'est une preuve qu'il n'y a rien à dire contre Danton. Un membre demande alors que le président lui donne l'accolade fraternelle. On y consent, et Danton, s'approchant du bureau, reçoit l'accolade au milieu des applaudissemens universels.

La conduite de Robespierre dans cette circonstance avait été généreuse et habile. Le danger commun à tous les bons patriotes, l'ingratitude qui payait les services de Danton, enfin une supériorité décidée, avaient arraché Robespierre à son égoïsme habituel; et, cette fois, plein de bons sentimens, il avait été plus éloquent qu'il n'était donné à sa nature de l'être. Mais le service qu'il rendit à Danton fut plus utile à la cause du gouvernement et des vieux patriotes qui le composaient, qu'à Danton lui-même, dont la popularité était perdue. On ne refait pas l'enthousiasme, et on ne pouvait pas présumer encore d'assez grands dangers publics pour que Danton trouvât, par son courage, le moyen de regagner son influence.

Robespierre, poursuivant son ouvrage, ne manquait pas d'être présent à chaque séance d'épuration. Le tour de Clootz arrivé, on l'accuse de liaisons avec les banquiers étrangers Vandeniver. Il essaie de se justifier ; mais Robespierre prend la parole. Il rappelle les liaisons de Clootz avec les girondins, sa rupture avec eux par un pamphlet intitulé : *ni Roland ni Marat*, pamphlet dans lequel il n'attaquait pas moins la Montagne que la Gironde, ses exagérations extravagantes, son obstination à parler d'une république universelle, à inspirer la rage des conquêtes, et à compromettre la France auprès de toute l'Europe,
« Et comment M. Clootz, ajoute Robespierre,
« pouvait-il s'intéresser si fort au bonheur de la
« France, lorsqu'il s'intéressait si fort au bonheur
« de la Perse et du Monomotapa ? Il est une der-
« nière crise dont il pourra se vanter. Je veux
« parler du mouvement contre le culte, mouve
« ment qui, ménagé avec raison et lenteur, aurait
« pu devenir excellent, mais dont la violence
« pouvait entraîner les plus grands malheurs....
« M. Clootz eut avec l'évêque Gobel une confé-
« rence de nuit.... Gobel donna parole pour le
« lendemain, et il vint, changeant subitement de
« langage et d'habit, déposer ses lettres de prê-
« trise.... M. Clootz croyait que nous serions dupes
« de ces mascarades. Non, non ; les jacobins ne

« regarderont jamais comme un ami du peuple
« ce prétendu sans-culotte, qui est Prussien et
« baron, qui possède cent mille livres de rentes,
« qui dîne avec les banquiers conspirateurs, et qui
« est, non pas l'orateur du peuple français, mais
« du genre humain. »

Clootz fut exclu sur-le-champ de la société; et, sur la proposition de Robespierre, on décida qu'on chasserait sans distinction tous les nobles, les prêtres, les banquiers et les étrangers.

A la séance suivante vint le tour de Camille Desmoulins. On lui reprochait sa lettre à Dillon, et un mouvement de sensibilité en faveur des girondins. « J'avais, dit Camille, j'avais cru Dillon
« brave et habile, et je l'ai défendu. Quant aux
« girondins, j'étais à leur égard dans une position
« particulière. J'ai toujours aimé et servi la répu-
« blique, mais je me suis souvent trompé sur ceux
« qui la servaient; j'ai adoré Mirabeau; j'ai chéri
« Barnave et les Lameth; j'en conviens; mais j'ai
« sacrifié mon amitié et mon admiration dès que
« j'ai su qu'ils avaient cessé d'être jacobins. Une
« fatalité bien marquée a voulu que de soixante
« révolutionnaires qui avaient signé mon contrat
« de mariage, il ne me restât plus que deux amis,
« Danton et Robespierre. Tous les autres sont
« émigrés ou guillotinés. De ce nombre étaient
« sept des vingt-deux. Un mouvement de sensibi-

« lité était donc bien pardonnable en cette occa-
« sion. J'ai dit, ajoute Desmoulins, qu'ils mou-
« raient en républicains, mais en républicains
« fédéralistes; car, je vous l'assure, je ne crois pas
« qu'il y eût beaucoup de royalistes parmi eux. »

On aimait le caractère facile, l'esprit naïf et original de Camille Desmoulins. « Camille a mal
« choisi ses amis, s'écrie un jacobin; prouvez-lui
« que nous savons mieux choisir les nôtres en le
« recevant avec empressement. » Robespierre, toujours protecteur de ses vieux collègues, mais en gardant cependant un ton de supériorité, défend Camille Desmoulins. « Il est faible et confiant,
« dit-il, mais il a toujours été républicain. Il a aimé
« Mirabeau, Lameth, Dillon; mais il a lui-même
« brisé ses idoles dès qu'il a été détrompé. Qu'il
« poursuive sa carrière et soit plus réservé à l'a-
« venir. » Après cet avis, Camille est admis au milieu des applaudissemens. Danton est ensuite admis sans aucune observation. Fabre-d'Églantine l'est à son tour, mais il essuie quelques questions sur sa fortune, qu'on veut bien attribuer à ses talens littéraires. Cette épuration fut poursuivie, et devint fort longue. Commencée en novembre 1793, elle dura plusieurs mois.

La politique de Robespierre et du gouvernement était bien connue. L'énergie avec laquelle cette politique avait été manifestée, intimida les brouillons, promoteurs du nouveau culte, et ils songèrent à se rétracter, et à revenir sur leurs premières démarches. Chaumette, qui avait la faconde d'un orateur de club ou de commune, mais qui n'avait ni l'ambition ni le courage d'un chef de parti, ne prétendait nullement rivaliser avec la convention et se faire le créateur d'un nouveau culte; il s'empressa donc de chercher une occasion pour réparer sa faute. Il résolut de faire interpréter l'arrêté qui fermait tous les temples, et il proposa à la commune de déclarer qu'elle ne voulait pas gêner la liberté religieuse, et qu'elle n'interdisait pas aux divers partisans de chaque religion le droit de se réunir dans des lieux payés et entretenus à leurs frais. « Qu'on ne prétende pas, « dit-il, que c'est la faiblesse ou la politique qui « me font agir; je suis également incapable de l'une « ou de l'autre. C'est la conviction que nos en- « nemis veulent abuser de notre zèle pour le « pousser au-delà des bornes, et nous engager dans « de fausses démarches; c'est la conviction que « si nous empêchons les catholiques d'exercer « leur culte publiquement et avec l'aveu de la loi, « des êtres bilieux iront s'exalter ou conspirer « dans les cavernes; c'est cette conviction qui « seule m'inspire et me fait parler. » L'arrêté proposé par Chaumette, et fortement appuyé par le maire Pache, fut enfin adopté après quelques murmures bientôt couverts par de nombreux applaudissemens. La convention déclara de son côté qu'elle n'avait jamais entendu par ses décrets gêner la liberté religieuse, et elle défendit de toucher à l'argenterie qui restait encore dans les églises, vu que le trésor n'avait plus besoin de ce genre de secours. De ce jour, les farces indécentes que le peuple s'était permises cessèrent dans Paris, et les pompes du culte de la Raison, dont il s'était tant diverti, furent abolies.

Le comité de salut public, au milieu de cette grande confusion, sentait tous les jours davantage la nécessité de rendre l'autorité plus forte, plus prompte et plus obéie. Chaque jour, l'expérience des obstacles le rendait plus habile, et il ajoutait de nouvelles pièces à cette machine révolutionnaire, créée pour la durée de la guerre. Déjà il avait empêché la transmission du pouvoir à des mains nouvelles et inexpérimentées, en prorogeant la convention, et en déclarant le gouvernement révolutionnaire jusqu'à la paix. En même temps, il avait concentré ce pouvoir dans ses mains en mettant sous sa dépendance le tribunal révolutionnaire, la police, les opérations militaires, et la distribution même des subsistances. Deux mois d'expérience lui firent sentir les obstacles que les autorités locales, soit par excès ou défaut de zèle, faisaient éprouver à l'action de l'autorité supérieure. L'envoi des décrets était souvent interrompu ou retardé; et leur promulgation négligée dans certains départemens. Il restait beaucoup de ces administrations fédéralistes qui s'étaient insurgées, et la faculté de se coaliser ne leur était pas encore interdite. Si, d'une part, les administrations de département présentaient quelque danger de fédéralisme, les communes, au contraire, agissant en sens opposé, exerçaient, à l'imitation de celle de Paris, une autorité vexatoire, rendaient des lois, imposaient des taxes; les comités révolutionnaires déployaient contre les personnes un pouvoir arbitraire et inquisitorial; des armées révolutionnaires, instituées dans différentes localités, complétaient ces petits gouvernemens particuliers, tyranniques, désunis entre eux, et embarrassans pour le gouvernement supérieur. Enfin l'autorité des représentans, ajoutée à toutes les autres, augmentait la confusion des pouvoirs souverains; car les représentans levaient des impôts, rendaient des lois pénales, comme les communes et la convention elle-même.

Billaud-Varennes, dans un rapport mal écrit, mais habile, dévoila ces inconvéniens, et fit rendre le décret du 14 frimaire an II (4 décembre), modèle du gouvernement provisoire, énergique et absolu. L'anarchie, dit le rapporteur, menace les républiques à leur naissance et dans leur vieillesse.

Tâchons de nous en garantir. Ce décret instituait le *Bulletin des Lois*, belle et neuve invention dont on n'avait pas encore eu l'idée : car les lois envoyées par l'assemblée aux ministres, par les ministres aux autorités locales, sans délais fixés, sans procès-verbaux qui garantissent leur envoi ou leur arrivée, étaient souvent rendues depuis long-temps, sans être ni promulguées ni connues. D'après le nouveau décret, une commisson, une imprimerie, un papier particulier, étaient consacrés à l'impression et à l'envoi des lois. La commission, formée de quatre individus indépendans de toute autorité, libres de tout autre soin, recevait la loi, la faisait imprimer, l'envoyait par la poste dans des délais fixés et invariables. Les envois et les remises étaient constatés par les moyens ordinaires de la poste ; et ces mouvemens, ainsi régularisés, devenaient infaillibles. La convention était ensuite déclarée *centre d'impulsion du gouvernement*. Sous ces mots, on cachait la souveraineté des comités, qui faisaient tout pour la convention. Les autorités du département étaient en quelque sorte abolies; on leur enlevait toute attribution politique, on ne leur abandonnait, comme au département de Paris à l'époque du 10 août, que la répartition des contributions, l'entretien des routes, enfin les soins purement économiques. Ainsi, ces intermédiaires trop puissans entre le peuple et l'autorité suprême, étaient supprimés. On ne laissait exister, avec toutes leurs attributions, que les administrations de district et de commune. Il était défendu à toute administration locale de se réunir à d'autres, de se déplacer, d'envoyer des agens, de prendre des arrêtés extensifs ou limitatifs des décrets, de lever des impôts ou des hommes. Toutes les armées révolutionnaires établies dans les départemens étaient licenciées, et il ne devait subsister que la seule armée révolutionnaire établie à Paris pour le service de toute la république. Les comités révolutionnaires étaient obligés de correspondre avec les districts chargés de les surveiller, et avec le comité de sûreté générale. Ceux de Paris ne pouvaient correspondre qu'avec le comité de sûreté générale, et point avec la commune. Il était défendu aux représentans de lever des taxes, à moins que la convention ne les autorisât, et de porter des lois pénales.

Ainsi, toutes les autorités étant ramenées dans leur sphère, leur conflit ou leur coalition devenaient impossibles. Elles recevaient les lois d'une manière infaillible; elles ne pouvaient ni les modifier ni en différer l'exécution. Les deux comités conservaient toujours leur domination. Celui de *salut public*, outre sa suprématie sur le comité de sûreté générale, continuait d'avoir la diplomatie, la guerre, et la surveillance universelle de toutes choses. Seul désormais, il pouvait s'appeler *comité de salut public.* Aucun comité dans les communes ne pouvait prendre ce titre.

Ce nouveau décret sur l'institution du gouvernement révolutionnaire, quoique restrictif de l'autorité des communes, et rendu même contre leurs abus de pouvoir, fut reçu par la commune de Paris avec de grandes démonstrations d'obéissance. Chaumette, qui affectait la docilité comme le patriotisme, fit un long discours en l'honneur du décret. Par son maladroit empressement à entrer dans le système de l'autorité supérieure, il donna même une occasion de se faire réprimander; et il eut l'art de désobéir en voulant trop obéir. Le décret mettait les comités révolutionnaires de Paris en communication directe et exclusive avec le comité de sûreté générale. Dans leur zèle fougueux, ils se permettaient des arrestations en tous sens; on les accusait d'avoir fait incarcérer une foule de patriotes, et d'être composés d'hommes qu'on commençait à appeler *ultra-révolutionnaires.* Chaumette se plaignit au conseil général de leur conduite, et proposa de les convoquer à la commune, pour leur faire une admonition sévère. La proposition de Chaumette fut adoptée. Mais celui-ci, avec son ostentation d'obéissance, avait oublié que, d'après le nouveau décret, les comités révolutionnaires de Paris ne devaient correspondre qu'avec le comité de sûreté générale. Le comité de salut public ne voulant pas plus d'une obéissance exagérée que de la désobéissance, peu disposé surtout à souffrir que la commune se permît de donner des leçons, même bonnes, à des comités placés sous l'autorité supérieure, fit casser l'arrêté de Chaumette, et défendre aux comités de se réunir à la commune. Chaumette reçut cette correction avec une soumission parfaite. « Tout homme, dit-il à la commune, est sujet à l'erreur. Je confesse franchement que je me suis trompé. La convention a cassé mon réquisitoire et l'arrêté que j'avais fait prendre; elle a fait justice de la faute que j'avais commise; elle est notre mère commune, unissons-nous à elle. » (19 frimaire.)

Ce n'est qu'au moyen de cette énergie que le comité pouvait parvenir à arrêter tous les mouvemens désordonnés, soit de zèle, soit de résistance, et à produire la plus grande précision possible dans l'action du gouvernement. Les *ultra-révolutionnaires*, compromis et réprimés depuis leurs manifestations contre le culte, essuyèrent une nouvelle répression, plus sévère que les précédentes. Ronsin était revenu de Lyon, où il avait accompagné Collot-d'Herbois avec un détachement de l'armée révolutionnaire. Il était arrivée à Paris au moment où le bruit des sanglantes exécutions commises à Lyon excitait la pitié. Ronsin fit placarder une affiche qui révolta la convention. Il y disait que sur les cent quarante mille Lyonnais, quinze cents seulement n'étaient pas complices de la révolte, qu'avant la fin de frimaire tous les coupables auraient péri, et que le Rhône aurait roulé leurs cadavres jusqu'à Toulon. On citait de lui d'autres propos atroces ; on parlait beaucoup du despotisme de Vincent dans les bureaux de la guerre, de la conduite des agens ministériels dans les provinces, et de leur rivalité avec les représentans. On répétait des mots échappés à quelques-uns d'entre eux, annonçant encore le projet de faire organiser constitutionnellement le pouvoir exécutif. L'énergie que Robespierre et le comité venaient de déployer encourageaient à se prononcer contre ces agitateurs. Dans la séance du 27 frimaire (17 décembre), on commence par se plaindre de certains comités révolutionnaires. Lecointre dénonce l'arrestation d'un courrier du comité de salut public par l'un des agens du ministère. Boursault dit qu'en passant à Lonjumeau, il a été arrêté par la commune, qu'il a fait connaître sa qualité de député, et que cette commune a voulu néanmoins que son passeport fût légalisé par l'agent du conseil exécutif présent sur les lieux. Fabre-d'Églantine dénonce Maillard, le chef des égorgeurs de septembre, qui a été envoyé en mission à Bordeaux par le conseil exécutif, tandis qu'il devrait être expulsé de partout ; il dénonce

Ronsin et son affiche, dont tout le monde a frémi ; il dénonce enfin Vincent, qui a réuni tous les pouvoirs dans les bureaux de la guerre, et qui a dit qu'il ferait sauter la convention, ou la forcerait à organiser le pouvoir exécutif, parce qu'il ne voulait pas être le valet des comités. La convention met aussitôt en état d'arrestation Vincent, secrétaire-général de la guerre, Ronsin, général de l'armée révolutionnaire, Maillard, envoyé à Bordeaux, trois autres agens du pouvoir exécutif dont on signale encore les vexations à Saint-Girons, et un nommé Mazuel, adjudant dans l'armée révolutionnaire, qui a dit que la convention conspirait, et qu'il cracherait au visage des députés. La convention porte ensuite peine de mort contre les officiers des armées révolutionnaires, illégalement formées dans les provinces, qui ne se sépareraient pas sur-le-champ. Elle ordonne enfin que le conseil exécutif viendra se justifier le lendemain.

Cet acte d'énergie causa une grande douleur aux Cordeliers, et provoqua des explications aux Jacobins. Ces derniers ne se prononcèrent pas encore sur le compte de Vincent et de Ronsin, mais ils demandèrent qu'il fût fait une enquête pour constater la nature de leurs torts. Le conseil exécutif vint se justifier très humblement à la convention ; il assura que son intention n'avait point été de rivaliser avec la représentation nationale, et que l'arrestation des courriers, les difficultés essuyées par le représentant Boursault, ne provenaient que d'un ordre du comité de salut public lui-même, ordre qui enjoignait de vérifier tous les passeports et toutes les dépêches.

Tandis que Vincent et Ronsin venaient d'être incarcérés comme ultra-révolutionnaires, le comité sévit en même temps contre le parti des équivoques et des agioteurs. Il mit en arrestation Proli, Dubuisson, Desfieux, Pereyra, accusés d'être agens de l'étranger et complices de tous les partis. Enfin il fit enlever, au milieu de la nuit, les quatre députés Bazire, Chabot, Delaunay d'Angers et Julien de Toulouse, accusés d'être modérés, et d'avoir fait une fortune subite.

On a déjà vu l'histoire de l'association clandestine de ces représentans, et du faux qui en avait été la suite. On a vu que Chabot, déjà ébranlé, se préparait à dénoncer ses collègues, et à rejeter tout sur eux. Les bruits qui couraient sur son mariage, les dénonciations qu'Hébert répétait chaque jour, achevèrent de l'intimider, et il courut tout dévoiler à Robespierre. Il prétendit qu'il n'avait eu d'autre projet, en entrant dans le complot, que celui de le suivre et de le révéler; il attribua ce complot à l'étranger, qui voulait, disait-il, corrompre les députés, pour avilir la représentation nationale, et qui se servait ensuite d'Hébert et de ses complices pour les diffamer après les avoir corrompus. Il y avait ainsi, selon lui, deux branches dans la conspiration, la branche corruptrice et la branche diffamatrice, qui toutes deux se concertaient pour déshonorer et dissoudre la convention. La participation des banquiers étrangers à cette intrigue, les projets de Julien de Toulouse et de Delaunay, qui disaient que la convention finirait bientôt par se dévorer elle-même, et qu'il fallait faire fortune le plus tôt possible, quelques liaisons de la femme d'Hébert avec les maîtresses de Julien de Toulouse et de Delaunay, servirent à Chabot de moyens pour étayer cette fable d'une conspiration à deux branches, dans laquelle les corrupteurs et les diffamateurs s'entendaient secrètement pour arriver au même but. Chabot eut cependant un reste de scrupule, et justifia Bazire. Comme il avait été le corrupteur de Fabre, et qu'il s'exposait à une dénonciation de celui-ci en l'accusant, il prétendit que ses offres avaient été rejetées, et que les cent mille francs en assignats, suspendus avec un fil dans des lieux d'aisances, étaient les cent mille francs destinés à Fabre, et refusés par lui. Ces fables de Chabot n'avaient aucune apparence de vérité, car il eût été bien plus naturel, en entrant dans la conspiration pour la découvrir, d'en prévenir quelques membres de l'un ou de l'autre comité, et de déposer l'argent dans leurs mains. Robespierre renvoya Chabot au comité de sûreté générale, qui fit arrêter dans la nuit les députés désignés. Julien de Toulouse parvint à s'évader; Bazire, Delaunay et Chabot, furent seuls arrêtés [1].

La découverte de cette trame honteuse causa une grande rumeur, et confirma toutes les calomnies que les partis dirigeaient les uns contre les autres. On répandit plus que jamais le bruit d'une faction étrangère, corrompant les patriotes, les excitant à entraver la marche de la révolution, les uns par une modération intempestive, et les autres par une exagération folle, par des diffamations continuelles, et par une odieuse profession d'athéisme. Cependant qu'y avait-il de réel dans toutes ces suppositions? D'un côté, des hommes moins fanatiques, plus prompts à s'apitoyer sur les vaincus, et plus susceptibles par cette même raison de céder à l'attrait du plaisir et de la corruption; d'un autre côté, des hommes plus violens et plus aveugles, s'aidant de la partie basse du peuple, poursuivant de leurs reproches ceux qui ne partageaient pas leur insensibilité fanatique, profanant les vieux objets du culte, sans

---

[1]. 27 brumaire (17 novembre).

ménagement et sans décence; au milieu de ces deux partis, des banquiers, profitant de toutes les crises pour agioter; quatre députés sur sept cent cinquante, se laissant corrompre et devenant les complices de cet agiotage; enfin quelques révolutionnaires sincères, mais étrangers, suspects à ce titre, et se compromettant par l'exagération même, à la faveur de laquelle ils voulaient faire oublier leur origine: voilà ce qu'il y avait de réel, et il n'y avait là rien que de très ordinaire, rien qui exigeât la supposition d'une machination profonde.

Le comité de salut public, voulant se placer au-dessus des partis, résolut de les frapper et de les flétrir tous, et pour cela il chercha à montrer qu'ils étaient tous complices de l'étranger. Robespierre avait déjà dénoncé une faction étrangère, à laquelle son esprit défiant lui faisait ajouter foi. La faction turbulente contrariant l'autorité supérieure, et déshonorant la révolution, il l'accusa aussitôt d'être complice de la faction étrangère; cependant il ne dit rien encore de pareil contre la faction modérée, il la défendit même, comme on l'a vu, dans la personne de Danton. S'il la ménageait encore, c'est qu'elle n'avait rien fait jusque-là qui pût contrarier la marche de la révolution, c'est qu'elle ne formait pas un parti opiniâtre et nombreux comme les anciens girondins, et qu'elle se composait tout au plus de quelques individus isolés qui désapprouvaient les extravagances *ultra-révolutionnaires.*

Telle était la situation des partis, et la politique du comité de salut public à leur égard, en frimaire an II (décembre 1793). Tandis qu'il se servait de l'autorité avec tant de force, et achevait de compléter à l'intérieur la machine du pouvoir révolutionnaire, il déployait une égale énergie au dehors, et assurait le salut de la révolution par des victoires éclatantes.

CHAPITRE XVII.

FIN DE LA CAMPAGNE DE 1793. — MANOEUVRE DE HOCHE DANS LES VOSGES. — RETRAITE DES AUTRICHIENS ET DES PRUSSIENS. — DÉBLOCUS DE LANDAU. — OPÉRATIONS A L'ARMÉE D'ITALIE. — SIÉGE ET PRISE DE TOULON PAR L'ARMÉE RÉPUBLICAINE. — DERNIERS COMBATS ET ÉCHECS AUX PYRÉNÉES. — EXCURSION DES VENDÉENS AU-DELA DE LA LOIRE. — NOMBREUX COMBATS; ÉCHECS DE L'ARMÉE RÉPUBLICAINE. — DÉFAITE DES VENDÉENS AU MANS, ET LEUR DESTRUCTION COMPLÈTE A SAVENAY. — COUP D'OEIL GÉNÉRAL SUR LA CAMPAGNE DE 1793.

La campagne de 1793 s'achevait sur toutes les frontières de la manière la plus brillante et la plus heureuse. Dans la Belgique, on avait enfin pris le parti d'entrer dans les quartiers d'hiver, malgré le projet du comité de salut public, qui avait voulu profiter de la victoire de Watignies pour envelopper l'ennemi entre l'Escaut et la Sambre. Ainsi, sur ce point, les événemens n'avaient pas changé et les avantages de Watignies nous étaient restés.

Sur le Rhin, la campagne s'était beaucoup prolongée par la perte des lignes de Wissembourg, forcées le 13 octobre (22 vendémiaire). Le comité de salut public voulait les recouvrer à tout prix, et débloquer Landau, comme il avait débloqué Dunkerque et Maubeuge. L'état de nos départemens du Rhin était une raison de se hâter, et d'en éloigner l'ennemi. Le pays des Vosges était singulièrement empreint de l'esprit féodal; les prêtres et les nobles y avaient conservé une grande influence; la langue française y étant peu répandue, les nouvelles idées révolutionnaires n'y avaient presque pas pénétré; dans un grand nombre de communes, les décrets de la convention étaient inconnus; plusieurs manquaient de comités révolutionnaires, et, dans presque toutes, les émigrés circulaient impunément. Les nobles de l'Alsace avaient suivi l'armée de Wurmser en foule, et se répandaient depuis Wissembourg jusqu'aux environs de Strasbourg. Dans cette dernière ville, on avait formé le complot de livrer la place à Wurmser. Le comité de salut public y envoya aussitôt Lebas et Saint-Just, pour y exercer la dictature ordinaire des commissaires de la convention. Il nomma le jeune Hoche, qui s'était si fort distingué au siége de Dunkerque, général de l'armée de la Moselle; il détacha de l'armée oisive des Ardennes une forte division, qui fut partagée entre les deux armées de la Moselle et du Rhin; enfin il fit exécuter des levées en masse dans tous les départemens environnans, et les dirigea sur Besançon. Ces nouvelles levées occupèrent les places fortes, et les garnisons furent portées en ligne. Saint-Just déploya à Strasbourg tout ce qu'il avait d'énergie et d'intelligence. Il fit trembler les malintentionnés, livra à une commission ceux qu'on soupçonnait d'avoir voulu livrer Strasbourg, et les fit conduire à l'échafaud. Il communiqua aux généraux et aux soldats une vigueur nouvelle, il exigea chaque jour des attaques sur toute la ligne, afin d'exercer nos jeunes conscrits. Aussi brave qu'impitoyable, il allait lui-même au feu, et partageait tous les dangers de la guerre. Un grand enthousiasme s'était emparé de l'armée; et le cri des soldats, qu'on enflammait de l'espoir de recouvrer le terrain perdu, leur cri était : *Landau ou la mort!*

La véritable manœuvre à exécuter sur cette partie des frontières, consistait toujours à réunir les deux armées du Rhin et de la Moselle, et à opérer en masse sur un seul versant des Vosges. Pour cela, il fallait recouvrer les passages qui coupaient la ligne des montagnes, et que nous avions perdus depuis que Brunswick s'était porté au centre des Vosges, et Wurmser sous les murs de Strasbourg. Le projet du comité était formé : il voulait s'emparer de la chaîne même, pour séparer les Prussiens des Autrichiens. Le jeune Hoche, plein de talent et d'ardeur, était chargé d'exécuter ce plan, et ses premiers mouvemens à la tête de l'armée de la Moselle firent espérer les plus énergiques déterminations.

Les Prussiens, pour assurer leur position, avaient voulu enlever par une surprise le château de Bitche, placé au milieu même des Vosges. Cette tentative fut déjouée par la vigilance de la garnison, qui accourut à temps sur les remparts ; et Brunswick, soit qu'il fût déconcerté par ce défaut de succès, soit qu'il redoutât l'activité et l'énergie de Hoche, soit aussi qu'il fût mécontent de Wurmser, avec lequel il ne vivait pas d'accord, se retira d'abord à Bisengen, sur la ligne d'Erbach, puis à Kayserslautern, au centre des Vosges. Il n'avait pas prévenu Wurmser de ce mouvement rétrograde; et, tandis que celui-ci se trouvait engagé sur le versant oriental, presque à la hauteur de Strasbourg, Brunswick, sur le versant occidental, se trouvait même en arrière de Wissembourg, et à peu près à la hauteur de Landau. Hoche avait suivi Brunswick de très près dans son mouvement rétrograde, et, après avoir vainement essayé de l'entourer à Bisengen, et même de le prévenir à Kayserslautern, il forma le projet de l'attaquer à Kayserslautern même, quelque grande que fût la difficulté des lieux. Hoche avait environ trente mille hommes; il se battit les 28, 29 et 30 novembre; mais les lieux étaient peu connus et peu praticables. Le premier jour, le général Ambert, qui commandait la gauche, se trouva engagé, tandis que Hoche, au centre, cherchait sa route; le jour suivant, Hoche se trouvait seul en présence de l'ennemi, tandis qu'Ambert s'égarait dans les montagnes. Grace aux difficultés des lieux, à sa force et à l'avantage de sa position, Brunswick eut un succès complet. Il ne perdit qu'environ douze hommes; Hoche fut obligé de se retirer avec une perte d'environ trois mille hommes; mais il ne fut pas découragé, et vint se rallier à Pirmasens, Hornbach et Deux-Ponts. Hoche, quoique malheureux, n'en avait pas moins déployé une audace et une résolution qui frappèrent les représentans et l'armée. Le comité de salut public, qui, depuis l'entrée de Carnot, était assez éclairé pour être juste et qui n'était sévère qu'envers le défaut de zèle, lui écrivit les lettres les plus encourageantes, et, pour la première fois, donna des éloges à un général battu. Hoche, sans être ébranlé un moment par sa défaite, forma aussitôt la résolution de se joindre à l'armée du Rhin, pour accabler Wurmser. Celui-ci, qui était resté en Alsace tandis que Brunswick rétrogradait jusqu'à Kayserslautern, avait son flanc droit découvert. Hoche dirigea le général Taponnier avec douze mille hommes sur Werdt, pour percer la ligne des Vosges, et se jeter sur le flanc de Wurmser, tandis que l'armée du Rhin ferait sur son front une attaque générale.

Grace à la présence de Saint-Just, des combats continuels avaient eu lieu pendant la fin de novembre et le commencement de décembre, entre l'armée du Rhin et les Autrichiens. Elle commençait à s'aguerrir en allant tous les jours au feu. Pichegru la commandait. Le corps envoyé dans les Vosges par Hoche eut beaucoup de difficultés à vaincre pour y pénétrer, mais il y réussit enfin, et inquiéta sérieusement la droite de Wurmser. Le 22 décembre (2 nivôse), Hoche marcha lui-même à travers les montagnes, et parut à Werdt sur le sommet du versant oriental. Il accabla la droite de Wurmser, lui prit beaucoup de canons, et fit un grand nombre de prisonniers. Les Autrichiens furent alors obligés de quitter la ligne de la Motter, et de se porter d'abord à Sultz, puis le 24 à Wissembourg, sur les lignes mêmes de la Lauter. Leur retraite s'opérait avec désordre et confusion. Les émigrés, les nobles alsaciens accourus à la suite de Wurmser, fuyaient avec la plus grande précipitation. Des familles entières couvraient la route en cherchant à s'échapper. Les deux armées prussienne et autrichienne étaient mécontentes l'une de l'autre, et s'entr'aidaient peu contre un ennemi plein d'ardeur et d'enthousiasme.

Les deux armées du Rhin et de la Moselle étaient réunies. Les représentans donnèrent le commandement en chef à Hoche, qui se disposa sur-le-champ à reprendre Wissembourg. Les Prussiens et les Autrichiens, concentrés maintenant par leur mouvement rétrograde, se trouvaient mieux en mesure de se soutenir. Ils résolurent donc de prendre l'offensive le 26 décembre (6 nivôse), le jour même où le général français se disposait à fondre sur eux. Les Prussiens étaient dans les Vosges et autour de Wissembourg; les Autrichiens s'étendaient en avant de la Lauter, depuis Wissembourg jusqu'au Rhin. Certainement, s'ils n'avaient pas été décidés à prendre l'initiative, ils n'auraient pas reçu l'attaque en avant des lignes, ayant la Lauter à dos; mais ils étaient résolus à attaquer les premiers, et les Français, en s'avançant sur eux, trouvèrent leurs avant-gardes en marche. Le général Desaix, commandant la droite de l'armée du Rhin, marcha sur Lauterbourg; le général Michaud fut dirigé sur Schleithal; le centre attaqua les Autrichiens, rangés sur le Geisberg, et la gauche pénétra dans les Vosges pour tourner les Prussiens. Desaix emporta Lauterbourg, Michaud occupa Schleithal, et le centre, repliant les Autrichiens, les refoula du Geisberg jusqu'à Wissembourg même. L'occupation instantanée de Wissembourg, pouvait être désastreuse pour les coalisés, et elle était imminente; mais Brunswick, qui se trouvait au Pigeonnier, accourut sur ce point, et contint les Français avec beaucoup de fermeté. La retraite des Autrichiens se fit alors avec moins de désordre; mais le lendemain les Français occupèrent les lignes de Wissembourg. Les Autrichiens se replièrent sur Gemersheim, les Prussiens sur Bergzabern. Les soldats français s'avançaient toujours en criant: *Landau ou la mort!* Les Autrichiens se hâtèrent de repasser le Rhin, sans vouloir tenir un jour de plus sur la rive gauche, et sans donner aux Prussiens le temps d'arriver à Mayence. Landau fut débloqué; et les Français prirent leurs quartiers d'hiver dans le Palatinat. Aussitôt après, les deux généraux coalisés s'attaquèrent dans des relations contradictoires, et Brunswick donna sa démission à Frédéric-Guillaume. Ainsi, sur cette partie du théâtre de la guerre, nous avions glorieusement recouvré nos frontières, malgré les forces réunies de la Prusse et de l'Autriche.

L'armée d'Italie n'avait rien entrepris d'important, et, depuis sa défaite du mois de juin, elle était restée sur la défensive. Dans le mois de septembre, les Piémontais, voyant Toulon attaqué par les Anglais, songèrent enfin à profiter de cette circonstance, qui pouvait amener la perte de l'armée française. Le roi de Sardaigne se rendit lui-même sur le théâtre de la guerre, et une attaque générale du camp français fut résolue pour le 8 septembre. La manière la plus sûre d'opérer contre les Français eût été d'occuper la ligne du Var, qui séparait Nice de leur territoire. On aurait ainsi fait tomber toutes les positions qu'ils avaient prises au-delà du Var, on les aurait obligés d'évacuer le comté de Nice, et peut-être même de mettre bas les armes. On aima mieux attaquer immédiatement leur camp. Cette attaque, exécutée avec des corps détachés, et par diverses vallées à la fois, ne réussit pas ; et le roi de Sardaigne, peu satisfait, se retira aussitôt dans ses états. A peu près à la même époque, le général autrichien Dewins résolut enfin d'opérer sur le Var ; mais il n'exécuta son mouvement qu'avec trois ou quatre mille hommes, ne s'avança que jusqu'à Isola, et, arrêté tout à coup par un léger échec, il remonta sur les Hautes-Alpes, sans avoir donné suite à cette tentative. Telles avaient été les opérations insignifiantes de l'armée d'Italie.

Un intérêt plus grave appelait toute l'attention sur Toulon. Cette place, occupée par les Anglais et les Espagnols, leur assurait un pied à terre dans le Midi, et une base pour tenter une invasion. Il importait donc à la France de la recouvrer au plus tôt. Le comité avait donné à cet égard les ordres les plus pressans, mais les moyens de siège manquaient entièrement. Carteaux, après avoir soumis Marseille, avait débouché avec sept ou huit mille hommes par les gorges d'Ollioules, s'en était emparé après un léger combat, et s'était établi au débouché même de ces gorges, en vue de Toulon; le général Lapoype, détaché de l'armée d'Italie avec quatre mille hommes environ, s'était rangé sur le côté opposé, vers Solliès et Lavalette. Les deux corps français ainsi placés, l'un au couchant, l'autre au levant, étaient si éloignés qu'ils s'apercevaient à peine, et ne pouvaient se prêter aucun secours. Les assiégés, avec un peu plus d'activité, auraient pu les attaquer isolément, et les accabler l'un après l'autre. Heureusement ils ne songèrent qu'à fortifier la place, et à la garnir de troupes. Ils firent débarquer huit mille Espagnols, Napolitains et Piémontais, deux régimens anglais venus de Gibraltar, et portèrent la garnison à quatorze ou quinze mille hommes. Ils perfectionnèrent toutes les défenses, armèrent tous les forts, surtout ceux de la côte, qui protégeaient la rade où leurs escadres étaient au mouillage. Ils s'attachèrent particulièrement à rendre inaccessible le fort de l'Éguillette, placé à l'extrémité du promontoire qui ferme la rade intérieure, ou petite rade. Ils en rendirent l'abord tellement difficile, qu'on l'appelait dans l'armée, *le petit Gibraltar*. Les Marseillais et tous les Provençaux qui s'étaient réfugiés dans Toulon, s'employèrent eux-mêmes aux ouvrages, et montrèrent le plus grand zèle. Cependant l'union ne pouvait durer dans l'intérieur de la place, car la réaction contre la Montagne y avait fait renaître toutes les factions. On y était républicain ou royaliste à tous les degrés. Les coalisés eux-mêmes n'étaient pas d'accord. Les Espagnols étaient offensés de la supériorité qu'affectaient les Anglais, et se défiaient de leurs intentions. L'amiral Hood, profitant de cette désunion, dit que, puisqu'on ne pouvait s'entendre, il fallait, pour le moment, ne proclamer aucune autorité. Il empêcha même le départ d'une députation que les Toulonnais voulaient envoyer auprès du comte de Provence, pour engager ce prince à se rendre dans leurs murs en qualité de régent. Dès cet instant, on pouvait entrevoir la conduite des Anglais, et sentir combien avaient été aveugles et coupables ceux qui avaient livré Toulon aux plus cruels ennemis de la marine française.

Les républicains ne pouvaient pas espérer, avec leurs moyens actuels, de reprendre Toulon. Les représentans conseillaient même de replier l'armée au-delà de la Durance, et d'attendre la saison suivante. Cependant la prise de Lyon ayant permis de disposer de nouvelles forces, on achemina vers Toulon des troupes et du matériel. Le général Doppet, auquel on attribuait la prise de Lyon, fut chargé de remplacer Carteaux. Bientôt Doppet lui-même fut remplacé par Dugommier, qui était beaucoup plus expérimenté, et fort brave. Vingt-huit ou trente mille hommes furent réunis, et on donna l'ordre d'achever le siége avant la fin de la campagne.

On commença par serrer la place de près, et par établir des batteries contre les forts. Le général Lapoype, détaché de l'armée d'Italie, était toujours au levant, et le général en chef Dugommier au couchant, en avant d'Ollioules. Ce dernier était chargé de la principale attaque. Le comité de salut public avait fait rédiger par le comité des fortifications un plan d'attaque régulière. Le général assembla un conseil de guerre pour discuter le plan envoyé de Paris. Ce plan était fort bien conçu, mais il s'en présentait un autre plus convenable aux circonstances, et qui devait avoir des résultats plus prompts.

Dans le conseil de guerre se trouvait un jeune officier, qui commandait l'artillerie en l'absence du chef de cette arme. Il se nommait Bonaparte, et était originaire de Corse. Fidèle à la France, au sein de laquelle il avait été élevé, il s'était battu en Corse pour la cause de la convention contre Paoli et les Anglais; il s'était rendu ensuite à l'armée d'Italie, et servait devant Toulon. Il montrait une grande intelligence, une extrême activité, et couchait à côté de ses canons. Ce jeune officier, à l'aspect de la place, fut frappé d'une idée, et la proposa au conseil de guerre. Le fort l'Éguillette, surnommé *le petit Gibraltar,* fermait la rade où mouillaient les escadres coalisées. Ce fort occupé, les escadres ne pouvaient plus mouiller dans la rade, sans s'exposer à y être brûlées : elles ne pouvaient pas non plus l'évacuer en y laissant une garnison de quinze mille hommes, sans communications, sans secours, et tôt ou tard exposée à mettre bas les armes : il était donc infiniment présumable que le fort l'Éguillette une fois en la possession des républicains, les escadres et la garnison évacueraient ensemble Toulon. Ainsi, la clef de la place était au fort l'Éguillette; mais ce fort était presque imprenable. Le jeune Bonaparte soutint fortement son idée comme plus appropriée aux circonstances, et réussit à la faire adopter.

On commença par serrer la place. Bonaparte, à la faveur de quelques oliviers qui cachaient ses artilleurs, fit placer une batterie très près du fort Malbosquet, l'un des plus importans parmi ceux qui environnaient Toulon. Un matin, cette batterie éclata à l'improviste, et surprit les assiégés, qui ne croyaient pas qu'on pût établir des feux aussi près du fort. Le général anglais O'Hara, qui commandait la garnison, résolut de faire une sortie pour détruire la batterie, et enclouer les canons. Le 30 novembre (10 frimaire), il sortit à la tête de six mille hommes, pénétra soudainement à travers les postes républicains, s'empara de la batterie, et commença aussitôt à enclouer les pièces. Heureusement, le jeune Bonaparte se trouvait non loin de là avec un bataillon. Un boyau conduisait à la batterie. Bonaparte s'y jeta avec son bataillon, se porta sans bruit au milieu des Anglais, puis tout à coup ordonna le feu, et les jeta, par cette subite apparition, dans la plus grande surprise. Le général O'Hara, étonné, crut que c'étaient ses propres soldats qui se trompaient, et faisaient feu les uns sur les autres. Il s'avança alors vers les républicains pour s'en assurer, mais il fut blessé à la main, et pris dans le boyau même par un sergent. Au même instant, Dugommier, qui avait fait battre la générale au camp, ramenait ses soldats à l'attaque, et se portait entre la batterie et la place. Les Anglais, menacés alors d'être coupés, se retirèrent après avoir perdu leur général, et sans avoir pu se délivrer de cette dangereuse batterie.

Ce succès anima singulièrement les assiégeans, et jeta beaucoup de découragement parmi les assiégés. La défiance était si grande chez ces derniers, qu'ils disaient que le général O'Hara s'était fait prendre pour vendre Toulon aux républicains. Cependant les républicains, qui voulaient conquérir la place et qui n'avaient pas les moyens de l'acheter, se préparaient à l'attaque si périlleuse de l'Éguillette.

Ils y avaient jeté déjà un grand nombre de bombes, et tâchaient d'en raser la défense avec des pièces de 24. Le 18 décembre (28 frimaire), l'assaut fut résolu pour minuit. Une attaque simultanée devait avoir lieu du côté du général Lapoype sur le fort Faron. A minuit, et par un orage épouvantable, les républicains s'ébranlent. Les soldats qui gardaient le fort se tenaient ordinairement en arrière, pour se mettre à l'abri des bombes et des boulets. Les Français espéraient y arriver avant d'avoir été aperçus; mais au pied de la hauteur ils trouvent des tirailleurs ennemis. Le combat s'engage. Au bruit de la mousqueterie, la garnison du fort accourt sur les remparts et foudroie les assaillans. Ceux-ci reculent et reviennent tour à tour. Un jeune capitaine d'artillerie, nommé Muiron, profite des inégalités du terrain, et réussit à gravir la hauteur, sans avoir perdu beaucoup de monde. Arrivé au pied du fort, il s'élance par une embrasure; les soldats le suivent, pénètrent dans la batterie, s'emparent des canons, et bientôt du fort lui-même.

Dans cette action, le général Dugommier, les représentans Salicetti et Robespierre jeune, le commandant d'artillerie Bonaparte, avaient été présens au feu, et avaient communiqué aux troupes le plus grand courage. Du côté du général Lapoype, l'attaque ne fut pas moins heureuse, et une des redoutes du fort Faron fut emportée.

Dès que le fort l'Éguillette fut occupé, les républicains se hâtèrent de disposer les canons de manière à foudroyer la flotte. Mais les Anglais ne leur en donnèrent pas le temps. Ils se décidèrent sur-le-champ à évacuer la place, pour ne pas courir plus long-temps les chances d'une défense difficile et périlleuse. Avant de se retirer, ils résolurent de brûler l'arsenal, les chantiers, et les vaisseaux qu'ils ne pourraient pas prendre. Le 18 et le 19, sans en prévenir l'amiral espagnol, sans avertir même la population compromise, qu'on allait la livrer aux montagnards victorieux, les ordres furent donnés pour l'évacuation. Chaque vaisseau anglais vint à son tour s'approvisionner à l'arsenal. Les forts furent ensuite tous évacués, excepté le fort Lamalgue, qui devait être le dernier abandonné. Cette évacuation se fit même si vite, que deux mille Espagnols, prévenus trop tard, restèrent hors des murs, et ne se sauvèrent que par miracle. Enfin on donna l'ordre d'incendier l'arsenal. Vingt vaisseaux ou frégates parurent tout à coup en flammes au milieu de la rade, et excitèrent le désespoir chez les malheureux habitans, et l'indignation chez les républicains, qui voyaient brûler l'escadre sans pouvoir la sauver. Aussitôt, plus de vingt mille individus, hommes, femmes, vieillards, enfans, portant ce qu'ils avaient de plus précieux, vinrent sur les quais, tendant les mains vers les escadres, et implorant un asile pour se soustraire à l'armée victorieuse. C'étaient toutes les familles provençales qui, à Aix, Marseille, Toulon, s'étaient compromises dans le mouvement sectionnaire. Pas une seule chaloupe ne se montrait à la mer pour secourir ces imprudens Français, qui avaient mis leur confiance dans l'étranger, et qui lui avaient livré le premier port de leur patrie. Cependant l'amiral Langara, plus humain, ordonna de mettre les chaloupes à la mer, et de recevoir sur l'escadre espagnole tous les réfugiés qu'elle pourrait contenir. L'amiral Hood n'osa pas résister à cet exemple et aux imprécations qu'on vomissait contre lui. Il ordonna à son tour, mais fort tard, de recevoir les Toulonnais. Ces malheureux se précipitaient avec fureur dans les chaloupes. Dans cette confusion, quelques-uns tombaient à la mer, d'autres étaient séparés de leurs familles. On voyait des mères cherchant leurs enfans, des épouses, des filles, cherchant leurs maris ou leurs pères, et errant sur ces quais aux lueurs de l'incendie. Dans ce moment terrible, des brigands, profitant du désordre pour piller, se jettent sur les malheureux accumulés le long des quais, et font feu en criant : *Voici les républicains!* La terreur alors s'empare de cette multitude; elle se précipite, se mêle, et, pressée de fuir, elle abandonne ses dépouilles aux brigands auteurs de ce stratagème.

Enfin les républicains entrèrent, et trouvèrent la ville à moitié déserte, et une grande partie du matériel de la marine détruit. Heureusement les forçats avaient arrêté l'incendie et empêché qu'il ne se propageât. De 56 vaisseaux ou frégates, il ne restait que 7 vaisseaux et 11 frégates; le reste avait été pris ou brûlé par les Anglais. Bientôt, aux horreurs du siége et de l'évacuation, succédèrent celles de la vengeance révolutionnaire. Nous raconterons plus tard la suite des désastres de cette cité coupable et malheureuse. La prise de Toulon causa une joie extraordinaire, et produisit autant d'impression que les victoires de Watignies, la prise de Lyon, et le déblocus de Landau. Dès lors on n'avait plus à craindre que les Anglais, s'appuyant sur Toulon, vinssent apporter dans le Midi le ravage et la révolte.

La campagne s'était terminée moins heureusement aux Pyrénées. Cependant, malgré de nombreux revers et une grande impéritie de la part des généraux, nous n'avions perdu que la ligne du Tech, et celle de la Tet nous était restée. Après le combat malheureux de Truillas, livré le 22 septembre (1er vendémiaire) contre le camp espagnol, et où Dagobert avait montré tant de bravoure et de sang-froid, Ricardos, au lieu de marcher en avant, avait rétrogradé au contraire sur le Tech. La reprise de Villefranche, et un renfort de quinze mille hommes arrivé aux républicains, l'avaient décidé à ce mouvement rétrograde. Après avoir levé le blocus de Collioure et de Port-Vendre, il s'était porté au camp de Boulou, entre Céret et Ville-Longue, et veillait de là à ses communications en gardant la grande route de Bellegarde. Les représentans Fabre et Gaston, pleins de fougue, voulurent faire attaquer le camp des Espagnols, afin de les rejeter au-delà des Pyrénées; mais l'attaque fut infructueuse et n'aboutit qu'à une inutile effusion de sang.

Le représentant Fabre, impatient de tenter une entreprise importante, rêvait depuis long-temps une marche au-delà des Pyrénées, pour forcer les Espagnols à rétrograder. On lui avait persuadé que le fort de Roses pouvait être enlevé par un coup de main. D'après son vœu, et malgré l'avis contraire des généraux, trois colonnes furent jetées au-delà des Pyrénées, pour se réunir à Espola. Mais trop faibles, trop désunies, elles ne purent se joindre, furent battues, et ramenées sur la grande chaîne après une perte considérable. Ceci s'était passé en octobre. En novembre, des orages, peu ordinaires dans la saison, grossirent les torrens, interrompirent les communications des divers camps espagnols entre eux, et les mirent dans le plus grand péril.

C'était le cas de se venger sur les Espagnols des revers qu'on avait essuyés. Il ne leur restait que le pont de Céret pour repasser le Tech, et ils demeuraient inondés et affamés sur la rive gauche à la merci des Français. Mais rien de ce qu'il fallait faire ne fut exécuté. Au général Dagobert avait succédé le général Turreau, à celui-ci le général Doppet. L'armée était désorganisée. On se battit mollement aux environs de Céret, on perdit même le camp de Saint-Ferréol, et Ricardos échappa ainsi aux dangers de sa position. Bientôt il se vengea bien plus habilement du danger où il s'était trouvé, et fondit le 7 novembre (17 brumaire) sur une colonne française, qui était engagée à Ville-Longue, sur la rive droite du Tech, entre le fleuve, la mer et les Pyrénées. Il défit cette colonne, forte de dix mille hommes, et la jeta dans un tel désordre, qu'elle ne put se rallier qu'à Argelès. Immédiatement après, Ricardos fit attaquer la division Delatre à Collioure, s'empara de Collioure, de Port-Vendre et de Saint-Elme, et nous rejeta entièrement au-delà du Tech. La campagne se trouva ainsi terminée vers les derniers jours de décembre. Les Espagnols prirent leurs quartiers d'hiver sur les bords du Tech; les Français campèrent autour de Perpignan, et sur les rives de la Tet. Nous avions perdu un peu de territoire, mais moins qu'on ne devait le craindre après tant de désastres. C'était du reste la seule frontière où la campagne ne se fût pas terminée glorieusement pour les armes de la république. Du côté des Pyrénées Occidentales, on avait gardé une défensive réciproque.

C'est dans la Vendée que de nouveaux et terribles combats avaient eu lieu, avec un grand avantage pour la république, mais avec un grand dommage pour la France, qui ne voyait des deux côtés que des Français s'égorgeant les uns les autres.

Les Vendéens, battus à Cholet le 17 octobre (26 vendémiaire), s'étaient jetés, comme on l'a vu, sur le bord de la Loire, au nombre de quatre-vingt mille individus, hommes, femmes, enfans, vieillards. N'osant pas rentrer dans leur pays occupé par les républicains, ne pouvant plus tenir la campagne en présence d'une armée victorieuse, ils songèrent à se rendre en Bretagne, et à suivre les idées de Bonchamps, lorsque ce jeune héros était mort, et ne pouvait plus diriger leurs tristes destinées. On a vu qu'à la veille de la bataille de Cholet, il envoya un détachement pour faire occuper le poste de Varade, sur la Loire. Ce poste, mal gardé par les républicains, fut pris dans la nuit du 16 au 17. La bataille perdue, les Vendéens purent donc impunément traverser le fleuve, à la faveur de quelques bateaux laissés sur la rive, et à l'abri du canon républicain. Le danger ayant été jusqu'ici sur la rive gauche, le gouvernement n'avait pas songé à défendre la rive droite. Toutes les villes de la Bretagne étaient mal gardées; quelques détachemens de gardes nationales, épars çà et là, étaient incapables d'arrêter les Vendéens, et ne pouvaient que fuir à leur approche. Ceux-ci s'avancèrent donc sans obstacles, et traversèrent successivement Candé, Château-Gonthier et Laval, sans éprouver aucune résistance.

Pendant ce temps, l'armée républicaine était incertaine de leur marche, de leur nombre et de leurs projets. Un moment même, elle les avait crus détruits, et les représentans l'avaient écrit à la convention. Kléber seul, qui commandait toujours l'armée sous le nom de Léchelle, pensait le contraire, et s'efforçait de modérer une dangereuse sécurité. Bientôt, en effet, on apprit que les Vendéens étaient loin d'être exterminés; que dans la colonne fugitive, il restait encore trente ou quarante mille hommes armés, et capables de combattre. Un conseil de guerre fut aussitôt rassemblé; et comme on ne savait pas si les fugitifs se porteraient sur Angers ou sur Nantes, s'ils marcheraient sur la Bretagne, ou iraient par la Basse-Loire se réunir à Charette, on décida que l'armée se diviserait; qu'une partie, sous le général

Haxo, irait tenir tête à Charette, et reprendre Noirmoutiers ; qu'une autre partie sous Kléber occuperait le camp de Saint-George près de Nantes, et que le reste enfin demeurerait à Angers pour couvrir cette ville, et observer la marche de l'ennemi. Sans doute, si l'on eût été mieux instruit, on aurait compris qu'il fallait rester réunis en masse, et marcher sans relâche à la poursuite des Vendéens. Dans l'état de désordre et d'effroi où ils se trouvaient, il eût été facile de les disperser et de les détruire entièrement ; mais on ne connaissait pas la direction qu'ils avaient prise, et, dans le doute, le parti que l'on prit était encore le plus sage. Bientôt, cependant, on eut de meilleurs renseignemens, et l'on apprit la marche des Vendéens sur Candé, Château-Gonthier et Laval. Dès lors on résolut de les poursuivre sur-le-champ, et de les atteindre, avant qu'ils pussent mettre la Bretagne en feu, et s'emparer de quelque grande ville, ou d'un port sur l'Océan. Les généraux Vimeux et Haxo furent laissés à Nantes et dans la Basse-Vendée ; tout le reste de l'armée s'achemina vers Candé et Château-Gonthier. Westermann et Beaupuy formaient l'avant-garde ; Chalbos, Kléber, Canuel, commandaient chacun une division, et Léchelle, éloigné du champ de bataille, laissait diriger les mouvemens par Kléber, qui avait la confiance et l'admiration de l'armée.

Le 25 octobre au soir (4 brumaire), l'avant-garde républicaine arriva à Château-Gonthier; le gros des forces était à une journée en arrière. Westermann, quoique ses troupes fussent très fatiguées, quoiqu'il fût presque nuit, et qu'il restât encore six lieues de chemin à faire pour arriver à Laval, voulut y marcher sur-le-champ. Beaupuy, tout aussi brave, mais plus prudent que Westermann, s'efforça en vain de lui faire sentir le danger d'attaquer la masse vendéenne au milieu de la nuit, fort en avant du corps d'armée, et avec des troupes harassées de fatigue. Beaupuy fut obligé de céder au plus ancien en commandement. On se mit aussitôt en marche. Arrivé à Laval au milieu de la nuit, Westermann envoya un officier reconnaître l'ennemi : celui-ci, emporté par son ardeur, fit une charge au lieu d'une reconnaissance, et replia rapidement les premiers postes. L'alarme se répandit dans Laval, le tocsin sonna, toute la masse ennemie fut bientôt debout, et vint faire tête aux républicains. Beaupuy, se comportant avec sa fermeté ordinaire, soutint courageusement l'effort des Vendéens. Westermann déploya toute sa bravoure, le combat fut des plus opiniâtres, et l'obscurité de la nuit le rendit encore plus sanglant. L'avant-garde républicaine, quoique très inférieure en nombre, serait néanmoins parvenue à se soutenir jusqu'à la fin; mais la cavalerie de

Westermann, qui n'était pas toujours aussi brave que son chef, se débanda tout à coup, et l'obligea à la retraite. Grâce à Beaupuy, elle se fit sur Château-Gonthier, avec assez d'ordre. Le corps de bataille y arriva le jour suivant. Toute l'armée s'y trouva donc réunie le 26, l'avant-garde épuisée d'un combat inutile et sanglant, le corps de bataille fatigué d'une longue route, faite sans vivres, sans souliers, et à travers les boues de l'automne. Westermann et les représentans voulaient de nouveau se reporter en avant. Kléber s'y opposa avec force, et fit décider qu'on ne s'avancerait pas au-delà de Villiers, moitié chemin de Château-Gonthier à Laval.

Il s'agissait de former un plan pour l'attaque de Laval. Cette ville est située sur la Mayenne. Marcher directement par la rive gauche que l'on occupait, était imprudent, comme l'observa judicieusement un officier très distingué, Savary, qui connaissait parfaitement les lieux. Il était facile aux Vendéens d'occuper le pont de Laval, et de s'y maintenir contre toutes les attaques; ils pouvaient ensuite, tandis que l'armée républicaine était inutilement amassée sur la rive gauche, marcher le long de la rive droite, passer la Mayenne sur ses derrières, et l'accabler à l'improviste. Il proposa donc de diviser l'attaque, et de porter une partie de l'armée sur la rive droite. De ce côté il n'y avait pas de pont à franchir, et l'occupation de Laval ne présentait point d'obstacle. Ce plan, approuvé par les généraux, fut adopté par Léchelle. Le lendemain, cependant, Léchelle, qui sortait quelquefois de sa nullité pour commettre des fautes, envoie l'ordre le plus sot et le plus contradictoire à ce qui avait été convenu la veille. Il prescrit, suivant ses expressions accoutumées, de marcher *majestueusement et en masse* sur Laval, en longeant par la rive gauche. Kléber et tous les généraux sont indignés; cependant il faut obéir. Beaupuy s'avance le premier; Kléber le suit immédiatement. Toute l'armée vendéenne était déployée sur les hauteurs d'Entrames. Beaupuy engage le combat; Kléber se déploie à droite et à gauche de la route, de manière à s'étendre le plus possible. Sentant néanmoins le désavantage de cette position, il fait dire à Léchelle de porter la division Chalbos sur le flanc de l'ennemi, mouvement qui devait l'ébranler. Mais cette colonne, composée de ces bataillons formés à Orléans et à Niort, qui avaient fui si souvent, se débande avant de s'être mise en marche. Léchelle s'échappe le premier à toute bride; une grande moitié de l'armée, qui ne se battait pas, fuit en toute hâte, ayant Léchelle en tête, et court jusqu'à Château-Gonthier, et de Château-Gonthier jusqu'à Angers. Les braves Mayençais, qui n'avaient jamais lâché pied, se débandent pour la première fois. La déroute devient alors générale; Beaupuy, Kléber, Marceau, les représentans Merlin et Turreau font des efforts incroyables, mais inutiles, pour arrêter les fuyards. Beaupuy reçoit une balle au milieu de la poitrine. Porté dans une cabane, il s'écrie: « Qu'on me laisse ici, et qu'on montre ma chemise sanglante à mes soldats. » Le brave Bloss, qui commandait les grenadiers, et qui était connu par une intrépidité extraordinaire, se fait tuer à leur tête. Enfin une partie de l'armée s'arrête au Lion-d'Angers; l'autre fuit jusqu'à Angers même. L'indignation était générale contre le lâche exemple qu'avait donné Léchelle en fuyant le premier. Les soldats murmuraient hautement. Le lendemain, pendant la revue, le petit nombre de braves qui étaient restés sous les drapeaux, et c'étaient des Mayençais, criaient: A bas Léchelle! vive Kléber et Dubayet! *qu'on nous rende Dubayet!* Léchelle, qui entendit ces cris, en fut encore plus mal disposé contre l'armée de Mayence, et contre les généraux dont la bravoure lui faisait honte. Les représentans, voyant que les soldats ne voulaient plus de Léchelle, se décidèrent à le suspendre, et proposèrent le commandement à Kléber. Celui-ci le refusa, parce qu'il n'aimait pas la situation d'un général en chef, toujours en butte aux représentans, au ministre, au comité de salut public, et consentit seulement à diriger l'armée sous le nom d'un autre. On donna donc le commandement à Chalbos, qui était l'un des généraux les plus âgés de l'armée. Léchelle, prévenant l'arrêté des représentans, demanda son congé, en disant qu'il était malade, et se retira à Nantes, où il mourut quelque temps après.

Kléber, voyant l'armée dans un état pitoyable, dispersée partie à Angers, et partie au Lion-d'Angers, proposa de la réunir tout entière à Angers même, de lui donner ensuite quelques jours de repos, de la fournir de souliers et de vêtemens, et de la réorganiser d'une manière complète. Cet avis fut adopté, et toutes les troupes furent réunies à Angers. Léchelle n'avait pas manqué de dénoncer l'armée de Mayence en donnant sa démission, et d'attribuer à de braves gens une déroute qui n'était due qu'à sa lâcheté. Depuis long-temps on se défiait de cette armée, de son esprit de corps, de son attachement à ses généraux, et de son opposition à l'état-major de Saumur. Les derniers cris de *vive Dubayet! à bas Léchelle!* achevèrent de la compromettre dans l'esprit du gouvernement. Bientôt, en effet, le comité de salut public rendit un arrêté pour en ordonner la dissolusion et l'amalgame avec les autres corps. Kléber fut chargé de cette dernière opération. Quoique cette mesure fût prise contre lui et contre ses compagnons d'armes, il s'y prêta volontiers, car il sentait le danger de l'esprit de rivalité et de haine qui s'établissait entre la garnison de Mayence et le reste des troupes ; et il voyait surtout un grand avantage à former de bonnes têtes de colonnes, qui, habilement distribuées, pouvaient communiquer leur propre force à toute l'armée.

Pendant que ceci se passait à Angers, les Vendéens, délivrés à Laval des républicains, et ne voyant plus rien qui s'opposât à leur marche, ne savaient cependant quel parti prendre, ni sur quel théâtre porter la guerre. Il s'en présentait deux également avantageux : ils avaient à choisir entre la pointe de Bretagne et celle de Normandie. L'extrême Bretagne était toute fanatisée par les prêtres et les nobles ; la population les aurait reçus avec joie ; et le sol, extrêmement coupé et montueux, leur aurait fourni des moyens très faciles de résistance ; enfin, ils se seraient trouvés sur le bord de la mer, et en communication avec les Anglais. L'extrême Normandie, ou presqu'île de Cotentin, était un peu plus éloignée, mais bien plus facile à garder, car, en s'emparant de Port-Beil et Saint-Cosme, ils la fermaient entièrement. Ils y trouvaient l'importante place de Cherbourg, très accessible pour eux du côté de la terre, pleine d'approvisionnemens de toute espèce, et surtout très propre aux communications avec les Anglais.

Ces deux projets présentaient donc de grands avantages, et leur exécution rencontrait peu d'obstacles. La route de Bretagne n'était gardée que par l'armée de Brest, confiée à Rossignol, et consistant tout au plus en cinq ou six mille hommes mal organisés. La route de Normandie était défendue par l'armée de Cherbourg, composée de levées en masse prêtes à se dissoudre au premier coup de fusil, et de quelques mille hommes seulement de troupes plus régulières, qui n'avaient pas encore quitté Caen. Ainsi, aucune de ces deux armées n'était à redouter pour la masse vendéenne. On pouvait même facilement éviter leur rencontre avec un peu de célérité. Mais les Vendéens ignoraient la nature des localités, ils n'avaient pas un seul officier qui pût leur dire ce qu'étaient la Bretagne et la Normandie, quels en étaient les avantages militaires et les places fortes. Ils croyaient, par exemple, Cherbourg fortifié du côté de terre. Ils étaient donc incapables de se hâter, de s'éclairer dans leur marche, de rien exécuter enfin, avec un peu de force et de précision.

Quoique nombreuse, leur armée était dans un état pitoyable. Tous les chefs principaux étaient ou morts ou blessés. Bonchamps avait expiré sur la rive gauche; d'Elbée, blessé, avait été transporté à Noirmoutiers; Lescure, atteint d'une balle au front, était traîné mourant à la suite de l'armée; La Rochejaquelein, resté seul, avait reçu le commandement général. Stofflet commandait sous lui. L'armée, obligée maintenant de se mouvoir et d'abandonner son sol, aurait dû être organisée; mais elle marchait pêle-mêle comme une horde, ayant au milieu d'elle des femmes, des enfans, des chariots. Dans une armée régulière, les braves, les faibles, les lâches, encadrés les uns avec les autres, restent forcément ensemble et se soutiennent réciproquement. Il suffit de quelques hommes de courage pour communiquer leur énergie à toute la masse. Ici, au contraire, aucun rang n'étant gardé, aucune division de compagnie de bataillon, n'étant observée, chacun marchant avec qui lui plaisait, les braves s'étaient rangés ensemble, et formaient un corps de cinq ou six mille hommes, toujours prêts à s'avancer les premiers. Après eux, venait une troupe moins sûre, et propre seulement à décider un succès, en se portant sur les flancs d'un ennemi déjà ébranlé. A la suite de ces deux bandes, la masse, toujours prête à fuir au premier coup de fusil, se traînait confusément. Ainsi, les trente ou quarante mille hommes armés se réduisaient en définitive à quelques mille braves, toujours disposés à se battre par tempérament. Le défaut de subdivisions empêchait de former des détachemens, de porter un corps sur un point ou sur un autre, de faire aucune sorte de dispositions. Les uns suivaient La Rochejaquelein, les autres Stofflet, et ne suivaient qu'eux seuls. Il était impossible de donner des ordres ; tout ce qu'on pouvait obtenir, c'était de se faire suivre en donnant un signal. Stofflet avait seulement quelques paysans affidés qui allaient répandre ce qu'il voulait parmi leurs camarades. A peine avait-on deux cents mauvais cavaliers, et une trentaine de pièces de canon, mal servies et mal entretenues. Les bagages encombraient la marche; les femmes, les vieillards, pour être plus en sûreté, cherchaient à se fourrer au milieu de la troupe des braves, et, en remplissant leurs rangs, embarrassaient leurs mouvemens. La méfiance commençait aussi à s'établir de la part des soldats à l'égard des officiers. On disait qu'ils ne voulaient atteindre à l'Océan que pour s'embarquer, et abandonner les malheureux paysans arrachés de leur pays. Le conseil, dont l'autorité était devenue tout à fait illusoire, était divisé ; les prêtres s'y montraient mécontens des chefs militaires; rien enfin n'eût été plus facile que de détruire une pareille armée, si le plus grand désordre de commandement n'avait régné chez les républicains.

Les Vendéens étaient donc incapables de concevoir et d'exécuter un plan quelconque. Ils avaient quitté la Loire depuis vingt-six jours ; et, dans un aussi long espace de temps, ils n'avaient rien fait du tout. Après beaucoup d'incertitudes, ils prirent enfin un parti. D'une part, on leur disait que Rennes et Saint-Malo étaient gardés par des troupes considérables; de l'autre, que Cherbourg était fortement défendu du côté de terre; ils se décidèrent alors à assiéger Granville, placée sur le bord de l'Océan, entre la pointe de Bretagne et celle de Normandie. Ce projet avait surtout l'avantage de les rapprocher de la Normandie, qu'on leur dépeignait comme très fertile et très bien approvisionnée. En conséquence ils marchèrent sur Fougères. On avait réuni sur leur route quinze ou seize mille hommes de levées en masse, qui se dispersèrent sans coup férir. Les Vendéens se portèrent à Dol le 10 novembre, et le 12 sur Avranches.

Le 14 novembre (24 brumaire), ils se dirigèrent vers Granville, en laissant à Avranches une moitié de leur monde et tous leurs bagages. La garnison ayant voulu faire une sortie, ils la repoussèrent, et se jetèrent à sa suite dans le faubourg qui précède le corps de la place. La garnison eut le temps de rentrer et de refermer ses portes; mais le faubourg resta en leur possession, et ils avaient ainsi de grandes facilités pour l'attaque. Ils avancèrent du faubourg jusqu'à des palissades qu'on venait de construire, et sans chercher à les enlever, ils se bornèrent à tirailler contre les remparts, tandis qu'on leur répondait avec e la mitraille et des boulets. En même temps, ils placèrent quelques pièces sur les hauteurs environnantes, et tirèrent inutilement sur la crête des murs et sur les maisons de la ville. A la nuit, ils s'éparpillèrent, et abandonnèrent le faubourg, où le feu de la place ne leur laissait aucun repos. Ils allèrent chercher hors de la portée du canon des logemens, des vivres, et surtout du feu, car il commençait à faire un froid très vif. Les chefs purent à peine retenir quelques cents hommes dans le faubourg pour y continuer un feu de tirailleurs.

Le lendemain, leur impuissance de prendre une place fermée leur fut encore mieux démontrée; ils essayèrent encore de leurs batteries, mais sans aucun succès. Ils tiraillèrent de nouveau le long des palissades; et furent bientôt entièrement découragés. Tout à coup l'un d'entre eux imagina de profiter de la marée basse, pour traverser une plage, et prendre la ville du côté du port. Ils se disposaient à cette nouvelle tentative, lorsque le feu fut mis au faubourg par les représentans enfermés dans Granville. Les Vendéens furent alors obligés de l'évacuer, et songèrent à la retraite. La tentative du côté du port fut entièrement abandonnée, et le lendemain ils revinrent tous à Avranches rejoindre le reste de leur monde et les bagages. Dès ce moment, le découragement fut porté au comble; ils se plaignirent plus amèrement que jamais des chefs qui les avaient arrachés de leur pays, et qui voulaient les abandonner, et ils demandèrent à grands cris à regagner la Loire. En vain Larochejacquelein, à la tête des plus braves, voulut-il faire une nouvelle tentative pour les entraîner dans la Normandie; en vain marcha-t-il sur Ville-Dieu, dont il s'empara, il fut à peine suivi de mille hommes. Le reste de la colonne reprit le chemin de la Bretagne, en marchant sur Pontorson, par où elle était arrivée. Elle s'empara du pont au Beaux qui, jeté sur la Selune, était indispensable pour arriver à Pontorson.

Pendant que ces événemens se passaient à Granville, l'armée républicaine avait été réorganisée à Angers. A peine le temps nécessaire pour lui donner un peu de repos et d'ordre fut-il écoulé, qu'on la conduisit à Rennes, pour la réunir aux six ou sept mille hommes de l'armée de Brest, commandés par Rossignol. Là, on avait arrêté, dans un conseil de guerre, les mesures à prendre pour continuer la poursuite de la colonne vendéenne. Chalbos malade avait obtenu la permission de se retirer sur les derrières, pour y réparer sa santé; Rossignol avait reçu des représentans le commandement en chef de l'armée de l'Ouest et de celle de Brest, formant en tout vingt ou vingt-un mille hommes. Il fut résolu que ces deux armées se porteraient tout de suite à Antrain; que le général Tribout, qui était à Dol avec trois ou quatre mille hommes, se rendrait à Pontorson, et que le général Sepher, qui avait six mille soldats de l'armée de Cherbourg, suivrait par derrière la colonne vendéenne. Ainsi placée entre la mer, le poste de Pontorson, l'armée d'Antrain, et Sepher qui arrivait à Avranches, cette colonne devait être bientôt enveloppée et détruite.

Toutes ces dispositions s'exécutaient au moment même où les Vendéens quittaient Avranches, et s'emparaient du pont au Beaux pour se rendre à Pontorson. C'était le 18 novembre (28 brumaire). Le général Tribout, déclamateur sans connaissance de la guerre, n'avait, pour garder Pontorson, qu'à occuper un passage étroit, à travers un marais qui couvrait la ville, et qu'on ne pouvait pas tourner. Avec une position aussi avantageuse, il pouvait empêcher les Vendéens de faire un seul pas. Mais aussitôt qu'il aperçoit l'ennemi, il abandonne le défilé, et se porte en avant. Les Vendéens, encouragés par la prise du pont au Beaux, le chargent vigoureusement, l'obligent à céder, et, profitant du désordre de sa retraite, se jettent à sa suite dans le passage qui traverse le marais, et se rendent ainsi maîtres de Pontorson, qu'ils n'auraient jamais dû aborder.

Grâce à cette faute impardonnable, une route inattendue s'ouvrit aux Vendéens. Ils pouvaient marcher sur Dol; mais de Dol il leur fallait aller à Antrain, et passer sur le corps de la grande armée républicaine. Cependant ils évacuent Pontorson, et s'avancent sur Dol, Westermann se jette à leur poursuite. Toujours aussi bouillant, il entraîne Marigny avec ses grenadiers, et ose suivre les Vendéens jusqu'à Dol, avec une simple avant-garde. Il les joint en effet, et les pousse confusément dans la ville; mais bientôt ils se rassurent, sortent de Dol, et, par ces feux meurtriers qu'ils dirigeaient si bien, ils obligent l'avant-garde républicaine à se retirer à une grande distance.

Kléber, qui dirigeait toujours l'armée par ses conseils, quoiqu'un autre en fût le chef, propose, pour achever la destruction de la colonne vendéenne, de la bloquer, et de la faire périr de faim, de maladie et de misère. Les débandades étaient si fréquentes dans les troupes républicaines, qu'une attaque de vive force présentait des chances dangereuses. Au contraire, en fortifiant Antrain, Pontorson, Dinan, on enfermait les Vendéens entre la mer et trois points retranchés; et en les faisant harceler tous les jours par Westermann et Marigny, on ne pouvait manquer de les détruire.

Les représentans approuvent ce plan, et les ordres sont donnés en conséquence. Mais tout à coup arrive un officier de Westermann : il dit que si on veut seconder son général et attaquer Dol du côté d'Antrain, tandis qu'il l'attaquera du côté de Pontorson, c'en est fait de l'armée catholique, et qu'elle sera entièrement perdue. Les représentans s'enflamment à cette proposition. Prieur de la Marne, aussi bouillant que Westermann, fait changer le plan d'abord convenu, et il est décidé que Marceau, à la tête d'une colonne, marchera sur Dol, concurremment avec Westermann.

Le 21 au matin, Westermann s'avance sur Dol. Dans son impatience, il ne songe pas à s'assurer si la colonne de Marceau, qui doit arriver d'Antrain, est déjà rendue sur le champ de bataille, et il attaque en toute hâte. L'ennemi répond à son attaque par ses feux redoutables. Westermann déploie son infanterie, et gagne du terrain ; mais les cartouches commencent à manquer ; il est alors obligé de faire un mouvement rétrogade, et il vient s'établir en arrière sur un plateau. Les Vendéens en profitent, se jettent sur sa colonne, et la dispersent. Pendant ce temps, Marceau arrive enfin à la vue de Dol ; les Vendéens victorieux se réunissent contre lui ; il résiste avec une fermeté héroïque pendant toute la journée, et réussit à se maintenir sur le champ de bataille. Mais sa position est très hasardée; il demande Kléber, pour lui apporter des conseils et des secours. Kléber accourt, et conseille de prendre une position rétrograde, il est vrai, mais très forte, aux environs de Trans. On hésite encore à suivre l'avis de Kléber, lorsque la présence des tirailleurs vendéens fait reculer les troupes. Elles se débandent d'abord, mais on les rallie bientôt sur la position indiquée par Kléber. Kléber reproduit alors le premier plan qu'il avait proposé, et qui consistait à fortifier Antrain. On y adhère, mais on ne veut pas retourner à Antrain, on veut rester à Trans, et s'y fortifier pour être plus près de Dol. Tout à coup, avec la mobilité qui présidait à toutes les déterminations, on change encore d'avis, et on se résout de nouveau à l'offensive malgré l'expérience de la veille. On envoie un renfort à Westermann, en lui ordonnant d'attaquer de son côté, tandis que l'armée principale attaquera du côté de Trans.

Kléber objecte en vain que les troupes de Westermann, démoralisées par l'événement de la veille, ne tiendront pas, les représentans insistent, et l'attaque est résolue pour le lendemain. Le lendemain, en effet, le mouvement s'exécute. Westermann et Marigny sont prévenus et assaillis par l'ennemi. Leurs troupes, quoique soutenues par un renfort, se débandent. Il font des efforts inouis pour les arrêter; ils réunissent en vain quelques braves autour d'eux, et sont bientôt emportés. Les Vendéens, vainqueurs, abandonnent ce point, et se portent à leur droite, sur l'armée qui s'avançait de Trans.

Tandis qu'ils venaient d'obtenir cet avantage, et qu'ils se disposaient à en remporter un second, le bruit du canon avait répandu l'épouvante dans la ville de Dol, et parmi ceux d'entre eux qui n'en étaient pas encore sortis pour combattre. Les femmes, les vieillards, les enfans et les lâches, couraient de tous côtés, et fuyaient vers Dinan et vers la mer. Leurs prêtres, la croix à la main, faisaient de vains efforts pour les ramener. Stofflet, La Rochejaquelein, couraient de toutes parts pour les reconduire au combat. Enfin on était parvenu à les rallier, et à les porter sur la route de Trans, à la suite des braves qui les avaient devancés.

Une confusion non moins grande régnait dans le camp principal des républicains. Rossignol, les représentans, commandant tous à la fois, ne pouvaient ni s'entendre ni agir. Kléber et Marceau, dévorés de chagrins, s'étaient avancés pour reconnaître le terrain, et soutenir l'effort des Vendéens. Arrivé devant l'ennemi, Kléber veut déployer l'avant-garde de l'armée de Brest, mais elle se débande au premier coup de feu. Alors il fait avancer la brigade Canuel, composée en grande partie de bataillons mayençais : ceux-ci, fidèles à leur vieille bravoure, résistent pendant toute la journée, et demeurent seuls sur le champ de bataille, abandonnés du reste des troupes. Mais la bande vendéenne, qui avait battu Westermann, les prend en flanc, et les force à la retraite. Les Vendéens en profitent, et les poursuivent jusqu'à Antrain même. Enfin il devient urgent de quitter Antrain, et toute l'armée républicaine se retire à Rennes.

C'est alors qu'on put sentir la sagesse des avis de Kléber. Rossignol, dans l'un de ces généreux mouvemens dont il était capable, malgré son ressentiment contre les généraux mayençais, parut au conseil de guerre avec un papier contenant sa démission. « Je ne suis pas fait, dit-il, « pour commander une armée. Qu'on me donne « un bataillon, je ferai mon devoir; mais je ne « puis suffire au commandement en chef. Voici « donc ma démission, et, si on la refuse, on est « ennemi de la république. »—« Pas de démission, « s'écrie Prieur de la Marne, tu es le fils aîné du « comité de salut public. Nous te donnerons des gé- « néraux qui te conseilleront, et qui répondront « pour toi des événemens de la guerre. » Cependant Kléber, désolé de voir l'armée aussi mal conduite, proposa un plan qui pouvait seul rétablir l'état des affaires, mais qui était bien peu approprié aux dispositions des représentans. « Il faut, leur dit-il, en laissant le généralat à Rossignol, nommer un commandant en chef des troupes, un commandant de la cavalerie, et un de l'artillerie. » On adopte sa proposition; alors il a le courage de proposer Marceau pour commandant en chef des troupes, Westermann pour commandant de la cavalerie, et Debilly pour commandant de l'artillerie, tous trois suspects comme membres de la faction mayençaise. On dispute un moment sur les individus, puis enfin on se rend, et on cède à l'ascendant de cet habile et généreux militaire, qui aimait la république non par exaltation de tête, mais par tempérament, qui servait [avec une loyauté, un désintéressement admirables, et avait la passion et le génie de son métier à un degré rare. Kléber avait fait nommer Marceau parce qu'il disposait de ce jeune et vaillant homme, et qu'il comptait sur son entier dévouement. Il était assuré, si Rossignol restait dans la nullité, de tout diriger lui-même, et de terminer heureusement la guerre.

On réunit la division de Cherbourg, qui était venue de Normandie, aux armées de Brest et de l'Ouest, et on quitta Rennes pour s'acheminer vers Angers, où les Vendéens cherchaient à passer la Loire. Ceux-ci, après s'être assuré un moyen de retour, par leur double victoire sur la route de Pontorson et sur celle d'Antrain, songèrent à rentrer dans leur pays. Ils passèrent sans coup férir par Fougères et Laval, et projetèrent de s'emparer d'Angers, pour traverser la Loire au Pont de Cé. La dernière expérience qu'ils avaient faite à Granville, ne les avait pas encore assez convaincus de leur impuissance à prendre des places fermées. Le 3 décembre, ils se jetèrent dans les faubourgs d'Angers, et commencèrent à tirailler sur le front de la place. Ils continuèrent le lendemain; mais, quelle que fût leur ardeur à s'ouvrir un passage vers leur pays, dont ils n'étaient plus séparés que par la Loire, ils désespèrent bientôt de réussir. L'avant-garde de Westermann, arrivant dans cette journée du 4, acheva de les décourager et de leur faire abandonner leur entreprise. Ils se mirent alors en marche, remontant la Loire, et ne sachant plus où ils pourraient la passer. Les uns imaginèrent de remonter jusqu'à Saumur, les autres jusqu'à Blois; mais, dans le moment où ils délibéraient, Kléber, survenant avec sa division le long de la chaussée de Saumur, les obligea à se rejeter de nouveau en Bretagne. Voilà donc ces malheureux manquant de vivres, de souliers, de voitures pour traîner leurs familles, travaillés par une maladie épidémique, errant de nouveau en Bretagne, sans trouver ni un asile ni une issue pour se sauver. Ils jonchaient les routes de leurs débris; et au bivouac devant Angers, on trouva des femmes et des enfans morts de faim et de froid.

Déjà ils commençaient à croire que la convention n'en voulait qu'à leurs chefs, et beaucoup jetaient leurs armes pour s'enfuir clandestinement à travers les campagnes. Enfin, ce qu'on leur dit du Mans, de l'abondance qu'ils y trouveraient, des dispositions des habitans, les engagea à s'y porter. Ils traversèrent La Flèche, dont ils s'emparèrent, et entrèrent au Mans après une légère escarmouche.

L'armée républicaine les suivait. De nouvelles querelles s'y étaient élevées entre les généraux. Kléber avait intimidé les brouillons par sa fermeté, et obligé les représentans à renvoyer Rossignol à Rennes, avec sa division de l'armée de Brest. Un arrêté du comité de salut public donna alors à Marceau le titre de général en chef, et destitua tous les généraux mayençais, en laissant néanmoins à Marceau la faculté de se servir provisoirement de Kléber. Marceau déclarait qu'il ne commanderait pas, si Kléber n'était pas à ses côtés pour tout ordonner. « En acceptant le titre, dit « Marceau à Kléber, je prends les dégoûts et la « responsabilité pour moi, et je te laisserai à toi « le commandement véritable, et les moyens de « sauver l'armée. — Sois tranquille, mon ami, dit « Kléber, nous nous battrons et nous nous ferons « guillotiner ensemble. »

On se mit donc aussitôt en marche, et dès ce

moment tout fut conduit avec unité et fermeté. L'avant-garde de Westermann arriva le 12 décembre au Mans, et chargea aussitôt les Vendéens. La confusion se mit parmi eux; mais quelques mille braves, conduits par La Rochejaquelein, vinrent se former en avant de la ville, et forcèrent Westermann à se replier sur Marceau, qui arrivait avec une division. Kléber était encore en arrière avec le reste de l'armée. Westermann voulait attaquer sur-le-champ, quoiqu'il fût nuit. Marceau, entraîné par son tempérament bouillant, mais craignant le blâme de Kléber, dont la force froide et calme ne se laissait jamais emporter, hésite; cependant, emporté par Westermann, il se décide, et attaque le Mans. Le tocsin sonne, la désolation se répand dans la ville. Westermann, Marceau, se précipitent au milieu de la nuit, culbutent tout devant eux, et, malgré un feu terrible des maisons, parviennent à refouler le plus grand nombre des Vendéens sur la grande place de la ville. Marceau fait couper à sa droite et à sa gauche les rues aboutissant à cette place, et tient ainsi les Vendéens bloqués. Cependant sa position était hasardée, car, engagé dans une ville au milieu de la nuit, il aurait pu être tourné et enveloppé. Il envoie donc un avis à Kléber, pour le presser d'arriver au plus vite avec sa division. Celui-ci arrive à la pointe du jour. Le plus grand nombre des Vendéens avait fui ; il ne restait que les plus braves pour protéger la retraite : on les charge à la baïonnette, on les enfonce, on les disperse, et un carnage horrible commence dans toute la ville.

Jamais déroute n'avait été aussi meurtrière. Une foule considérable de femmes, laissées en arrière, furent faites prisonnières. Marceau sauva une jeune personne qui avait perdu ses parens, et qui, dans son désespoir, demandait qu'on lui donnât la mort. Elle était modeste et belle ; Marceau, plein d'égards et de délicatesse, la recueillit dans sa voiture, la respecta, et la fit déposer dans un lieu sûr. Les campagnes étaient couvertes au loin des débris de ce grand désastre. Westermann, infatigable, harcelait les fugitifs, et jonchait les routes de cadavres. Les infortunés, ne sachant où fuir, rentrèrent dans Laval pour la troisième fois, et en ressortirent aussitôt pour se reporter de nouveau vers la Loire. Ils voulurent la repasser à Ancenis. La Rochejaquelein et Stofflet se jetèrent sur l'autre bord, pour aller, dit-on, prendre des barques et les amener sur la rive droite. Ils ne revinrent plus. On assure que le retour leur avait été impossible. Le passage ne put s'effectuer. La colonne vendéenne, privée de la présence et de l'appui de ses deux chefs, continua de descendre la Loire, toujours poursuivie, et toujours cherchant vainement un passage. Enfin, désespérée, ne sachant où se porter, elle résolut de fuir vers la pointe de Bretagne, dans le Morbihan. Elle se rendit à Blain, où elle remporta encore un avantage d'arrière-garde; et de Blain à Savenay, d'où elle espérait se jeter dans le Morbihan.

Les républicains l'avaient suivie sans relâche, et ils arrivèrent à Savenay le soir même du jour où elle y entra. Savenay avait la Loire à gauche, des marais à droite, et un bois en avant. Kléber sentit l'importance d'occuper le bois le jour même, et de se rendre maître de toutes les hauteurs, afin d'écraser le lendemain les Vendéens dans Savenay, avant qu'ils eussent le temps d'en sortir. En effet, il lança l'avant-garde sur eux; et lui-même, saisissant le moment où les Vendéens débouchaient du bois pour repousser cette avant-garde, s'y jeta hardiment avec un corps d'infanterie, et les en débusqua tout à fait. Alors ils s'enfuirent dans Savenay, et s'y enfermèrent, sans cesser néanmoins de faire un feu soutenu pendant toute la nuit. Westermann et les représentans proposaient d'attaquer sur-le-champ, pour tout détruire dès la nuit même. Kléber, qui ne voulait pas qu'une faute lui fît perdre une victoire assurée, déclara positivement qu'on n'attaquerait pas; et puis, s'enfonçant dans un sang-froid imperturbable, il laissa dire, sans répondre à aucune provocation. Il empêcha ainsi toute espèce de mouvement.

Le lendemain, 23 décembre, avant le jour, il était à cheval avec Marceau, et parcourait sa ligne, lorsque les Vendéens désespérés et ne voulant pas survivre à cette journée, se précipitent les premiers sur les républicains. Marceau marche avec le centre, Canuel avec la droite, Kléber avec la gauche. Tous se précipitent et reploient les Vendéens sur eux-mêmes. Marceau et Kléber se réunissent dans la ville, prennent tout ce qu'ils rencontrent de cavalerie, et s'élancent à la suite des Vendéens. La Loire et les marais interdisaient toute retraite à ces infortunés ; un grand nombre fut immolé à coups de baïonnette, d'autres furent faits prisonniers, et à peine quelques-uns trouvèrent-ils le moyen de se sauver. Ce jour, la colonne fut entièrement détruite, et la grande guerre de la Vendée véritablement finie.

Ainsi, cette malheureuse population, rejetée hors de son pays par l'imprudence de ses chefs, et réduite à chercher un port pour se réfugier vers les Anglais, avait mis vainement le pied dans les eaux de l'Océan. N'ayant pu prendre Granville, elle avait été ramenée sur la Loire, n'avait pu la repasser, avait été refoulée une seconde fois en Bretagne, et de Bretagne sur la Loire encore. Enfin, ne pouvant franchir cette barrière fatale, elle venait d'expirer tout entière, entre

Savenay, la Loire et des marais. Westermann fut chargé, avec sa cavelerie, de poursuivre les restes fugitifs de la Vendée. Kléber et Marceau retournèrent à Nantes. Reçus, le 24, par le peuple de cette ville, ils obtinrent une espèce de triomphe, et furent gratifiés par le club jacobin d'une couronne civique.

Si l'on considère dans son ensemble cette campagne mémorable de 93, on ne pourra s'empêcher de la regarder comme le plus grand effort qu'ait jamais fait une société menacée. Dans l'année 1792, la coalition, qui n'était pas complète encore, avait agi sans ensemble et sans vigueur. Les Prussiens avaient tenté en Champagne une invasion ridicule; les Autrichiens s'étaient bornés dans les Pays-Bas à bombarder la place de Lille. Les Français, dans leur première exaltation, repoussèrent les Prussiens au-delà du Rhin, les Autrichiens au-delà de la Meuse, conquirent les Pays-Bas, Mayence, la Savoie et le comté de Nice. La grande année 93 s'ouvrit d'une manière bien différente. La coalition était augmentée des trois puissances qui jusque-là étaient restées neutres. L'Espagne poussée à bout par le 21 janvier, avait enfin porté cinquante mille hommes sur les Pyrénées; la France avait obligé Pitt à se déclarer; et l'Angleterre et la Hollande étaient entrées à la fois dans la coalition, qui se trouvait ainsi doublée; et qui, mieux averti des moyens de l'ennemi qu'elle avait à combattre, augmentait ses forces, et se préparait à un effort décisif. Ainsi, comme sous Louis XIV, la France avait à soutenir l'attaque de l'Europe entière; et cette fois elle ne s'était pas attiré ce concours d'ennemis par son ambition, mais par la juste colère que lui inspira l'intervention des puissances dans ses affaires intérieures.

Dès le mois de mars, Dumouriez débuta par une témérité, et voulut envahir la Hollande en se jetant dans des bateaux. Pendant ce temps Cobourg surprit les lieutenans de Dumouriez, les rejeta au-delà de la Meuse, et le força lui-même à venir se mettre à la tête de son armée. Dumouriez fut obligé de livrer la bataille de Nerwinde. Cette terrible bataille était gagnée, lorsque l'aile gauche fléchit, et repassa la Gette; il fallut battre en retraite, et nous perdîmes la Belgique en quelques jours. Alors les revers aigrissant les cœurs, Dumouriez rompit avec son gouvernement, et passa aux Autrichiens. Dans le même instant, Custine, battu à Francfort, ramené sur le Rhin, et séparé de Mayence, laissait les Prussiens bloquer cette place fameuse, et en commencer le siége; les Piémontais nous repoussaient à Saorgio, les Espagnols entamaient les Pyrénées; et enfin les provinces de l'Ouest, déjà privées de leurs prêtres et poussées à bout par la levée des trois cent mille hommes, venaient de s'insurger au nom du trône et de l'autel. C'est dans ce moment que la Montagne, exaspérée de la désertion de Dumouriez, des défaites essuyées dans les Pays-Bas, sur le Rhin, aux Alpes, et surtout de l'insurrection de l'Ouest, ne garda plus aucune mesure, arracha violemment les girondins du sein de la convention, et repoussa ainsi tous ceux qui pouvaient lui parler encore de modération. Ce nouvel excès lui valut de nouveaux ennemis. Soixante-sept départemens sur quatre-vingt-trois se soulevèrent contre ce gouvernement, qui eut alors à lutter contre l'Europe, la Vendée royaliste, et les trois quarts de la France fédéralisée. C'est à cette époque que nous perdîmes le camp de Famars et le brave Dampierre, que le blocus de Valenciennes fut achevé, que Mayence fut pressé vivement, que les Espagnols passèrent le Tech et menacèrent Perpignan, que les Vendéens prirent Saumur et assiégèrent Nantes, que les fédéralistes se disposèrent à fondre de Lyon, de Marseille, de Bordeaux et de Caen, sur Paris.

De tous les points on pouvait tenter une marche hardie sur la capitale, terminer la révolution en quelques journées, et suspendre la civilisation européenne pour long-temps. Heureusement on assiégea des places. On se souvient avec quelle fermeté la convention fit rentrer les départemens dans la soumission, en leur montrant seulement son autorité, et en dispersant les imprudens qui s'étaient avancés jusqu'à Vernon; avec quel bonheur les Vendéens furent repoussés de Nantes, et arrêtés dans leur marche victorieuse. Mais tandis que la convention triomphait des fédéralistes, ses autres ennemis avaient fait des progrès alarmans. Valenciennes et Mayence furent prises après des siéges mémorables; la guerre du fédéralisme amena deux événemens désastreux, le siége de Lyon, et la trahison de Toulon; enfin, la Vendée elle-même, quoique renfermée dans le cadre de la Loire, de la mer et du Poitou, par l'heureuse résistance de Nantes, venait de repousser les colonnes de Westermann et de Labarolière, qui avaient voulu pénétrer dans son sein. Jamais la situation n'avait été plus grave. Les coalisés n'étaient plus arrêtés au Nord et au Rhin par des siéges; Lyon et Toulon offraient aux Piémontais de solides appuis; la Vendée paraissait indomptable, et offrait un pied-à-terre aux Anglais. C'est alors que la convention appela à Paris les envoyés des assemblées primaires, leur donna la constitution de l'an III à jurer et à défendre, et décida avec eux que la France entière, hommes et choses, était à la disposition du gouvernement. Alors fut décrétée la levée en masse, génération par génération, et la faculté de requérir tout ce qui serait nécessaire à la guerre; alors fut institué le Grand-Livre, et l'emprunt forcé sur les riches, pour retirer de la circulation une partie des assignats et opérer le placement forcé des biens nationaux; alors deux grandes armées furent dirigées sur la Vendée, la garnison de Mayence y fut transportée en poste; il fut résolu que ce malheureux pays serait brûlé, et que la population en serait transportée ailleurs. Enfin, Carnot entra au comité de salut public, et commença à introduire l'ordre et l'ensemble dans les opérations militaires.

Nous avions perdu le camp de César, et Kilmaine avait, par une retraite heureuse, sauvé les restes de l'armée du Nord. Les Anglais s'étaient portés à Dunkerque, et en faisaient le siége, tandis que les Autrichiens attaquaient Le Quesnoy. Une masse fut rapidement dirigée de Lille sur les derrières du duc d'York. Si Houchard, qui commandait en cette occasion soixante mille Français, avait compris le plan de Carnot, et s'était porté sur Furnes, pas un Anglais n'était sauvé. Au lieu de se placer entre le corps d'observation et le corps de siége, il prit une marche directe et décida du moins la levée du siége, en donnant l'heureuse bataille d'Hondschoote. Cette bataille fut notre première victoire, sauva Dunkerque, priva les

Anglais de tous les fruits de cette guerre, et nous rendit la joie et l'espérance.

Bientôt de nouveaux revers changèrent cette joie en nouvelles alarmes. Le Quesnoy fut pris par les Autrichiens; l'armée de Houchard fut saisie à Menin d'une terreur panique, et se dispersa; les Prussiens et les Autrichiens, que rien n'arrêtait plus depuis la prise de Mayence, s'avancèrent sur les deux versans des Vosges, menacèrent les lignes de Wissembourg, et nous battirent en diverses rencontres. Les Lyonnais résistaient avec vigueur, les Piémontais avaient recouvré la Savoie, et étaient descendus vers Lyon pour mettre notre armée entre deux feux; Ricardos avait franchi la Tet, et dépassé Perpignan; enfin la division des troupes de l'Ouest en deux armées, celle de La Rochelle et celle de Brest, avait empêché le succès du plan de campagne arrêté à Saumur le 2 septembre. Canclaux, mal secondé par Rossignol, s'était trouvé seul en flèche dans le sein de la Vendée, et s'était replié sur Nantes. Alors nouveaux efforts: la dictature fut complétée et proclamée par l'institution du gouvernement révolutionnaire; la puissance du comité de salut public fut proportionnée au danger; les levées furent exécutées, et les armées grossies d'une multitude de réquisitionnaires; les nouveaux venus remplirent les garnisons, et permirent de porter les troupes organisées en ligne; enfin la convention ordonna aux armées de vaincre dans un délai donné.

Les moyens qu'elle avait pris produisirent leurs inévitables effets. Les armées du Nord, renforcées, se concentrèrent à Lille et à Guise. Les coalisés s'étaient portés à Maubeuge, qu'ils voulaient prendre avant la fin de la campagne. Jourdan, parti de Guise, livra aux Autrichiens la bataille de Watignies, et fit lever le siége de Maubeuge, comme Houchard avait fait lever celui de Dunkerque. Les Piémontais furent rejetés au delà du Saint-Bernard par Kellermann; Lyon, inondé de levées en masse, fut emporté d'assaut; Ricardos fut repoussé au-delà de la Tet; enfin les deux armées de La Rochelle et de Brest, réunies sous un seul chef, Léchelle, qui laissait agir Kléber, écrasèrent les Vendéens à Cholet, et les obligèrent à passer la Loire en désordre.

Un seul revers troubla la joie que devaient causer de tels événemens : les lignes de Wissembourg furent perdues. Mais le comité de salut public ne voulut pas terminer la campagne avant qu'elles fussent reprises; le jeune Hoche, général de l'armée de la Moselle, malheureux mais brave à Kayserslautern, fut encouragé quoique battu. N'ayant pu entamer Brunswick, il se jeta sur le flanc de Wurmser. Dès ce moment, les deux armées du

Rhin et de la Moselle réunies repoussèrent les Autrichiens au-delà de Wissembourg, obligèrent Brunswick à suivre ce mouvement rétrograde, débloquèrent Landau, et campèrent dans le Palatinat. Toulon fut repris par une idée heureuse et par un prodige de hardiesse; enfin, les Vendéens, qu'on croyait détruits, mais qui, dans leur désespoir, s'étaient portés au nombre de quatre-vingt mille individus au-delà de la Loire, et cherchaient un port pour se jeter dans les bras des Anglais, les Vendéens furent repoussés des bords de l'Océan, repoussés également des bords de la Loire, et écrasés entre ces deux barrières qu'ils ne purent jamais franchir. Aux Pyrénées seulement nos armes avaient été malheureuses, mais nous n'avions perdu que la ligne du Tech, et nous campions encore en avant de Perpignan.

Ainsi, cette grande et terrible année nous montre l'Europe pressant la révolution de tout son poids, lui faisant expier ses premiers succès de 92, ramenant ses armées en arrière, pénétrant par toutes les frontières à la fois; et une partie de la France s'insurgeant, et ajoutant ses efforts à ceux des puissances ennemies. Alors la révolution s'irrite : elle fait éclater sa colère au 31 mai, se crée, par cette journée, de nouveaux ennemis, et semble prête à succomber contre l'Europe et les trois quarts de ses provinces révoltées. Mais bientôt elle fait rentrer ses ennemis intérieurs dans le devoir, soulève un million d'hommes à la fois, bat les Anglais à Hondschoote, est battue de nouveau, mais redouble aussitôt d'efforts, gagne une bataille à Watignies, recouvre les lignes de Wissembourg, rejette les Piémontais au-delà des Alpes, prend Lyon, Toulon, et écrase deux fois les Vendéens, une première fois dans la Vendée, et une seconde et dernière fois en Bretagne. Jamais spectacle ne fut plus grand et plus digne d'être proposé à l'admiration et à l'imitation des peuples. La France avait recouvré tout ce qu'elle avait perdu, excepté Condé, Valenciennes, et quelques forts dans le Roussillon; les puissances de l'Europe, au contraire, qui avaient toutes ensemble lutté contre une seule, n'avaient rien obtenu, s'accusaient les unes les autres, et se rejetaient la honte de la campagne. La France achevait d'organiser ses moyens, et devait paraître bien plus formidable l'année suivante.

CHAPITRE XVIII.

SUITE DE LA LUTTE DES HÉBERTISTES ET DES DANTONISTES. — CAMILLE DESMOULINS PUBLIE *le Vieux Cordelier*. — LE COMITÉ SE PLACE ENTRE LES DEUX PARTIS, ET S'ATTACHE D'ABORD A RÉPRIMER LES HÉBERTISTES. — DISETTE DANS PARIS. — RAPPORTS IMPORTANS DE ROBESPIERRE ET DE SAINT-JUST. — MOUVEMENT TENTÉ PAR LES HÉBERTISTES. — ARRESTATION ET MORT DE RONSIN, VINCENT, HÉBERT, CHAUMETTE, MOMORO, ETC. — LE COMITÉ DE SALUT PUBLIC FAIT SUBIR LE MÊME SORT AUX DANTONISTES. — ARRESTATION, PROCÈS ET SUPPLICE DE DANTON, CAMILLE DESMOULINS, PHILIPPEAU, LACROIX, HÉRAULT-SÉCHELLES, FABRE-D'ÉGLANTINE, CHABOT, ETC.

La convention avait commencé d'exercer quelques sévérités envers la faction turbulente des cordeliers et des agens ministériels. Ronsin et Vincent étaient en prison. Leurs partisans s'agitaient au dehors. Momoro, aux Cordeliers, Hébert, aux Jacobins, s'efforçaient d'exciter en faveur de leurs amis l'intérêt des chauds révolutionnaires. Les cordeliers firent une pétition, et, d'un ton assez peu respectueux, demandèrent si on voulait punir Vincent et Ronsin d'avoir courageusement poursuivi Dumouriez, Custine et Brissot; ils déclarèrent qu'ils regardaient ces deux citoyens comme d'excellens patriotes, et qu'ils les conserveraient toujours comme membres de leur société. Les jacobins présentèrent une pétition plus mesurée, et se bornèrent à demander qu'on accélérât le rapport sur Vincent et Ronsin, afin de les punir s'ils étaient coupables, ou de les rendre à la liberté s'ils étaient innocens.

Le comité de salut public gardait encore le silence. Collot-d'Herbois seul, quoique membre du comité et partisan obligé du gouvernement, montra le plus grand zèle pour Ronsin. Le motif en était naturel : la cause de Vincent lui était presque étrangère, mais celle de Ronsin, envoyé à Lyon avec lui, et de plus exécuteur de ses sanglantes ordonnances, le touchait de très près. Collot d'Herbois avait soutenu avec Ronsin qu'il n'y avait qu'un centième des Lyonnais qui fussent patriotes; qu'il fallait déporter ou immoler le reste, charger le Rhône de cadavres, effrayer tout le Midi de ce spectacle, et frapper de terreur la rebelle cité de Toulon. Ronsin était en prison pour avoir répété ces horribles expressions dans une affiche. Collot-d'Herbois, rappelé pour rendre compte de sa mission, avait le plus grand intérêt à justifier la conduite de Ronsin, afin de faire approuver la sienne. Dans ce moment, il arrivait une pétition signée de quelques citoyens lyonnais, qui faisaient la peinture la plus déchirante des maux de leur ville. Ils montraient les mitraillades succédant aux exécutions de la guillotine, une population entière menacée d'extermination, et une cité riche et manufacturière démolie, non plus avec le marteau, mais avec la mine. Cette pétition, que quatre citoyens avaient eu le courage de signer, produisit une impression douloureuse sur la convention. Collot-d'Herbois se hâta de faire son rapport, et dans son ivresse révolutionnaire, il présenta ces terribles exécutions comme elles s'offraient à sa propre imagination, c'est-à-dire comme indispensables et toutes naturelles. « Les Lyonnais, disait-il en substance, étaient vaincus, mais ils disaient hautement qu'ils prendraient bientôt leur revanche. Il fallait frapper de terreur ces rebelles encore insoumis, et avec eux, tous ceux qui voudraient les imiter; il fallait un exemple prompt et terrible. L'instrument ordinaire de mort n'agissait point assez vite; le marteau ne démolissait que lentement. La mitraille a détruit les hommes, la mine a détruit les édifices. Ceux qui sont morts avaient tous trempé leurs mains dans le sang des patriotes. Une commission populaire les choisissait d'un coup d'œil prompt et sûr dans la foule des prisonniers; et on n'a lieu de regretter aucun de ceux qui ont été frappés. » Collot-d'Herbois obligea la convention étonnée à approuver ce qui lui semblait à lui-même si naturel; il se rendit ensuite aux Jacobins pour se plaindre à eux de la peine qu'il avait eue à justifier sa conduite, et de la compassion qu'avaient inspirée les Lyonnais. « Ce matin, j'ai eu besoin, dit-il, de me servir de « circonlocutions pour faire approuver la mort des « traîtres. On pleurait, on demandait *s'ils étaient* « *morts du premier coup!..* Du premier coup, les « contre-révolutionnaires! et Chalier est-il mort « du premier coup [1]!... Vous vous informez, disais- « je à la convention, comment sont morts ces « hommes qui étaient couverts du sang de nos « frères! S'ils n'étaient pas morts, vous ne délibé- « reriez pas ici!... Eh bien! à peine entendait-on « ce langage! Ils ne pouvaient entendre parler des « morts; ils ne savaient pas se défendre des om- « bres! » Passant ensuite à Ronsin, Collot-d'Herbois dit que ce général avait partagé tous les dangers des patriotes dans le Midi, qu'il y avait bravé avec lui les poignards des aristocrates, et déployé la plus grande fermeté pour y faire respecter l'autorité de la république; que dans ce moment tous les aristocrates se réjouissaient de son arrestation, et y voyaient pour eux-mêmes un

---

[1]. Ce montagnard, condamné par les fédéralistes lyonnais, avait été mal exécuté par le bourreau, qui avait été obligé de revenir jusqu'à trois fois pour faire tomber sa tête.

sujet d'espoir. « Qu'a donc fait Ronsin pour être arrêté? ajoutait Collot. Je l'ai demandé à tout le monde ; personne n'a pu me le dire. » Le lendemain de cette séance, dans celle du 3 nivôse, Collot, revenant à la charge, vint annoncer la mort du patriote Gaillard, lequel, voyant que la convention semblait désapprouver l'énergie déployée à Lyon, s'était donné la mort. « Vous ai-je trompé, s'écria Collot, quand je vous ai dit que les patriotes allaient être réduits au désespoir, si l'esprit public venait à baisser ici? »

Ainsi, tandis que deux chefs des ultra-révolutionnaires étaient enfermés, leurs partisans s'agitaient pour eux. Les clubs, la convention étaient troublés de réclamations en leur faveur, et un membre même du comité de salut public, compromis dans leur système sanguinaire, les défendait pour se défendre lui-même. Leurs adversaires commençaient, de leur côté, à mettre la plus grande énergie dans leurs attaques. Philippeau, revenu de la Vendée, et plein d'indignation contre l'état-major de Saumur, voulait que le comité de salut public, partageant sa colère, poursuivît Rossignol, Ronsin et autres, et vît une trahison dans la non-réussite du plan de campagne du 2 septembre. On a déjà vu combien il y avait de torts réciproques, de malentendus, et d'incompatibilités de caractère, dans la conduite de cette guerre.

Rossignol et l'état-major de Saumur avaient eu de l'humeur, mais n'avaient point trahi; le comité, en les désapprouvant, ne pouvait leur faire essuyer une condamnation qui n'aurait été ni juste ni politique. Robespierre aurait voulu qu'on s'expliquât à l'amiable; mais Philippeau, impatient, écrivit un pamphlet virulent où il raconta toute la guerre, et où il mêla beaucoup d'erreurs à beaucoup de vérités. Cet écrit devait produire la plus vive sensation, car il attaquait les révolutionnaires les plus prononcés, et les accusait des plus affreuses trahisons. « Qu'a fait Ronsin? disait Phi-
« lippeau; beaucoup intrigué, beaucoup volé,
« beaucoup menti! Sa seule expédition c'est celle
« du 18 septembre, où il fit accabler quarante-
« cinq mille patriotes par trois mille brigands; c'est
« cette journée fatale de Coron, où, après avoir
« disposé notre artillerie dans une gorge, à la tête
« d'une colonne de six lieues de flanc, il se tint
« caché dans une étable comme un lâche coquin, à
« deux lieues du champ de bataille, où nos in-
« fortunés camarades étaient foudroyés par leurs
« propres canons. » Les expressions n'étaient pas ménagées, comme on le voit, dans l'écrit de Philippeau. Malheureusement, le comité de salut public, qu'il aurait dû mettre dans ses intérêts, n'était pas traité avec beaucoup d'égards. Philippeau, mécontent de ne pas voir son indignation

assez partagée, semblait imputer au comité une partie des torts qu'il reprochait à Ronsin, et employait même cette expression offensante : *Si vous n'avez été que trompés.*

L'écrit, comme nous venons de le dire, produisit une grande sensation. Camille Desmoulins ne connaissait point Philippeau ; mais, satisfait de voir que dans la Vendée les ultra-révolutionnaires avaient autant de torts qu'à Paris, et n'imaginant pas que la colère eût aveuglé Philippeau jusqu'à lui faire changer des fautes en trahison, il lut son pamphlet avec empressement, admira son courage, et, dans sa naïveté, il disait à tout le monde : « Avez-vous lu Philippeau?... Lisez Philippeau... » Tout le monde, suivant lui, devait lire cet écrit, qui prouvait les dangers qu'avait courus la république, par la faute des exagérés révolutionnaires.

Camille aimait beaucoup Danton, et en était aimé. Tous deux pensaient que la république étant sauvée par ses dernières victoires, il était temps de mettre fin à des cruautés désormais inutiles ; que ces cruautés prolongées plus long-temps ne seraient propres qu'à compromettre la révolution, et que l'étranger pouvait seul en désirer et en inspirer la continuation. Camille imagina d'écrire un nouveau journal qu'il intitula *le Vieux Cordelier*, car Danton et lui étaient les doyens de ce club

célèbre. Il dirigea sa feuille contre tous les révolutionnaires nouveaux, qui voulaient renverser et dépasser les révolutionnaires les plus anciens et les plus éprouvés. Jamais cet écrivain, le plus remarquable de la révolution, et l'un des plus naïfs et des plus spirituels de notre langue, n'avait déployé autant de grâce, d'originalité et même d'éloquence. Il commençait ainsi son premier numéro (15 frimaire) : « O Pitt ! je rends hommage à ton génie !
« Quels nouveaux débarqués de France en Angle-
« terre t'ont donné de si bons conseils et des
« moyens si sûrs de perdre ma patrie ? Tu as vu
« que tu échouerais éternellement contre elle, si
« tu ne t'attachais à perdre dans l'opinion publique
« ceux qui, depuis cinq ans, ont déjoué tous tes
« projets. Tu as compris que ce sont ceux qui t'ont
« toujours vaincu qu'il fallait vaincre; qu'il fallait
« faire accuser de corruption précisément ceux que
« tu n'avais pu corrompre, et d'attiédissement ceux
« que tu n'avais pu attiédir ! J'ai ouvert les yeux,
« ajoutait Desmoulins, j'ai vu le nombre de nos
« ennemis : leur multitude m'arrache de l'hôtel
« des Invalides, et me ramène au combat. Il faut
« écrire, il faut quitter le crayon lent de l'histoire
« de la révolution, que je traçais au coin du feu,
« pour reprendre la plume rapide et haletante du
« journaliste, et suivre, à bride abattue, le torrent
« révolutionnaire. Député consultant que personne

« ne consultait plus depuis le 3 juin, je sors de
« mon cabinet et de ma chaise à bras, où j'ai eu
« tout le loisir de suivre, par le menu, le nouveau
« système de nos ennemis. »

Camille élevait Robespierre jusqu'aux cieux, pour sa conduite aux Jacobins, pour les services généreux qu'il avait rendus aux vieux patriotes, et il s'exprimait de la manière suivante à l'égard du culte et des proscriptions :

« Il faut, disait-il, à l'esprit humain malade le
« lit plein de songes de la superstition : et à voir
« les fêtes, les processions qu'on institue, les autels
« et les saints sépulcres qui s'élèvent, il me semble
« qu'on ne fait que changer le lit du malade ; seu-
« lement on lui retire l'oreiller de l'espérance d'une
« autre vie...... Pour moi, je l'ai dit ainsi, le jour
« même où je vis Gôbel venir à la barre, avec sa
« double croix qu'on portait en triomphe devant
« le philosophe *Anaxagoras*[1]. Si ce n'était pas un
« crime de lèse-Montagne, de soupçonner un pré-
« sident des jacobins et un procureur de la com-
« mune, tels que Clootz et Chaumette, je serais
« tenté de croire qu'à cette nouvelle de Barrère,
« *la Vendée n'existe plus*, le roi de Prusse s'est
« écrié douloureusement : *Tous nos efforts échoue-*
« *ront donc contre la république, puisque le noyau*

---

1. Nom qu'avait pris Chaumette.

« *de la Vendée est détruit ! et que l'adroit Luche-*
« *sini, pour le consoler, lui aura dit : Héros invin-*
« *cible, j'imagine une ressource ; laissez-moi faire.*
« *Je paierai quelques prêtres pour se dire char-*
« *latans, j'enflammerai le patriotisme des autres*
« *pour faire une pareille déclaration. Il y a à*
« *Paris deux fameux patriotes qui seront très*
« *propres par leurs talens, leur exagération, et*
« *leur système religieux bien connu, à nous se-*
« *conder et à recevoir nos impressions. Il n'est*
« *question que de faire agir nos amis en France,*
« *auprès des deux grands philosophes Anachar-*
« *sis et Anaxagoras ; de mettre en mouvement leur*
« *bile, et d'éblouir leur civisme, par la riche con-*
« *quête des sacristies.* (*J'espère que Chaumette ne*
« *se plaindra pas de ce numéro ; le marquis de*
« *Luchesini ne peut pas parler de lui en termes*
« *plus honorables.*) *Anacharsis et Anaxagoras*
« *croiront pousser la roue de la raison, tandis*
« *que ce sera celle de la contre-révolution ; et bien-*
« *tôt, au lieu de laisser mourir en France de vieil-*
« *lesse et d'inanition le papisme prêt à y rendre le*
« *dernier soupir, je vous promets, par la persécu-*
« *tion et l'intolérance contre ceux qui voudraient*
« *messer et être messés, de faire passer force re-*
« *crues à Lescure et à La Rochejaquelein.* »

Camille, racontant ensuite ce qui se faisait sous les empereurs romains, et prétendant ne donner qu'une traduction de Tacite, fit une effrayante allusion à la loi des suspects « Anciennement, « dit-il, il y avait à Rome, selon Tacite, une loi « qui spécifiait les crimes d'état et de lèse-majesté, « et portait peine capitale. Ces crimes de lèse-ma- « jesté, sous la république, se réduisaient à quatre « sortes : si une armée avait été abandonnée en « pays ennemi; si l'on avait excité des séditions; « si les membres des corps constitués avaient mal « administré les affaires ou les deniers publics; si « la majesté du peuple romain avait été avilie. Les « empereurs n'eurent besoin que de quelques ar- « ticles additionnels à cette loi, pour envelopper « les citoyens et les cités entières dans la pro- « scription. Auguste fut le premier à étendre cette « loi de lèse-majesté, en y comprenant les écrits « qu'il appelait contre-révolutionnaires. Bientôt « les extensions n'eurent plus de bornes. Dès que « les propos furent devenus des crimes d'état, il « n'y eut plus qu'un pas à faire pour changer en « crimes les simples regards, la tristesse, la com- « passion, les soupirs, le silence même.

« Bientôt ce fut un crime de lèse-majesté ou de « contre-révolution à la ville de *Nursia* d'avoir « élevé un monument à ses habitans morts au « siége de Modène; crime de contre-révolution à « Libon Drusus d'avoir demandé aux diseurs de « bonne aventure s'il ne posséderait pas un jour

« de grandes richesses; crime de contre-révolution
« au journaliste Cremutius Cordus d'avoir appelé
« Brutus et Cassius les derniers des Romains;
« crime de contre-révolution à un des descendans
« de Cassius d'avoir chez lui un portrait de son
« bisaïeul; crime de contre-révolution à Marcus
« Scaurus d'avoir fait une tragédie où il y avait tel
« vers auquel on pouvait donner deux sens; crime
« de contre-révolution à Torquatus Silanus de
« faire de la dépense; crime de contre-révolution
« à Pétréius d'avoir eu un songe sur Claude;
« crime de contre-révolution à Pomponius de ce
« qu'un ami de Séjan était venu chercher un asile
« dans une de ses maisons de campagne; crime
« de contre-révolution de se plaindre des mal-
« heurs du temps, car c'était faire le procès du
« gouvernement; crime de contre-révolution de
« ne pas invoquer le génie divin de Caligula : pour
« y avoir manqué, grand nombre de citoyens
« furent déchirés de coups, condamnés aux mines
« ou aux bêtes, quelques-uns même sciés par le
« milieu du corps; crime enfin de contre-révolu-
« tion à la mère du consul Fusius Germinus d'a-
« voir pleuré la mort funeste de son fils.

« Il fallait montrer de la joie de la mort de son
« ami, de son parent, si l'on ne voulait s'exposer
« à périr soi-même.

« Tout donnait de l'ombrage au tyran. Un ci-

« toyen avait-il de la popularité? c'était un rival
« du prince, qui pouvait susciter une guerre ci-
« vile. *Studia civium in se verteret, et si multi*
« *idem audeant, bellum esse.* SUSPECT.

« Fuyait-on au contraire la popularité, et se te-
« nait-on au coin de son feu? cette vie retirée vous
« avait fait remarquer, vous avait donné de la con-
« sidération. *Quanto metu occultior, tanto plus*
« *famâ adeptus.* SUSPECT.

« Étiez-vous riche? il y avait un péril imminent
« que le peuple ne fût corrompu par vos largesses.
« *Auri vim atque opes Plauti, principi infensas.*
« SUSPECT.

« Étiez-vous pauvre? Comment donc! invin-
« cible empereur! il faut surveiller de plus près cet
« homme. Il n'y a personne d'entreprenant comme
« celui qui n'a rien. *Syllam inopem, undè præ-*
« *cipuam audaciam.* SUSPECT.

« Étiez-vous d'un caractère sombre, mélan-
« colique, ou mis en négligé? Ce qui vous af-
« fligeait, c'est que les affaires publiques al-
« laient bien. *Hominem publicis bonis mœstum.*
« SUSPECT. »

Camille Desmoulins poursuivait ainsi cette
grande énumération des suspects, et traçait un
horrible tableau de ce qui se passait à Paris, par
ce qui s'était fait à Rome. Si la lettre de Philippeau
avait excité une vive sensation, le journal de Ca-

mille Desmoulins en produisit une bien plus grande encore. Cinquante mille exemplaires de chacun de ses numéros furent vendus en quelques jours. Les provinces en demandaient en quantité ; les prisonniers se les transmettaient à la dérobée, et ils lisaient avec délices, et avec un peu d'espoir, ce révolutionnaire qui leur était autrefois si odieux. Camille, sans vouloir qu'on ouvrît les prisons, ni qu'on fît rétrograder la révolution, demandait l'institution d'un comité, dit de *clémence*, qui ferait la revue des prisonniers, élargirait les citoyens enfermés sans cause suffisante, et arrêterait le sang là où il avait trop coulé.

Les écrits de Philippeau et de Desmoulins irritèrent au plus haut degré les révolutionnaires zélés, et furent improuvés aux Jacobins. Hébert les y dénonça avec fureur ; il proposa même de radier les auteurs de la liste de la société. Il signala en outre, comme complices de Camille Desmoulins et de Philippeau, Bourdon de l'Oise et Fabre-d'Églantine. On a vu que Bourdon de l'Oise avait voulu, de concert avec Goupilleau, destituer Rossignol ; il s'était brouillé depuis avec l'état-major de Saumur, et n'avait cessé dans la convention de s'élever contre le parti Ronsin. C'est ce qui le faisait associer à Philippeau. Fabre était accusé d'avoir pris part à l'affaire du faux décret, et on était disposé à le croire, quoiqu'il eût été justifié par Chabot. Sentant sa position périlleuse, et ayant tout à craindre d'un système de sévérité trop grande, il avait deux ou trois fois parlé pour le système de l'indulgence, s'était entièrement brouillé avec les ultra-révolutionnaires, et avait été traité d'intrigant par le père Duchesne. Les jacobins, sans adopter les violentes propositions d'Hébert, décidèrent que Philippeau, Camille Desmoulins, Bourdon de l'Oise et Fabre-d'Églantine, viendraient à la barre de la société, donner des explications sur leurs écrits, et sur leurs discours dans la convention.

La séance où ils devaient comparaître avait excité une affluence extraordinaire. On se disputait les places avec fureur, on en vendit quelques-unes jusqu'à 25 francs. C'était, en effet, le procès des deux nouvelles classes de patriotes, qui allait se juger devant l'autorité toute puissante des jacobins. Philippeau, quoiqu'il ne fût pas membre de la société, ne refusa pas de comparaître à sa barre, et répéta les accusations qu'il avait déjà consignées, soit dans sa correspondance avec le comité de salut public, soit dans sa brochure. Il ne ménagea pas plus les individus qu'il ne l'avait fait précédemment, et donna à Hébert deux ou trois démentis formels et insultans. Ces personnalités si hardies de Philippeau commençaient à agiter la société, et la séance devenait orageuse, lorsque Danton, prenant la parole, observa que, pour juger une question aussi grave, il fallait la plus grande attention et le plus grand calme; qu'il n'avait aucune opinion faite sur Philippeau et sur la vérité de ses accusations; qu'il lui avait déjà dit à lui-même : « Il faut que tu « prouves tes accusations ou que tu portes ta tête « sur l'échafaud; » que peut-être il n'y avait ici de coupables que les événemens; mais que, dans tous les cas, il fallait que tout le monde fût entendu, et surtout écouté.

Robespierre, parlant après Danton, dit qu'il n'avait pas lu la brochure de Philippeau, qu'il savait seulement que, dans cette brochure, on rendait le comité responsable de la perte de trente mille hommes; que le comité n'avait pas le temps de répondre à des libelles et de faire une guerre de plume; que cependant il ne croyait pas Philippeau coupable d'intentions mauvaises, mais entraîné par des passions. « Je ne prétends pas, dit « Robespierre, imposer silence à la conscience de « mon collègue; mais qu'il s'examine, et juge s'il « n'y a en lui-même ni vanité, ni petites passions. « Je le crois entraîné par le patriotisme non moins « que par la colère; mais qu'il réfléchisse! qu'il « considère la lutte qui s'engage! il verra que les « modérés prendront sa défense, que les aristo- « crates se rangeront de son côté, que la conven-

« tion elle-même se partagera, qu'il s'y élèvera
« peut-être un parti de l'opposition, ce qui serait
« désastreux, et ce qui renouvellerait le combat
« dont on est sorti, et les conspirations qu'on a eu
« tant de peine à déjouer! » Il invite Philippeau à
examiner ses motifs secrets, et les jacobins à l'écouter silencieusement.

Rien n'était plus sage et plus convenable que les observations de Robespierre, au ton près, qui était toujours emphatique et doctoral, surtout depuis qu'il dominait aux jacobins. Philippeau reprend la parole, se rejette dans les mêmes personnalités, et provoque le même trouble. Danton impatienté s'écrie qu'il faut abréger de telles querelles, et nommer une commission qui examine les pièces du procès. Couthon dit qu'avant même de recourir à cette mesure, il faut s'assurer si la question en vaut la peine, si ce ne serait pas simplement une question d'homme à homme, et il propose de demander à Philippeau si, en son ame et conscience, il croit qu'il y ait eu trahison. Alors il s'adresse à Philippeau. — « Crois-tu, lui dit-il, en ton ame et conscience, qu'il y ait eu trahison ? — Oui, répond imprudemment Philippeau. — En ce cas, reprend Couthon, il n'y a point d'autre moyen; il faut nommer une commission qui écoute les accusés et les accusateurs, et en fasse son rapport à la société. » La proposition est adoptée, et la commission est chargée d'examiner, outre les accusations de Philippeau, la conduite de Bourdon de l'Oise, de Fabre-d'Eglantine et de Camille Desmoulins.

C'était le 3 nivôse (23 décembre). Dans l'intervalle de temps employé par la commission à faire son rapport, la guerre de plume et les récriminations continuèrent sans interruption. Les cordeliers exclurent Camille Desmoulins de leur société. Ils firent de nouvelles pétitions pour Ronsin et Vincent, et vinrent les communiquer aux jacobins, pour engager ceux-ci à les appuyer auprès de la convention. Cette foule d'aventuriers, de mauvais sujets, dont on avait rempli l'armée révolutionnaire, se montraient partout, dans les promenades, les tavernes, les cafés, les spectacles, en épaulettes de laine et en moustaches, faisaient grand bruit pour Ronsin, leur général, et Vincent, leur ministre. Ils étaient surnommés les *épauletiers*, et fort redoutés dans Paris. Depuis la loi qui interdisait aux sections de se réunir plus de deux fois par semaine, elles s'étaient changées en sociétés populaires fort turbulentes. Il y avait jusqu'à deux de ces sociétés par section, et c'était là que tous les partis intéressés à produire un mouvement dirigeaient leurs agens. Les *épauletiers* ne manquaient pas de s'y rendre, et, grâce à eux, le tumulte régnait dans presque toutes.

Robespierre, toujours ferme aux jacobins, fit repousser la pétition des cordeliers, et de plus, fit retirer l'affiliation à toutes les sociétés populaires formées depuis le 31 mai. C'étaient là des actes d'une prudente et louable énergie. Cependant le comité, tout en faisant les plus grands efforts pour comprimer la faction turbulente, devait s'attacher aussi à ne pas se donner les apparences de la mollesse et de la modération. Il fallait, pour qu'il pût conserver sa popularité et sa force, qu'il déployât la même rigueur contre la faction opposée. C'est pourquoi, le 5 nivôse (25 décembre), Robespierre fut chargé de faire un nouveau rapport sur les principes du gouvernement révolutionnaire, et de proposer des mesures de sévérité contre quelques prisonniers illustres. S'attachant toujours, par politique et aussi par erreur, à rejeter tous les désordres sur la prétendue faction étrangère, il lui imputa à la fois les torts des modérés et des exagérés. « Les cours étrangères ont vomi, dit-il, sur
« la France, les scélérats habiles qu'elles tiennent
« à leur solde. Ils délibèrent dans nos administra-
« tions, s'introduisent dans nos assemblées section-
« naires et dans nos clubs; ils ont siégé jusque
« dans la représentation nationale; ils dirigent et
« dirigeront éternellement la contre-révolution
« sur le même plan. Ils rôdent autour de nous;
« ils surprennent nos secrets, caressent nos pas-

« sions, et cherchent à nous inspirer jusqu'à nos
« opinions. » Robespierre, poursuivant ce tableau, les montre poussant tour à tour à l'exagération ou à la faiblesse, excitant à Paris la persécution des cultes, et dans la Vendée la résistance du fanatisme; immolant Lepelletier et Marat, et puis se mêlant dans les groupes pour leur décerner les honneurs divins, afin de les rendre ridicules et odieux; donnant ou retirant le pain au peuple, faisant paraître ou disparaître l'argent, profitant enfin de tous les accidens pour les tourner contre la révolution et la France. Après avoir fait ainsi la somme générale de tous nos maux, Robespierre, ne voulant pas voir qu'ils étaient inévitables, les imputait à l'étranger, qui, sans doute, pouvait s'en applaudir, mais qui, pour les produire, s'en reposait sur les vices de la nature humaine, et n'aurait pas eu le moyen d'y suppléer par des complots. Robespierre, regardant comme complices de la coalition tous les prisonniers illustres qu'on détenait encore, proposa de les envoyer de suite au tribunal révolutionnaire. Ainsi Dietrich, maire de Strasbourg, Custine fils, Biron, et tous les officiers amis de Dumouriez, de Custine et de Houchard, durent être incessamment jugés. Sans doute, il n'était pas besoin d'un décret de la convention pour que ces victimes fussent immolées par le tribunal révolutionnaire; mais ce soin de

hâter leur supplice était une preuve que le gouvernement ne faiblissait pas. Robespierre proposa en outre d'augmenter d'un tiers les récompenses territoriales promises aux défenseurs de la patrie.

Après ce rapport, Barrère fut chargé d'en faire un autre sur les arrestations qu'on disait chaque jour plus nombreuses, et de proposer les moyens de vérifier les motifs de ces arrestations. Le but de ce rapport était de répondre, sans qu'il y parût, au *Vieux Cordelier*, de Camille Desmoulins, et à sa proposition d'un comité de clémence. Barrère traita avec sévérité les *Traductions des orateurs anciens*, et proposa néanmoins de nommer une commission pour vérifier les arrestations ; ce qui ressemblait fort au comité de clémence imaginé par Camille. Cependant, sur les observations de quelques-uns de ses membres, la convention crut devoir s'en tenir à ses décrets précédens, qui obligeaient les comités révolutionnaires à adresser au comité de sûreté générale les motifs des arrestations, et permettaient aux détenus de réclamer auprès de ce dernier comité.

Le gouvernement poursuivait ainsi sa marche entre les deux partis qui se formaient, inclinant secrètement pour le parti modéré, mais craignant toujours de le laisser trop apercevoir. Pendant ce temps, Camille publia un numéro plus fort encore que les précédens, et qui était adressé aux jacobins.

Il l'intitula : *Ma Défense;* et c'était la plus hardie et la plus terrible récrimination contre ses adversaires.

A propos de sa radiation des Cordeliers, il disait : « Pardon, frères et amis, si j'ose prendre encore « le titre de vieux cordelier, après l'arrêté du club « qui me défend de me parer de ce nom. Mais, en « vérité, c'est une insolence si inouïe que celle de « petits-fils se révoltant contre leur grand-père, et « lui défendant de porter son nom, que je veux « plaider cette cause contre ces fils ingrats. Je « veux savoir à qui le nom doit rester ou au grand-« papa ou à des enfans qu'on lui a faits, dont il « n'a jamais ni reconnu ni même connu la dixième « partie, et qui prétendent le chasser du paternel « logis! »

Ensuite il explique ses opinions. « Le vaisseau « de la république vogue entre deux écueils, le « rocher de l'exagération et le banc de sable du « modérantisme. Voyant que le Père Duchêne et « presque toutes les sentinelles patriotes se tenaient « sur le tillac, avec leur lunette, occupés unique-« ment à crier : Gare! vous touchez au modéran-« tisme! il a bien fallu que moi, vieux cordelier et « doyen des jacobins, je me chargeasse de faire la « faction difficile, et dont aucun des jeunes gens « ne voulait, crainte de se dépopulariser, celle de « crier : Gare! vous allez toucher à l'exagération!

« Et voilà l'obligation que doivent m'avoir tous
« mes collègues de la convention, celle d'avoir
« exposé ma popularité même, pour sauver le na-
« vire où ma cargaison n'était pas plus forte que
« la leur. »

Il se justifie ensuite de ce propos qui lui avait
été si reproché : *Vincent Pitt gouverne George
Bouchotte*. « J'ai bien, dit-il, appelé Louis XVI mon
« gros benêt de roi, en 1787, sans être embastillé
« pour cela. Bouchotte serait-il un plus grand sei-
« gneur? »

Il passe ensuite ses adversaires en revue; il dit
à Collot-d'Herbois que si, lui Desmoulins, a son
Dillon, lui Collot a son Brunet, son Proli, qu'il
a défendus tous les deux. Il dit à Barrère : « On ne
« se reconnaît plus à la Montagne; si c'était un
« vieux cordelier comme moi, un patriote *recti-*
« *ligne*, Billaud-Varennes par exemple, qui m'eût
« gourmandé si durement, *sustinuissem utique ;*
« j'aurais dit : C'est le soufflet du bouillant saint
« Paul au bon saint Pierre qui a péché! Mais toi,
« mon cher Barrère, toi l'heureux tuteur de Pa-
« méla [1]! toi le président des feuillans, qui as pro-
« posé le comité des douze! toi, qui, le 2 juin,
« mettais en délibération dans le comité de salut
« public si on n'arrêterait pas Danton ! toi dont je

1. Allusion à la pièce de *Paméla*, dont la représentation avait été défendue.

« pourrais relever bien d'autres fautes, si je vou-
« lais fouiller le *vieux sac*[1], que tu deviennes
« tout à coup un *passe-Robespierre*, et que je sois
« par toi apostrophé si sec!

« Tout cela n'est qu'une querelle de ménage,
« ajoute Camille, avec mes amis les patriotes Col-
« lot et Barrère; mais je vais être à mon tour *bou-*
« *grement en colère*[2] contre le Père Duchêne, qui
« m'appelle un *misérable intrigailleur, un viédase*
« *à mener à la guillotine, un conspirateur qui*
« *veut qu'on ouvre les prisons pour en faire une*
« *nouvelle Vendée, un endormeur payé par Pitt,*
« *un bourriquet à longues oreilles.* ATTENDS-MOI,
« HÉBERT, JE SUIS A TOI DANS UN MOMENT. Ici, ce
« n'est pas avec des injures grossières et des mots
« que je vais t'attaquer, c'est avec des faits. »

Alors Camille, qui avait été accusé par Hébert,
d'avoir épousé une femme riche, et de dîner avec
des aristocrates, fait l'histoire de son mariage,
qui lui avait valu quatre mille livres de rente, et
il trace le tableau de sa vie simple, modeste et
paresseuse. Passant ensuite à Hébert, il rappelle
l'ancien métier de ce distributeur de *contre-mar-*
ques, ses vols qui l'avaient fait chasser du théâtre,

---

1. Barrère s'appelait de *Vieux-sac* quand il était noble.
2. Expression des colporteurs qui, en vendant les feuilles du *Père Duchêne*, criaient dans les rues : *Il est bougrement en colère le Père Duchêne!*

sa fortune subite et connue, et il le couvre de la plus juste infamie. Il raconte et prouve que Bouchotte avait donné à Hébert, sur les fonds de la guerre, d'abord cent vingt mille francs, puis dix, puis soixante, pour les exemplaires du *Père Duchêne* distribués aux armées; que ces exemplaires ne valaient que seize mille francs, et que par conséquent le surplus avait été volé à la nation.

« Deux cent mille francs, s'écrie Camille, à ce
« pauvre sans-culotte Hébert, pour soutenir les
« motions de Proli, de Clootz! deux cent mille
« francs pour calomnier Danton, Lindet, Cambon,
« Thuriot, Lacroix, Philippeau, Bourdon de l'Oise,
« Barras, Fréron, d'Églantine, Legendre, Camille
« Desmoulins, et presque tous les commissaires
« de la convention! Pour inonder la France de
« ses écrits, si propres à former l'esprit et le cœur,
« deux cent mille francs de Bouchotte!.. S'éton-
« nera-t-on après cela de cette exclamation filiale
« d'Hébert à la séance des Jacobins : *Oser attaquer*
« *Bouchotte! Bouchotte, qui a mis à la tête des*
« *armées des généraux sans-culottes! Bouchotte,*
« *un patriote si pur!* Je suis étonné que, dans le
« transport de sa reconnaissance, le Père Duchêne
« ne se soit pas écrié : Bouchotte qui m'a donné
« deux cent mille livres depuis le mois de juin !

« Tu me parles, ajoute Camille, de mes so-
« ciétés : mais ne sait-on pas que c'est avec l'intime

« de Dumouriez, le banquier Kock, avec la femme
« Rochechouart, agente des émigrés, que le grand
« patriote Hébert, après avoir calomnié dans sa
« feuille les hommes les plus purs de la république,
« va, dans sa grande joie, lui et sa Jacqueline,
« passer les beaux jours de l'été à la campagne,
« boire le vin de Pitt, et porter des toasts à la ruine
« des réputations des fondateurs de la liberté ? »

Camille reproche ensuite à Hébert le style de son journal : « Ne sais-tu pas Hébert, que lors-
« que les tyrans d'Europe veulent faire croire à
« leurs esclaves que la France est couverte des
« ténèbres de la barbarie, que Paris, cette ville
« si vantée par son atticisme et son goût, est
« peuplée de vandales ; ne sais-tu pas, malheu-
« reux, que ce sont des lambeaux de tes feuilles
« qu'ils insèrent dans leurs gazettes ? comme si le
« peuple était aussi ignorant que tu voudrais le
« faire croire à M. Pitt ; comme si on ne pouvait
« lui parler qu'un langage aussi grossier ; comme
« si c'était là le langage de la convention et du
« comité de salut public ; comme si tes saletés
« étaient celles de la nation ; comme si un égout
« de Paris était la Seine. »

Camille l'accuse ensuite d'avoir ajouté par ses numéros aux scandales du culte de la Raison, puis il s'écrie : « Ainsi, c'est le vil flagorneur aux gages
« de deux cent mille livres, qui me reprochera les

« quatre mille livres de rente de ma femme ! c'est
« cet ami intime des Kock, des Rochechouart, et
« d'une multitude d'escrocs, qui me reprochera
« mes sociétés ! c'est cet écrivain insensé ou perfide
« qui me reprochera mes écrits aristocratiques,
« lui dont je démontrerai que les feuilles sont les
« délices de Coblentz et le seul espoir de Pitt ! Cet
« homme, rayé de la liste des garçons de théâtre,
« pour vols, fera rayer de la liste des jacobins,
« pour leur opinion, des députés fondateurs im-
« mortels de la république ! cet écrivain des char-
« niers sera le régulateur de l'opinion, le mentor
« du peuple français !

« Qu'on désespère, ajoute Camille Desmoulins,
« de m'intimider par les terreurs et les bruits de
« mon arrestation, qu'on sème autour de moi.
« Nous savons que des scélérats méditent un
« 31 mai contre les hommes les plus énergiques
« de la Montagne !..... O mes collègues ! je vous di-
« rai comme Brutus à Cicéron : *Nous craignons*
« *trop la mort, et l'exil, et la pauvreté ! Nimium*
« *timemus mortem et exilium et paupertatem.....*
« Eh quoi ! lorsque, tous les jours, douze cent
« mille Français affrontent les redoutes hérissées
« des batteries les plus meurtrières, et volent de
« victoires en victoires, nous, députés à la con-
« vention, nous qui ne pouvons jamais tomber
« comme le soldat, dans l'obscurité de la nuit, fu-

« sillé dans les ténèbres, et sans témoin de sa va-
« leur; nous, dont la mort soufferte pour la liberté
« ne peut être que glorieuse, solennelle et reçue
« en présence de la nation entière, de l'Europe et
« de la postérité; serions-nous plus lâches que nos
« soldats? craindrions-nous de nous exposer à re-
« garder Bouchotte en face? n'oserons-nous pas
« braver la grande colère du Père Duchêne, pour
« remporter aussi la victoire que le peuple attend
« de nous, la victoire sur les ultra-révolution-
« naires, comme sur les contre-révolutionnaires; la
« victoire sur tous les intrigans, sur tous les fripons,
« sur tous les ambitieux, sur tous les ennemis du
« bien public?

« Croit-on que même sur l'échafaud, soutenu de
« ce sentiment intime que j'ai aimé avec passion
« ma patrie et la république, couronné de l'estime
« et des regrets de tous les vrais républicains, je
« voulusse changer mon supplice contre la fortune
« de ce misérable Hébert, qui, dans sa feuille,
« pousse au désespoir et à la révolte vingt classes
« de citoyens; qui, pour s'étourdir sur ses remords
« et ses calomnies, a besoin de se procurer une
« ivresse plus forte que celle du vin, et de lécher
« sans cesse le sang au pied de la guillotine? Qu'est-
« ce donc que l'échafaud pour un patriote, sinon
« le piédestal de Sidney et des Jean de With?
« Qu'est-ce, dans un moment de guerre où j'ai eu

« mes deux frères hachés pour la liberté, qu'est-ce
« que la guillotine, sinon un coup de sabre, et le
« plus glorieux de tous, pour un député victime
« de son courage et de son républicanisme? »

Ces pages donneront une idée des mœurs de
l'époque. L'âpreté, le cynisme, l'éloquence de
Rome et d'Athènes, avaient reparu parmi nous,
avec la liberté démocratique.

Ce nouveau numéro de Camille Desmoulins
causa encore plus d'agitation que les précédens.
Hébert ne cessa de le dénoncer aux jacobins, et
de demander le rapport de la commission. Le
16 nivôse, enfin, Collot-d'Herbois prit la parole
pour faire ce rapport. L'affluence était aussi considérable que le jour où la discussion avait été entamée, et les places se vendaient aussi cher. Collot
montra plus d'impartialité qu'on n'aurait dû l'attendre d'un ami de Ronsin. Il reprocha à Philippeau d'impliquer le comité de salut public dans
ses accusations, de montrer les dispositions les
plus favorables pour des hommes suspects, de
parler de Biron avec éloge, tandis qu'il couvrait
Rossignol d'outrages, et enfin d'exprimer exactement les mêmes préférences que les aristocrates.
Il lui fit aussi un reproche qui, dans les circonstances, avait quelque gravité: c'était d'avoir retiré dans son dernier écrit les accusations portées
contre le général Fabre-Fond, frère de Fabre-d'É-

glantine. Philippeau, en effet, qui ne connaissait ni Fabre ni Camille, avait dénoncé le frère du premier, qu'il croyait avoir trouvé en faute dans la Vendée. Une fois rapproché de Fabre par sa position, et accusé avec lui, il avait retranché, par un ménagement tout naturel, les allégations relatives à son frère. Cela seul prouvait qu'ils avaient été conduits, isolément et sans se connaître, à agir comme ils l'avaient fait, et qu'ils ne formaient point une faction véritable. Mais l'esprit de parti en jugea autrement, et Collot insinua qu'il existait une intrigue sourde, et un concert entre les prévenus de modération. Il fouilla dans le passé, et reprocha à Philippeau ses votes sur Louis XVI et sur Marat. Quant à Camille, il le traita bien plus favorablement; il le présenta comme un bon patriote, égaré par de mauvaises sociétés, et auquel il fallait pardonner, en l'engageant toutefois à ne plus commettre de pareilles débauches d'esprit. Il demanda donc l'expulsion de Philippeau et la censure pure et simple de Camille.

Dans ce moment, Camille, présent à la séance, fait passer une lettre au président, pour déclarer que sa défense est consignée dans son dernier numéro, et pour demander que la société veuille bien en écouter le contenu. A cette proposition, Hébert, qui redoutait la lecture de ce numéro, où les turpitudes de sa vie étaient révélées, prend la

parole, et s'écrie qu'on a voulu compliquer la discussion en le calomniant, et que, pour détourner l'attention, on lui a imputé d'avoir volé la trésorerie, ce qui est une fausseté atroce..... « J'ai les pièces en mains! s'écrie Camille. » Ces mots causent une grande rumeur. Robespierre le jeune dit alors qu'il faut écarter les discussions personnelles; que la société n'est pas réunie pour l'intérêt des réputations, et que, si Hébert a volé, que lui importe à elle; que ceux qui ont des reproches à se faire ne doivent pas interrompre la discussion générale... A ces expressions peu satisfaisantes, Hébert s'écrie : Je n'ai rien à me reprocher. « Les troubles des départemens, reprend Robespierre le jeune, sont ton ouvrage; c'est toi qui as contribué à les provoquer en attaquant la liberté des cultes. » Hébert se tait à cette interpellation. Robespierre aîné prend la parole, et, gardant plus de mesure que son frère, mais sans être plus favorable à Hébert, dit que Collot a présenté la question sous son véritable point de vue, qu'un incident fâcheux avait troublé la dignité de la discussion, que tout le monde avait eu tort, Hébert, ainsi que ceux qui lui avaient répondu. « Ce
« que je vais dire, ajoute-t-il, n'a trait à aucun
« individu. On a mauvaise grâce à se plaindre de
« la calomnie quand on a calomnié soi-même. On
« ne doit pas se plaindre des injustices quand on a

« jugé les autres avec légèreté, précipitation et
« fureur. Que chacun interroge sa conscience, et
« s'applique ces réflexions. J'avais voulu prévenir
« la discussion actuelle; je voulais que dans des
« entretiens particuliers, dans des conférences
« amicales, chacun s'expliquât et convînt de ses
« torts. Alors on aurait pu s'entendre et s'épargner
« du scandale. Mais point du tout, les pamphlets
« ont été répandus le lendemain, et on s'est em-
« pressé de produire un éclat. Maintenant, ce qui
« nous importe dans toutes ces querelles person-
« nelles, ce n'est pas de savoir si on a mis de tous
« côtés des passions et de l'injustice, mais si les
« accusations dirigées par Philippeau contre les
« hommes chargés de la plus importante de nos
« guerres sont fondées. Voilà ce qu'il faut éclaircir
« dans l'intérêt non des individus, mais de la ré-
« publique. »

Robespierre pensait, en effet, que les attaques de Camille contre Hébert étaient inutiles à discuter, car tout le monde savait combien elles étaient fondées, et que d'ailleurs elles ne renfermaient rien que la république eût intérêt à constater, et qu'au contraire il importait beaucoup d'éclaircir la conduite des généraux dans la Vendée. On poursuit, en effet, la discussion relative à Philippeau. La séance entière est consacrée à écouter une foule de témoins oculaires; mais, au milieu de ces affirmations contradictoires, Danton, Robespierre, déclarent qu'ils ne discernent rien, et qu'ils ne savent plus à quoi s'en tenir. La discussion, déjà trop longue, est renvoyée à la séance suivante.

Le 18, la séance est reprise; Philippeau était absent. On se sentait déjà fatigué de la discussion dont il était le sujet, et qui n'amenait aucun éclaircissement. On s'étend alors sur Camille Desmoulins. On le somme de s'expliquer sur les éloges qu'il a donnés à Philippeau, et sur ses relations avec lui. Camille ne le connaît pas, à ce qu'il assure; des faits affirmés par Goupilleau, par Bourdon, lui avaient d'abord persuadé que Philippeau disait vrai, et l'avaient rempli d'indignation; mais aujourd'hui qu'il s'aperçoit, d'après la discussion, que Philippeau a altéré la vérité (ce qui commençait en effet à percer de toutes parts), il rétracte ses éloges, et déclare n'avoir plus aucune opinion à cet égard.

Robespierre prenant encore une fois la parole sur Camille, répète ce qu'il avait déjà dit à son égard : que son caractère est excellent, mais que ce caractère connu ne lui donne pas le droit d'écrire contre les patriotes; que ses écrits, dévorés par les aristocrates, font leurs délices, et sont répandus dans tous les départemens; qu'il a traduit Tacite sans l'entendre; qu'il faut le traiter comme un enfant étourdi qui a touché à des armes dangereuses et en a fait un usage funeste, l'engager à quitter les aristocrates et les mauvaises sociétés qui le corrompent; et qu'en lui pardonnant à lui, il faut brûler ses numéros. Camille, alors, oubliant les ménagemens qu'il fallait garder envers l'orgueilleux Robespierre, s'écrie de sa place : « Brûler n'est « pas répondre. — Eh bien ! reprend Robespierre « irrité, qu'on ne brûle pas, mais qu'on réponde; « qu'on lise sur-le-champ les numéros de Camille. « Puisqu'il le veut, qu'il soit couvert d'ignominie; « que la société ne retienne pas son indignation, « puisqu'il s'obstine à soutenir ses diatribes et ses « principes dangereux. L'homme qui tient aussi « fortement à des écrits perfides est peut-être plus « qu'égaré; s'il eût été de bonne foi, s'il eût écrit « dans la simplicité de son cœur, il n'aurait pas « osé soutenir plus long-temps des ouvrages pro- « scrits par les patriotes et recherchés par les « contre-révolutionnaires. Son courage n'est qu'em- « prunté; il décèle les hommes cachés sous la « dictée desquels il a écrit son journal; il décèle « que Desmoulins est l'organe d'une faction scélé- « rate qui a emprunté sa plume pour distiller son « poison avec plus d'audace et de sûreté. » Camille veut en vain demander la parole et calmer Robespierre; on refuse de l'écouter, et on passe sur-le-champ à la lecture de ses feuilles. Quelque ménagement que les individus veuillent garder les uns pour les autres dans des querelles de parti, il est difficile que bientôt les amours-propres ne se trouvent pas engagés. Avec la susceptibilité de Robespierre et la naïve étourderie de Camille, la division d'opinions devait bientôt se changer en une division d'amour-propre et en haine. Robespierre méprisait trop Hébert et les siens pour se brouiller avec eux; mais il pouvait se brouiller avec un écrivain aussi célèbre dans la révolution que Camille Desmoulins, et celui-ci ne mit pas assez d'adresse à éviter une rupture.

La lecture des numéros de Camille occupe deux séances tout entières. On passe ensuite à Fabre. On l'interroge, on veut l'obliger à dire quelle part il a eue aux écrits nouvellement répandus. Il répond qu'il n'y est pas pour une virgule, et que, relativement à Philippeau et Bourdon de l'Oise, il peut assurer ne pas les connaître. On veut enfin prendre un parti sur les quatre individus dénoncés. Robespierre, quoique n'étant plus disposé à ménager Camille, propose de laisser là cette discussion, et de passer à un autre sujet plus grave, plus digne de la société, plus utile à l'esprit public, savoir les vices et les crimes du gouvernement anglais. « Ce « gouvernement atroce cache, disait-il, sous quel- « ques apparences de liberté, un principe de des- « potisme et de machiavélisme atroce; il faut le « dénoncer à son propre peuple, et répondre à

« ses calomnies, en prouvant ses vices d'organisa-
« tion et ses forfaits. » Les jacobins voulaient bien
de ce sujet qui fournissait une si vaste carrière à
leur imagination accusatrice, mais quelques-uns
d'entre eux désiraient auparavant radier Philippeau,
Camille, Bourdon et Fabre. Une voix même accuse
Robespierre de s'arroger une espèce de dictature.
« Ma dictature, s'écrie-t-il, est celle de Marat et
« de Lepelletier; elle consiste à être exposé tous
« les jours aux poignards des tyrans. Mais je suis
« las des disputes qui s'élèvent chaque jour dans
« le sein de la société, et qui n'aboutissent à aucun
« résultat utile. Nos véritables ennemis sont les
« étrangers; ce sont eux qu'il faut poursuivre et
« dont il faut dévoiler les trames. » Robespierre re-
nouvelle en conséquence sa proposition, et fait
décider, au milieu des applaudissemens, que la
société, mettant de côté les disputes élevées entre
les individus, s'occupera, dans les séances qui vont
suivre, de discuter, sans interruption, les vices du
gouvernement anglais.

C'était détourner à propos l'inquiète imagination des jacobins, et la diriger sur une proie qui
pouvait les occuper long-temps. Philippeau s'était
déjà retiré sans attendre une décision. Camille et
Bourdon ne furent ni rejetés ni confirmés; on
n'en parla plus, et ils se contentèrent de ne plus
paraître devant la société. Pour Fabre-d'Églantine,

bien que Chabot l'eût entièrement justifié, les faits qui arrivaient chaque jour à la connaissance du comité de sûreté générale, ne permirent plus de douter de sa complicité; il fallut lancer contre lui un mandat d'arrêt, et le réunir à Chabot, Bazire, Delaunay et Julien de Toulouse.

Il restait de toutes ces discussions une impression fâcheuse pour les nouveaux modérés. Il n'y avait aucune espèce de concert entre eux. Philippeau, presque girondin autrefois, ne connaissait ni Camille, ni Fabre, ni Bourdon; Camille seul était assez lié avec Fabre; quant à Bourdon, il était entièrement étranger aux trois autres. Mais on s'imagina dès lors qu'il y avait une faction secrète dont ils étaient ou complices ou dupes. La facilité de caractère, les goûts épicuriens de Camille, et deux ou trois dîners qu'il avait faits avec les riches financiers de l'époque, la complicité démontrée de Fabre avec les agioteurs, sa récente opulence, firent supposer qu'ils étaient liés à la prétendue faction corruptrice. On n'osait pas encore désigner Danton comme en étant le chef; mais, si on ne l'accusait pas d'une manière publique, si Hébert dans sa feuille, si les cordeliers à leur tribune ménageaient ce puissant révolutionnaire, ils se disaient entre eux ce qu'ils n'osaient publier.

L'homme le plus nuisible au parti était Lacroix,

dont les concussions en Belgique étaient si démontrées, qu'on pouvait très bien les lui imputer sans être accusé de calomnie, et sans qu'il osât répondre. On l'associait aux modérés à cause de son ancienne liaison avec Danton, et il leur faisait partager sa honte.

Les cordeliers, mécontens de ce que les jacobins avaient passé à l'ordre du jour sur les dénoncés, déclarèrent : 1° que Philippeau était un calomniateur; 2° que Bourdon, accusateur acharné de Ronsin, de Vincent et des bureaux de la guerre, avait perdu leur confiance, et n'était à leurs yeux que le complice de Philippeau; 3° que Fabre, partageant les sentimens de Bourdon et de Philippeau, n'était qu'un intrigant plus adroit; 4° que Camille, déjà exclu de leurs rangs, avait aussi perdu leur confiance, quoique auparavant il eût rendu de grands services à la révolution.

Après avoir détenu quelque temps Ronsin et Vincent, on les fit élargir, car on ne pouvait les mettre en jugement pour aucune cause. Il n'était pas possible de poursuivre Ronsin pour sa conduite dans la Vendée, car les événemens de cette guerre étaient couverts d'un voile épais; ni pour ce qu'il avait fait à Lyon, car c'était soulever une question dangereuse, et accuser en même temps Collot-d'Herbois et tout le système actuel du gouvernement. Il était tout aussi impossible de poursuivre Vincent pour quelques actes de despotisme dans les bureaux de la guerre. On n'aurait pu faire à l'un et à l'autre qu'un procès politique, et le moment n'était pas venu de leur en intenter un pareil. Ils furent donc élargis [1], à la grande joie des cordeliers et de tous les *épauletiers* de l'armée révolutionnaire.

Vincent était un jeune homme de vingt et quelques années, espèce de frénétique dont le fanatisme allait jusqu'à la maladie, et chez lequel il y avait encore plus d'aliénation d'esprit que d'ambition personnelle. Un jour que sa femme, qui allait le voir dans sa prison, lui rapportait ce qui se passait, indigné du récit qu'elle lui fit, il s'élança sur un morceau de viande crue, et dit en le dévorant : « Je voudrais dévorer ainsi tous ces scélérats. » Ronsin, tour à tour médiocre pamphlétaire, fournisseur, général, joignait à beaucoup d'intelligence un courage remarquable et une grande activité. Naturellement exagéré, mais ambitieux, il était le plus distingué de ces aventuriers qui s'était offerts à être les instrumens du gouvernement nouveau. Chef de l'armée révolutionnaire, il songeait à tirer parti de sa position, soit pour lui, soit pour ses amis, soit pour le triomphe de son système. Dans la prison du Luxem-

---

[1]. Le 14 pluviôse (2 février).

bourg, Vincent et lui, enfermés ensemble, avaient toujours parlé en maîtres; ils n'avaient cessé de dire qu'ils triompheraient de l'intrigue, qu'ils sortiraient par le secours de leurs partisans, qu'ils reviendraient alors pour élargir les patriotes enfermés, et envoyer tous les autres prisonniers à la guillotine. Ils avaient fait le tourment des malheureux détenus avec eux, et les laissèrent pleins d'effroi.

A peine sortis, ils dirent hautement qu'ils se vengeraient, et que bientôt ils sauraient se faire raison de leurs ennemis. Le comité de salut public ne pouvait guère se dispenser de les élargir; mais il ne tarda pas à s'apercevoir qu'il avait déchaîné des furieux, et qu'il faudrait bientôt les réduire à l'impossibilité de nuire. Il restait à Paris quatre mille hommes de l'armée révolutionnaire. Là, se trouvaient des aventuriers, des voleurs, des septembriseurs, qui prenaient le masque du patriotisme, et qui aimaient mieux butiner à l'intérieur que d'aller sur les frontières mener une vie pauvre, dure et périlleuse. Ces petits tyrans, avec leurs moustaches et leurs grands sabres, exerçaient dans tous les lieux publics le plus dur despotisme. Ayant de l'artillerie, des munitions et un chef entreprenant, ils pouvaient devenir dangereux. A eux se joignaient les brouillons, qui remplissaient les bureaux de Vincent. Celui-ci était leur chef civil, comme Ronsin leur chef militaire. Ils avaient des liaisons avec la commune par Hébert, substitut de Chaumette, et par le maire Pache, toujours prêt à recevoir chez lui tous les partis, et à caresser tous les hommes redoutables. Momoro, l'un des présidens des cordeliers, était leur fidèle partisan et leur avocat aux Jacobins. Ainsi on rangeait ensemble Ronsin, Vincent, Hébert, Chaumette, Momoro; et on ajoutait à la liste Pache et Bouchotte, comme des complaisans qui leur laissaient usurper deux grandes autorités.

Déjà ces hommes ne se contenaient plus dans leurs discours contre ces représentans qui voulaient, disaient-ils, s'éterniser au pouvoir et faire grâce aux aristocrates. Un jour, étant à dîner chez Pache, ils y rencontrèrent Legendre, l'ami de Danton, autrefois l'imitateur de sa véhémence, aujourd'hui de sa réserve, et la victime de cette imitation, car il essuyait les attaques qu'on n'osait pas diriger contre Danton lui-même. Ronsin et Vincent lui adressèrent de mauvais propos. Vincent, qui avait été son obligé, l'embrassa en lui disant qu'il embrassait l'ancien, et non le nouveau Legendre; que le nouveau Legendre était devenu un modéré et ne méritait aucune estime. Vincent lui demanda ensuite avec ironie s'il avait porté dans ses missions le costume de député. Legendre lui ayant répondu qu'il le portait aux armées,

Vincent ajouta que ce costume était fort pompeux, mais indigne de vrais républicains; qu'il habillerait un mannequin de ce costume; qu'il rassemblerait le peuple, et lui dirait : « Voilà les repré-« sentans que vous vous êtes donnés! ils vous « prêchent l'égalité, et se couvrent d'or et de « plumes. » Il dit ensuite qu'il mettrait le feu au mannequin. Legendre alors le traita de fou et de séditieux. On fut près d'en venir aux mains, au grand effroi de Pache. Legendre ayant voulu s'adresser à Ronsin, qui paraissait plus calme, et l'ayant engagé à modérer Vincent, Ronsin répondit qu'à la vérité Vincent était vif, mais que son caractère convenait aux circonstances, et qu'il fallait de pareils hommes pour le temps où l'on vivait. « Vous avez, ajouta Ronsin, une faction dans « le sein de l'assemblée; si vous ne l'en chassez « pas, vous nous en ferez raison. » Legendre sortit indigné, et répéta tout ce qu'il avait vu et entendu pendant ce repas. La conversation fut connue, et donna une nouvelle idée de l'audace et de la frénésie des deux hommes qu'on venait d'élargir.

Ils témoignaient un grand respect pour Pache et pour ses vertus, comme avaient fait jadis les jacobins, quand Pache était au ministère. Le sort de Pache était de charmer par sa complaisance et par sa douceur tous les hommes violens. Ils étaient enchantés de voir leurs passions approuvées par un homme qui avait toutes les apparences de la sagesse. Les nouveaux révolutionnaires en voulaient faire, disaient-ils, un grand personnage dans leur gouvernement; car, sans avoir un but précis, sans avoir même encore le projet et le courage d'une insurrection, ils parlaient beaucoup, à l'exemple de tous les comploteurs qui commencent par s'essayer et s'échauffer en paroles. Ils disaient partout qu'il fallait d'autres institutions. Tout ce qui leur plaisait dans l'organisation actuelle du gouvernement, c'étaient le tribunal et l'armée révolutionnaires. Ils imaginaient donc une constitution consistant en un tribunal suprême présidé par un grand-juge, et un conseil militaire dirigé par un généralissime. Dans ce gouvernement on devait juger et administrer militairement. Le généralissime et le grand-juge étaient les deux principaux personnages. Il devait y avoir auprès du tribunal un grand-accusateur sous le titre de censeur, qui serait chargé de provoquer les poursuites. Ainsi dans ce projet, formé dans un moment de fermentation révolutionnaire, les deux fonctions essentielles, uniques, consistaient à condamner et à se battre. On ne sait si ce projet était celui d'un rêveur en délire, ou de plusieurs d'entre eux; s'il n'avait d'autre existence que des propos, ou s'il fut rédigé; mais il est certain qu'il avait son modèle dans les commissions révolutionnaires établies à Lyon, Marseille, Toulon, Bordeaux, Nantes, et que l'imagination pleine de ce qu'ils avaient fait dans ces grandes cités, ces terribles exécuteurs voulaient gouverner sur le même plan la France tout entière, et faire de la violence d'un jour le type d'un gouvernement permanent. Ils ne désignaient encore qu'un seul des grands personnages destinés à occuper ces hautes dignités. Pache convenait à merveille à la place de grand-juge; les conjurés disaient donc qu'il devait l'être, et qu'il le serait. Sans savoir ce que c'était que ce projet et cette dignité de grand-juge, beaucoup de gens répétaient comme une nouvelle : Pache doit être fait grand-juge. Ce bruit circulait sans être ni expliqué ni compris. Quant à la dignité de généralissime, Ronsin, quoique général de l'armée révolutionnaire, n'osait y prétendre, et ses partisans n'osaient pas le proposer, car il fallait un plus grand nom pour une telle dignité. Chaumette était désigné aussi par quelques bouches comme censeur, mais son nom avait été rarement prononcé. Parmi ces bruits, il n'y en avait qu'un de bien répandu, c'est que *Pache serait grand-juge.*

Pendant toute la révolution, lorsque les passions d'un parti, long-temps excitées, étaient prêtes à faire explosion, c'était toujours une défaite, une trahison, une disette, une calamité enfin, qui leur servait de prétexte pour éclater. Il en arriva de même ici. La seconde loi du maximum qui, remontant au-delà des boutiques, fixait la valeur des objets sur le lieu de fabrication, déterminait le prix du transport, réglait le profit du marchand en gros, celui du marchand en détail, avait été rendue; mais le commerce échappait encore de mille manières au despotisme de la loi, et il y échappait surtout par le moyen le plus désastreux, en s'arrêtant. Le resserrement de la marchandise n'était pas moins grand qu'auparavant; et si elle ne refusait plus de se donner au prix de l'assignat, elle se cachait, ou cessait de se mouvoir, et de se transporter sur les lieux de consommation. La disette était donc très grande par la stagnation générale du commerce. Cependant les efforts extraordinaires du gouvernement, les soins de la commission des subsistances, avaient réussi en partie à ne pas trop laisser manquer les blés, et surtout à diminuer la crainte de la disette, aussi redoutable que la disette même, à cause du désordre et du trouble qu'elle apporte dans les relations commerciales. Mais une nouvelle calamité venait de se faire sentir, c'était le défaut de viande. Les nombreux bestiaux que la Vendée envoyait jadis aux provinces voisines, n'arrivaient plus depuis l'insurrection. Les départemens du Rhin avaient cessé aussi d'en fournir depuis que la guerre s'y était fixée; il y avait donc une diminution réelle dans la quantité. En outre, les bouchers, achetant les bestiaux à haut prix, et obligés de les vendre au prix du maximum, cherchaient à échapper à la loi. La bonne viande était réservée pour le riche ou pour le citoyen aisé qui la payait bien. Il s'établissait une foule de marchés clandestins, surtout aux environs de Paris et dans les campagnes; et il ne restait que les rebuts pour le peuple ou l'acheteur qui se présentait dans les boutiques, et traitait au prix du maximum. Les bouchers se dédommageaient ainsi par la mauvaise qualité de la marchandise, du bas prix auquel ils étaient forcés de vendre. Le peuple se plaignait avec fureur du poids, de la qualité, *des réjouissances*, et des marchés clandestins établis autour de Paris. Les bestiaux manquant, on avait été réduit à tuer des vaches pleines. Le peuple avait dit aussitôt que les bouchers aristocrates voulaient détruire l'espèce, et avait demandé la peine de mort contre ceux qui tuaient des vaches et des brebis pleines. Mais ce n'était pas tout : les légumes, les fruits, les œufs, le beurre, le poisson, n'arrivaient plus dans les marchés. Un chou coûtait jusqu'à vingt sous. On devançait les charrettes sur les routes, on les entourait, et on achetait à tout prix leur chargement ; peu arrivaient à Paris où le peuple les attendait en vain. Dès qu'il y a une chose à faire, il se trouve bientôt des gens qui s'en chargent. Il s'agissait de parcourir les campagnes pour devancer sur la route les fermiers apportant des légumes : une foule d'hommes et de femmes s'étaient chargés de ce soin, et achetaient les denrées pour le compte des gens aisés, en les payant au-dessus du maximum. Y avait-il un marché mieux approvisionné que d'autres, ces espèces d'entremetteurs y couraient, et enlevaient les denrées à un prix supérieur à la taxe. Le peuple se déchaînait violemment contre ceux qui faisaient ce métier ; on disait qu'il se trouvait dans le nombre beaucoup de malheureuses filles publiques que les réquisitoires de Chaumette avaient privées de leur déplorable industrie, et qui, pour vivre, avaient embrassé cette profession nouvelle.

Pour parer à tous ces inconvéniens, la commune avait arrêté, sur les pétitions réitérées des sections, que les bouchers ne pourraient plus devancer les bestiaux et aller au-delà des marchés ordinaires; qu'ils ne pourraient tuer que dans *les abattoirs* autorisés ; que la viande ne pourrait être achetée que dans les étaux ; qu'il ne serait plus permis d'aller sur les routes au-devant des fermiers; que ceux qui arriveraient seraient dirigés par la police et distribués également entre les différens marchés; qu'on ne pourrait pas aller faire queue à la porte des bouchers avant six heures, car il arrivait souvent qu'on se levait à trois pour cela.

Ces règlemens multipliés ne pouvaient épargner au peuple les maux qu'il endurait. Les ultra-révolutionnaires se torturaient l'esprit pour imaginer des moyens. Une dernière idée leur était venue, c'est que les jardins de luxe dont abondaient les faubourgs de Paris, et surtout le faubourg Saint-Germain, pourraient être mis en culture. Aussitôt la commune, qui ne leur refusait rien, avait ordonné le recensement de ces jardins, et on décida que, le recensement fait, on y cultiverait des pommes de terre et des plantes potagères. En outre, ils avaient supposé que les légumes, le laitage, la volaille n'arrivant plus à la ville, la cause en devait être imputée aux aristocrates retirés dans leurs maisons autour de Paris. En effet, beaucoup de gens effrayés s'étaient cachés dans leurs maisons de campagne. Des sections vinrent proposer à la commune de rendre un arrêté ou de demander une loi pour les faire rentrer. Cependant Chaumette, sentant que ce serait une violation trop odieuse de la liberté individuelle, se contenta de prononcer un discours menaçant contre les aristocrates retirés autour de Paris. Il leur adressa seulement l'invitation de rentrer en ville, et fit donner aux municipalités des villages l'avis de les surveiller.

Cependant l'impatience du mal était au comble. Le désordre augmentait dans les marchés. A chaque instant il s'y élevait des tumultes. On faisait queue à la porte des bouchers, et malgré la défense d'y aller avant une certaine heure, on mettait toujours le même empressement à s'y devancer. On avait transporté là un usage qui avait pris naissance à la porte des boulangers, c'était d'attacher une corde que chacun saisissait et tenait de manière à pouvoir garder son rang. Mais il arrivait ici, comme chez les boulangers, que des malveillans ou des gens mal placés coupaient la corde; alors les rangs se confondaient, le désordre s'introduisait dans la foule qui était en attente, et on était prêt à en venir aux mains.

On ne savait plus désormais à qui s'en prendre. On ne pouvait pas, comme avant le 31 mai, se plaindre que la convention refusât une loi de *maximum*, objet de toutes les espérances, car elle accordait tout. Dans l'impuissance d'imaginer quelque chose, on ne lui demandait plus rien. Cependant il fallait se plaindre; les épauletiers, les commis de Bouchotte, les cordeliers, disaient que la cause de la disette était dans la faction modérée de la convention; que Camille Desmoulins, Philippeau, Bourdon de l'Oise, et leurs amis, étaient les auteurs des maux qu'on essuyait; qu'on ne pouvait plus exister de la sorte, qu'il fallait recourir à des moyens extraordinaires; et ils ajoutaient le vieux propos de toutes les insurrections : *Il faut un chef.* Alors ils se disaient mystérieusement à l'oreille : *Pache sera fait grand-juge.*

Cependant, bien que le nouveau parti disposât de moyens assez considérables, bien qu'il eût pour lui l'armée révolutionnaire et une disette, il n'avait cependant ni le gouvernement, ni l'opinion, car les jacobins lui étaient opposés. Ronsin, Vincent, Hébert, étaient obligés de professer pour les autorités établies un respect apparent, de cacher leurs projets, de les tramer dans l'ombre. A l'époque du 10 août et du 31 mai, les conspirateurs, maîtres de la commune, des Cordeliers, des Jacobins, de tous les clubs, ayant dans l'assemblée nationale et les comités de nombreux et énergiques partisans, osant conspirer à découvert, pouvaient entraîner publiquement le peuple à leur suite, et se servir des masses pour l'exécution de leurs complots; mais il n'en était pas de même pour le parti des *ultra-révolutionnaires.*

L'autorité actuelle ne refusait aucun des moyens extraordinaires de défense, ni même de vengeance; des trahisons n'accusaient plus sa vigilance; des victoires sur toutes les frontières attestaient au contraire sa force, son habileté et son zèle. Par conséquent, ceux qui attaquaient cette autorité et promettaient ou une habileté ou une énergie supérieures à la sienne, étaient des intrigans qui agissaient évidemment dans un but de désordre ou d'ambition. Telle était la conviction publique, et les conjurés ne pouvaient se flatter d'entraîner le peuple à leur suite. Ainsi, quoique redoutables si on les laissait agir, ils l'étaient peu si on les arrêtait à temps.

Le comité les observait, et il continuait, par une suite de rapports, à déconsidérer les deux partis opposés. Dans les ultra-révolutionnaires, il voyait de véritables conspirateurs à détruire; au contraire, il n'apercevait dans les modérés que d'anciens amis, qui partageaient ses opinions, et dont le patriotisme ne pouvait lui être suspect. Mais pour ne point paraître faiblir en frappant les ultra-révolutionnaires, il était obligé de condamner les modérés, et d'en appeler sans cesse à la terreur. Ces derniers voulaient répondre. Camille écrivait de nouveaux numéros; Danton et ses amis combattaient dans leurs entretiens les raisons du comité, et dès lors une lutte d'écrits et de propos s'était engagée. L'aigreur s'en était suivie, et Saint-Just, Robespierre, Barrère, Billaud, qui d'abord n'avaient repoussé les modérés que par politique, et pour être plus forts contre les ultra-révolutionnaires, commençaient à les poursuivre par humeur personnelle et par haine. Camille avait déjà attaqué, comme on l'a vu, Collot et Barrère. Dans sa lettre à Dillon, il avait adressé au fanatisme dogmatique de Saint-Just, et à la dureté monacale de Billaud, des plaisanteries qui les blessèrent profondément. Il avait enfin irrité Robespierre aux Jacobins, et, tout en le louant beaucoup, il finit par se l'aliéner tout à fait. Danton leur était peu agréable à tous par sa renommée; et aujourd'hui, qu'étranger à la conduite des affaires, il restait à l'écart, censurant le gouvernement, et paraissant exciter la plume caustique et *babillarde*[1] de Camille, il devait leur devenir chaque jour plus odieux; et il n'était pas supposable que Robespierre s'exposât encore à le défendre.

Robespierre et Saint-Just, habitués à faire au nom du comité les exposés de principes, et chargés en quelque sorte de la partie morale du gouvernement, tandis que Barrère, Carnot, Billaud et autres, s'acquittaient de la partie matérielle et administrative, Robespierre et Saint-Just firent deux rapports, l'un *sur les principes de morale qui devaient diriger le gouvernement révolutionnaire*, l'autre sur les détentions dont Camille s'était plaint dans *le Vieux Cordelier*. Il faut voir comment ces deux esprits sombres concevaient le gouvernement révolutionnaire, et les moyens de régénérer un état.

« Le principe du gouvernement démocratique,

---

1. Expression de Camille lui-même.

« c'est la vertu, disait Robespierre[1], et son moyen
« pendant qu'il s'établit, c'est la terreur. Nous
« voulons substituer, dans notre pays, la morale
« à l'égoïsme, la probité à l'honneur, les principes
« aux usages, les devoirs aux bienséances, l'em-
« pire de la raison à la tyrannie de la mode, le
« mépris du vice au mépris du malheur, la fierté
« à l'insolence, la grandeur d'ame à la vanité, l'a-
« mour de la gloire à l'amour de l'argent, les
« bonnes gens à la bonne compagnie, le mérite à
« l'intrigue, le génie au bel esprit, la vérité à l'é-
« clat, le charme du bonheur aux ennuis de la vo-
« lupté, la grandeur de l'homme à la petitesse des
« grands; un peuple magnanime, puissant, heu-
« reux, à un peuple aimable, frivole et misérable;
« c'est-à-dire toutes les vertus et tous les miracles
« de la république à tous les vices et à tous les ri-
« dicules de la monarchie. »

Pour atteindre à ce but, il fallait un gouvernement austère, énergique, qui surmontât les résistances de toute espèce. Il y avait, d'une part,
l'ignorance brutale, avide, qui ne voulait dans la
république que des bouleversemens; de l'autre, la
corruption lâche et vile qui voulait tous les
délices de l'ancien luxe, et qui ne pouvait pas se
résoudre aux vertus énergiques de la démocratie.

---

[1]. Séance du 17 pluviôse an II (5 février).

De là, deux factions : l'une qui voulait outrer toute chose, qui poussait tout au-delà des bornes ; qui, pour attaquer la superstition, cherchait à détruire Dieu même, et à verser des torrens de sang sous prétexte de venger la république ; l'autre qui, faible et vicieuse, ne se sentait pas assez *vertueuse pour être si terrible*, et s'apitoyait lâchement sur tous les sacrifices nécessaires qu'exigeait l'établissement de la vertu. L'une de ces factions, disait Saint-Just[1], voulait CHANGER LA LIBERTÉ EN BACCHANTE, L'AUTRE EN PROSTITUÉE.

Robespierre et Saint-Just énuméraient les folies de quelques agens du gouvernement révolutionnaire, de deux ou trois procureurs de communes, qui avaient prétendu renouveler l'énergie de Marat, et ils faisaient ainsi allusion à toutes les folies d'Hébert et des siens. Ils signalaient ensuite les torts de faiblesse, de complaisance, de sensibilité, imputés aux nouveaux modérés ; ils leur reprochaient de s'apitoyer sur des veuves de généraux, sur des intrigantes de l'ancienne noblesse, sur des aristocrates, de parler enfin sans cesse des sévérités de la république, bien inférieures aux cruautés des monarchies. « Vous avez, disait « Saint-Just, cent mille détenus, et le tribunal ré- « volutionnaire a condamné déjà trois cents cou-

---

[1]. Rapport du 8 ventôse (26 février).

« pables. Mais sous la monarchie vous aviez quatre
« cent mille prisonniers; on pendait par an quinze
« mille contrebandiers, on rouait trois mille
« hommes; et aujourd'hui même il y a en Europe
« quatre millions de prisonniers dont vous n'en-
« tendez pas les cris, tandis que votre modération
« parricide laisse triompher tous les ennemis de
« votre gouvernement! Nous nous accablons de
« reproches, et les rois, mille fois plus cruels que
« nous, dorment dans le crime. »

Robespierre et Saint-Just, conformément au système convenu, ajoutaient que ces deux factions, en apparence opposées, avaient un point d'appui commun, l'étranger, qui les faisait agir pour perdre la république.

On voit ce qu'il entrait à la fois de fanatisme, de politique et de haine dans le système du comité. Camille par des allusions, et même par des expressions directes, se trouvait attaqué lui et ses amis. Il répondait, dans son *Vieux Cordelier*, au système de la vertu par celui du bonheur. Il disait qu'il aimait la république parce qu'elle devait ajouter à la félicité générale, parce que le commerce, l'industrie, la civilisation, s'étaient développés avec plus d'éclat à Athènes, à Venise, à Florence, que dans toutes les monarchies; parce que la république pouvait seule réaliser le vœu menteur de la monarchie, *la poule au pot*. « Qu'im-

« porterait à Pitt, s'écriait Camille, que la France
« fût libre, si la liberté ne servait qu'à nous ra-
« mener à l'ignorance des vieux Gaulois, à leurs
« *sayes*, à leurs *brayes*, à leur guy de chêne, et à
« leurs maisons, qui n'étaient que des échoppes
« en terre glaise? Loin d'en gémir, il me semble
« que Pitt donnerait bien des guinées pour qu'une
« telle liberté s'établît chez nous. Mais ce qui ren-
« drait furieux le gouvernement anglais, c'est si
« on disait de la France ce que disait Dicéarque
« de l'Attique : *Nulle part au monde on ne peut
« vivre plus agréablement qu'à Athènes, soit qu'on
« ait de l'argent, soit qu'on n'en ait point. Ceux
« qui se sont mis à l'aise, par le commerce ou leur
« industrie, peuvent s'y procurer tous les agrémens
« imaginables ; et quant à ceux qui cherchent à le
« devenir, il y a tant d'ateliers où ils gagnent de
« quoi se divertir aux* ANTHESTÉRIES, *et mettre en-
« core quelque chose de côté, qu'il n'y a pas moyen
« de se plaindre de sa pauvreté, sans se faire à soi-
« même un reproche de sa paresse.*

« Je crois donc que la liberté n'existe pas dans
« une égalité de privations, et que le plus bel éloge
« de la convention serait, si elle pouvait se rendre
« ce témoignage : j'ai trouvé la nation sans culottes,
« et je la laisse culottée.

« Charmante démocratie, ajoutait Camille, que
« celle d'Athènes! Solon n'y passa point pour un

« muscadin, il n'en fut pas moins regardé comme
« le modèle des législateurs, et proclamé par
« l'oracle le premier des sept sages, quoiqu'il ne
« fît aucune difficulté de confesser son penchant
« pour le vin, les femmes et la musique; et il a
« une possession de sagesse si bien établie, qu'au-
« jourd'hui encore on ne prononce son nom dans
« la convention et aux Jacobins que comme celui
« du plus grand législateur. Combien cependant ont
« parmi nous une réputation d'aristocrates et de
« Sardanapales, qui n'ont pas publié une semblable
« profession de foi !

« Et ce divin Socrate, un jour rencontrant
« Alcibiade sombre et rêveur, apparemment parce
« qu'il était piqué d'une lettre d'Aspasie : —
« Qu'avez-vous? lui dit le plus grave des mentors;
« auriez-vous perdu votre bouclier à la bataille?
« avez-vous été vaincu dans le camp, à la course
« ou à la salle d'armes? quelqu'un a-t-il mieux
« chanté ou mieux joué de la lyre que vous à la
« table du général? — Ce trait peint les mœurs.
« Quels républicains aimables ! »

Camille se plaignait ensuite de ce qu'aux mœurs
d'Athènes on ne voulût pas ajouter la liberté de
langage qui régnait dans cette république. Aristophane, disait-il, y représentait sur la scène les
généraux, les orateurs, les philosophes et le
peuple lui-même; et le peuple d'Athènes, tantôt

joué sous les traits d'un vieillard, et tantôt sous ceux d'un jeune homme, loin de s'irriter, proclamait Aristophane vainqueur des jeux, et l'encourageait par des bravos et des couronnes. Beaucoup de ses comédies étaient dirigées contre les *ultra-révolutionnaires* de ce temps-là; les railleries en étaient cruelles. « Et si aujourd'hui, ajoutait Ca-
« mille, on traduisait quelqu'une de ces pièces
« jouées 430 ans avant Jésus-Christ, sous l'archonte
« Sthénoclès, Hébert soutiendrait aux Cordeliers
« que la pièce ne peut être que d'hier, de l'inven-
« tion de Fabre-d'Églantine, contre lui et Ronsin, et
« que c'est le traducteur qui est la cause de la disette.

« Cependant, reprenait Camille avec tristesse,
« je m'abuse quand je dis que les hommes sont
« changés; ils ont toujours été les mêmes; la
« liberté de parler n'a pas été plus impunie dans
« les républiques anciennes que dans les modernes.
« Socrate, accusé d'avoir mal parlé des dieux, but
« la ciguë; Cicéron, pour avoir attaqué Antoine,
« fut livré aux proscriptions. »

Ainsi ce malheureux jeune homme semblait prédire que la liberté ne lui serait pas plus pardonnée qu'à tant d'autres. Ces plaisanteries, cette éloquence, irritaient le comité. Tandis qu'il suivait de l'œil Ronsin, Hébert, Vincent et tous les agitateurs, il concevait une haine funeste contre l'aimable écrivain qui se riait de ses systèmes;

contre Danton, qui passait pour inspirer cet écrivain, contre tous les hommes enfin supposés amis ou partisans de ces deux chefs.

Pour ne pas dévier de la ligne, le comité présenta deux décrets à la suite des rapports de Robespierre et de Saint-Just, tendant, disait-il, à rendre le peuple heureux aux dépens de ses ennemis. Par ces décrets, le comité de sûreté générale était seul investi de la faculté d'examiner les réclamations des détenus, et de les élargir s'ils étaient reconnus patriotes. Tous ceux, au contraire, qui seraient reconnus ennemis de la révolution, resteraient enfermés jusqu'à la paix, et seraient bannis ensuite à perpétuité. Leurs biens, provisoirement séquestrés, devaient être partagés aux patriotes indigens, dont la liste serait dressée par les communes[1]. C'était, comme on le voit, la loi agraire appliquée contre les suspects au profit des patriotes. Ces décrets, imaginés par Saint-Just, étaient destinés à répondre aux *ultra-révolutionnaires*, et à conserver au comité sa réputation d'énergie.

Pendant ce temps, les conjurés s'agitaient avec plus de violence que jamais. Rien ne prouve que leurs projets fussent bien arrêtés, ni qu'ils eussent mis Pache et la commune dans leur complot. Mais ils s'y prenaient comme avant le 31 mai; ils sou-

---

[1]. Décrets des 8 et 13 ventôse an II.

levaient les sociétés populaires, les cordeliers, les sections; ils répandaient des bruits menaçans, et cherchaient à profiter des troubles qu'excitait la disette, chaque jour plus grande et plus sentie.

Tout à coup on vit paraître, dans les halles et les marchés, des affiches, des pamphlets, annonçant que la convention était la cause de tous les maux du peuple, et qu'il fallait en arracher la faction dangereuse qui voulait renouveler les brissotins et leur funeste système. Quelques-uns même de ces écrits portaient que la convention tout entière devait être renouvelée, qu'on devait choisir un chef, et organiser le pouvoir exécutif, etc.... Toutes les idées, en un mot, qu'avaient roulées dans leur tête, Vincent, Ronsin, Hébert, remplissaient ces écrits, et semblaient trahir leur origine. En même temps, on vit les *épauletiers*, plus turbulens et plus fiers que jamais, menacer hautement d'aller égorger dans les prisons les ennemis que la convention corrompue s'obstinait à épargner. Ils disaient que beaucoup de patriotes se trouvaient injustement confondus dans les prisons avec les aristocrates, mais qu'on allait faire le triage de ces patriotes, et qu'on leur donnerait à la fois la liberté et des armes. Ronsin, en grand costume de général de l'armée révolutionnaire, avec une écharpe tricolore, une houppe rouge, et entouré de quelques-uns de ses officiers, parcourait les prisons, se faisait montrer les écrous, et formait des listes.

On était au 15 ventôse. La section Marat, présidée par Momoro, s'assemble, et, indignée, dit-elle, des machinations des ennemis du peuple, elle déclare en masse qu'elle est debout, qu'elle va voiler le tableau de la déclaration des droits, et qu'elle restera dans cet état jusqu'à ce que les subsistances et la liberté soient assurées au peuple, et que ses ennemis soient punis. Dans la même soirée, les cordeliers s'assemblent en tumulte; on fait chez eux le tableau des souffrances publiques; on raconte les persécutions qu'ont récemment essuyées les deux grands patriotes Vincent et Ronsin, lesquels, dit-on, étaient malades au Luxembourg, sans pouvoir obtenir un médecin qui les saignât. En conséquence, on déclare la patrie en danger, et on voile la déclaration des droits de l'homme. C'est ainsi que toutes les insurrections avaient commencé, par la déclaration que les lois étaient suspendues, et que le peuple rentrait dans l'exercice de sa souveraineté.

Le lendemain 16, la section Marat et les cordeliers se présentent à la commune pour lui signifier leurs arrêtés, et pour l'entraîner aux mêmes démarches. Pache avait eu soin de ne pas s'y rendre. Le nommé Lubin présidait le conseil général.

Il répond à la députation avec un embarras visible; il dit que dans le moment où la convention prend des mesures si énergiques contre les ennemis de la révolution, et pour secourir les patriotes indigens, il est étonnant qu'on donne un signal de détresse, et qu'on voile la déclaration des droits. Feignant ensuite de justifier le conseil général, comme s'il était accusé, Lubin ajoute que le conseil a fait tous ses efforts pour assurer les subsistances et en régler la distribution. Chaumette tient des discours tout aussi vagues. Il recommande la paix, requiert le rapport sur la culture des jardins de luxe, et sur l'approvisionnement de la capitale, qui, d'après les décrets, devait être approvisionnée comme une place de guerre.

Ainsi les chefs de la commune hésitaient, et le mouvement, quoique tumultueux, n'était pas assez fort pour les entraîner, et leur inspirer le courage de trahir le comité et la convention. Le désordre néanmoins était grand. L'insurrection commençait comme toutes celles qui avaient jadis réussi, et ne devait pas inspirer de moindres craintes. Par une rencontre fâcheuse, le comité de salut public était privé, dans le moment, de ses membres les plus influens : Billaud-Varennes, Jean-Bon-Saint-André, étaient absens pour affaires d'administration; Couthon et Robespierre étaient malades, et celui-ci ne pouvait pas venir gouverner ses fidèles jacobins. Il ne restait que Saint-Just et Collot-d'Herbois pour déjouer cette tentative. Ils se rendent tous les deux à la convention, où l'on s'assemblait en tumulte, et où l'on tremblait d'effroi. Sur leur proposition, on mande aussitôt Fouquier-Tinville ; on le charge de rechercher sur-le-champ les distributeurs des écrits incendiaires répandus dans les marchés, les agitateurs qui troublent les sociétés populaires, tous les conspirateurs enfin qui menacent la tranquillité publique. On lui enjoint par décret de les arrêter sur-le-champ, et d'en faire sous trois jours son rapport à la convention.

C'était peu d'avoir un décret de la convention, car elle ne les avait jamais refusés contre les perturbateurs; et elle n'en avait pas laissé manquer les girondins contre la commune insurgée; mais il fallait assurer l'exécution de ces décrets en se rendant maîtres de l'opinion. Collot, qui avait une grande popularité aux Jacobins et aux Cordeliers par son éloquence de club, et surtout par une énergie de sentimens révolutionnaires bien connue, est chargé de cette journée, et se rend en hâte aux Jacobins. A peine sont-ils assemblés qu'il leur fait le tableau des factions qui menacent la liberté, et des complots qu'elles préparent : « Une « nouvelle campagne va s'ouvrir, dit-il, les soins « du comité qui ont si heureusement terminé la

« campagne dernière, allaient assurer à la républi-
« que des victoires nouvelles. Comptant sur votre
« confiance et votre approbation, qu'il a toujours
« eu en vue de mériter, il se livrait à ses travaux ;
« mais tout à coup nos ennemis ont voulu l'entra-
« ver dans sa marche; ils ont soulevé autour de
« lui les patriotes, pour les lui opposer et les faire
« égorger entre eux. On veut faire de nous des
« soldats de Cadmus; on veut nous immoler par
« la main les uns des autres. Mais non, nous ne
« serons point les soldats de Cadmus! grâce à votre
« bon esprit, nous resterons amis, et nous ne se-
« rons que les soldats de la liberté! Appuyé sur
« vous, le comité saura résister avec énergie,
« comprimer les agitateurs, les rejeter hors des
« rangs des patriotes, et, après ce sacrifice indis-
« pensable, poursuivre ses travaux et vos victoires.
« Le poste où vous nous avez placés est périlleux,
« ajoute Collot; mais aucun de nous ne tremble
« devant le danger. Le comité de sûreté générale
« accepte sa pénible mission de surveiller et de
« poursuivre tous les ennemis qui trament en se-
« cret contre la liberté; le comité de salut public
« ne néglige rien pour suffire à son immense tâ-
« che; mais tous deux ont besoin d'être soutenus
« par vous. Dans ces jours de danger, nous som-
« mes peu nombreux. Billaud, Jean-Bon, sont ab-
« sens; nos amis Couthon et Robespierre sont ma-

« lades. Nous restons donc en petit nombre pour
« combattre les ennemis du bien public; il faut
« que vous nous souteniez ou que nous nous re-
« tirions. — Non, non, s'écrient les jacobins. Ne
« vous retirez pas; nous vous soutiendrons. » Des
applaudissemens nombreux accompagnent ces
paroles encourageantes. Collot poursuit et raconte
alors ce qui s'est passé aux Cordeliers. « Il est, dit-
« il, des hommes qui n'ont jamais eu le courage
« de souffrir pendant quelques jours de détention,
« des hommes qui n'ont rien essuyé pendant la
« révolution, des hommes dont nous avions pris
« la défense quand nous les avons crus opprimés,
« et qui ont voulu amener une insurrection dans
« Paris, parce qu'ils avaient été détenus quelques
« instans. Une insurrection, parce que deux
« hommes ont souffert, parce qu'un médecin ne les
« a pas saignés pendant qu'ils étaient malades !....
« Anathème à ceux qui demandent une insurrec-
« tion !.... » Oui, oui, anathème! s'écrient tous les
jacobins en masse. « Marat était cordelier, re-
« prend Collot, Marat était jacobin; eh bien! lui
« aussi fut persécuté, beaucoup plus sans doute
« que ces hommes d'un jour; on le traîna devant
« le tribunal, où ne devaient comparaître que des
« aristocrates : provoqua-t-il une insurrection ?....
« Non, l'insurrection sacrée, l'insurrection qui
« doit délivrer l'humanité de tous ceux qui l'op-

« priment, prend naissance dans des sentimens
« plus généreux que le petit sentiment où l'on veut
« nous entraîner; mais nous n'y tomberons pas.
« Le comité de salut public ne cédera pas aux in-
« trigans ; il prend des mesures fortes et vigou-
« reuses ; et, dût-il périr, il ne reculera pas de-
« vant une tâche aussi glorieuse. »

A peine Collot a-t-il achevé que Momoro veut prendre la parole pour justifier la section Marat et les cordeliers. Il convient qu'un voile a été jeté sur la déclaration des droits, mais il désavoue les autres faits; il nie le projet d'insurrection, et soutient que la section Marat et les cordeliers sont animés des meilleurs sentimens. Des conspirateurs qui se justifient sont perdus. Dès qu'ils ne peuvent pas avouer l'insurrection, et que le seul énoncé du but ne fait pas éclater un élan de l'opinion en leur faveur, ils ne peuvent plus rien. Momoro est écouté avec une désapprobation marquée; et Collot est chargé d'aller, au nom des jacobins, fraterniser avec les cordeliers, et ramener ces frères égarés par de perfides suggestions.

La nuit était fort avancée, Collot ne pouvait se rendre aux Cordeliers que le lendemain 17; mais le danger, quoique d'abord effrayant, n'était déjà plus redoutable. Il devenait évident que l'opinion n'était pas favorablement disposée pour les conjurés, si on peut leur donner ce nom. La commune avait reculé, les jacobins étaient restés au comité et à Robespierre, quoiqu'il fût absent et malade. Les cordeliers impétueux, mais faiblement dirigés, et surtout délaissés par la commune et les jacobins, ne pouvaient manquer de céder à la faconde de Collot-d'Herbois, et à l'honneur de voir dans leur sein un membre aussi fameux du gouvernement. Vincent avec sa frénésie, Hébert avec son sale journal dont il multipliait les numéros, Momoro avec ses arrêtés de la section Marat, ne pouvaient déterminer un mouvement décisif. Ronsin seul, avec ses épauletiers et des munitions assez considérables, aurait pu tenter un coup de main. Il en aurait eu l'audace, mais soit qu'il ne trouvât pas la même audace dans ses amis, soit qu'il ne comptât point assez sur sa troupe, il n'agit pas, et du 16 au 17, tout se borna en agitations et en menaces. Les épauletiers répandus dans les sociétés populaires y causèrent un grand tumulte, mais n'osèrent pas recourir aux armes.

Le 17 au soir, Collot se rendit aux Cordeliers, où il fut accueilli par de grands applaudissemens. Il leur dit que des ennemis secrets de la révolution cherchaient à égarer leur patriotisme; qu'on avait voulu déclarer la république en état de détresse, tandis que dans le moment la royauté et l'aristocratie étaient seules aux abois; qu'on avait cherché à diviser les cordeliers et les jacobins, mais qu'ils devaient composer au contraire une seule famille, unie de principes et d'intentions; que ce projet d'insurrection, ce voile jeté sur la déclaration des droits, réjouissaient les aristocrates, et que la veille ils avaient tous imité cet exemple, et voilé dans leurs salons la déclaration des droits; et qu'ainsi, pour ne pas combler de satisfaction l'ennemi commun, ils devaient se hâter de dévoiler le code sacré de la nature. Les cordeliers furent entraînés, quoiqu'il y eût parmi eux un grand nombre de commis de Bouchotte; ils se hâtèrent de faire acte de repentir; ils arrachèrent le crêpe jeté sur la déclaration des droits, et le remirent à Collot, en le chargeant d'assurer aux jacobins qu'ils marcheraient toujours dans la même voie.

Collot-d'Herbois courut annoncer aux jacobins leur victoire sur les cordeliers et sur les *ultra-révolutionnaires*. Les conjurés étaient donc abandonnés de toutes parts; il ne leur restait que la ressource d'un coup de main, qui, avons-nous dit, était presque impossible. Le comité de salut public résolut de prévenir tout mouvement de leur part, en faisant arrêter les principaux chefs, et en les envoyant sur-le-champ au tribunal révolutionnaire. Il enjoignit à Fouquier de rechercher les faits dont on pourrait composer une conspiration, et de préparer tout de suite un acte d'accusation.

Saint-Just fut chargé en même temps de faire un rapport à la convention, contre les factions réunies qui menaçaient la tranquillité de l'état.

Le 23 ventôse (13 mars), Saint-Just présente son rapport. Suivant le système adopté, il montre toujours l'étranger faisant agir deux factions; l'une composée d'hommes séditieux, incendiaires, pillards, diffamateurs, athées, qui voulaient amener le bouleversement de la république par l'exagération; l'autre, composée de corrompus, d'agioteurs, de concussionnaires, qui, s'étant laissé séduire par l'appât des jouissances, voulaient énerver la république et la déshonorer. Il dit que l'une de ces deux factions avait pris l'initiative, qu'elle avait essayé de lever l'étendard de la révolte, mais qu'elle allait être arrêtée, et qu'il venait en conséquence demander un décret de mort contre tous ceux, en général, qui avaient médité la subversion des pouvoirs, machiné la corruption de l'esprit public et des mœurs républicaines, entravé l'arrivage des subsistances, et contribué de quelque manière au plan ourdi par l'étranger. Saint-Just ajoute ensuite que, dès cet instant, il fallait METTRE A L'ORDRE DU JOUR, LA JUSTICE, LA PROBITÉ, ET TOUTES LES VERTUS RÉPUBLICAINES.

Dans ce rapport, écrit avec une violence fanatique, toutes les factions étaient également menacées; mais il n'y avait de clairement dévoués aux coups du tribunal révolutionnaire que les conspirateurs ultra-révolutionnaires, tels que Ronsin, Vincent, Hébert, etc., et les corrompus Chabot, Bazire, Fabre, Julien, fabricateurs du faux décret. Une sinistre réticence était gardée envers ceux que Saint-Just appelait les *indulgens* et les *modérés*.

Dans la soirée du même jour, Robespierre se rend aux jacobins avec Couthon, et ils sont tous les deux couverts d'applaudissemens. On les entoure, on les félicite du rétablissement de leur santé, et on promet à Robespierre un dévouement sans bornes. Il demande pour le lendemain une séance extraordinaire, afin d'éclaircir le mystère de la conspiration découverte. La séance est résolue. L'empressement de la commune n'est pas moins grand. Sur la proposition de Chaumette lui-même, on fait demander le rapport que Saint-Just avait prononcé à la convention, et on envoie à l'imprimerie de la République en chercher un exemplaire pour en faire lecture. Tout se soumet avec docilité à l'autorité triomphante du comité de salut public. Dans cette nuit du 23 au 24, Fouquier-Tinville fait arrêter Hébert, Vincent, Ronsin, Momoro, Mazuel, l'un des officiers de Ronsin, enfin le banquier étranger Kock, agioteur et ultra-révolutionnaire, chez lequel Hébert, Ronsin et Vincent mangeaient fréquemment, et formaient tous leurs projets. De cette manière, le comité avait deux banquiers étrangers, pour persuader à tout le monde que les deux factions étaient mues par la coalition. Le baron de Batz devait servir à prouver ce fait contre Chabot, Julien, Fabre, contre tous les corrompus et les modérés; Kock devait servir à prouver la même chose contre Vincent, Ronsin, Hébert et les ultra-révolutionnaires.

Les dénoncés se laissèrent arrêter sans résistance, et furent envoyés le lendemain au Luxembourg. Les prisonniers accoururent avec joie pour voir arriver ces furieux qui les avaient tant effrayés en les menaçant d'un nouveau septembre. Ronsin montra beaucoup de fermeté et d'insouciance; le lâche Hébert était défait et abattu, Momoro consterné. Vincent avait des convulsions. Le bruit de ces arrestations se répandit aussitôt dans Paris, et y produisit une joie universelle. Malheureusement, on ajoutait que ce n'était point fini, et qu'on allait frapper les hommes de toutes les factions. La même chose fut répétée dans la séance extraordinaire des Jacobins. Après que chacun eut rapporté ce qu'il savait de la conspiration, de ses auteurs, de leurs projets, on ajouta que, du reste, toutes les trames seraient connues, et qu'un rapport serait fait sur des hommes autres que ceux qui étaient actuellement poursuivis.

Les bureaux de la guerre, l'armée révolutionnaire, les cordeliers, venaient d'être frappés dans la personne de Vincent, Ronsin, Hébert, Mazuel, Momoro et consorts. On voulait sévir aussi contre la commune. Il n'était bruit que de la dignité de grand-juge réservée à Pache; mais on le savait incapable de s'engager dans une conspiration, docile à l'autorité supérieure, respecté du peuple, et on ne voulut pas frapper un trop grand coup en l'adjoignant aux autres. On préféra faire arrêter Chaumette, qui n'était ni plus hardi ni plus dangereux que Pache, mais qui était, par vanité et engouement, l'auteur des plus imprudentes déterminations de la commune, et l'un des apôtres les plus zélés du culte de la Raison. On arrêta donc le malheureux Chaumette; on l'envoya au Luxembourg avec l'évêque Gobel, auteur de la grande scène d'abjuration, et avec Anacharsis Clootz, déjà exclu des Jacobins et de la convention pour son origine étrangère, sa noblesse, sa fortune, sa république universelle et son athéisme.

Lorsque Chaumette arriva au Luxembourg, les suspects accoururent au-devant de lui, et l'accablèrent de railleries. Le malheureux, avec un grand penchant à la déclamation, n'avait rien de l'audace de Ronsin, ni de la fureur de Vincent. Ses cheveux plats, ses regards tremblans lui donnaient les apparences d'un missionnaire; et il avait été véritablement celui du nouveau culte. Ceux-ci lui rappelaient ses réquisitoires contre les filles de joie, contre les aristocrates, contre la famine, contre les suspects. Un prisonnier lui dit en s'inclinant : « Philosophe Anaxagoras, je suis *suspect*, tu es *suspect*, nous sommes *suspects*. » Chaumette s'excusa avec un ton soumis et tremblant. Mais dès ce moment il n'osa plus sortir de sa cellule, ni se rendre dans la cour des prisonniers.

Le comité, après avoir fait arrêter ces malheureux, fit rédiger par le comité de sûreté générale l'acte d'accusation contre Chabot, Bazire, Delaunay, Julien de Toulouse et Fabre. Tous cinq furent mis en accusation, et déférés au tribunal révolutionnaire. Dans le même moment, on apprit qu'une émigrée, poursuivie par un comité révolutionnaire, avait trouvé asile chez Hérault-Séchelles. Déjà ce député si connu, qui joignait à une grande fortune une grande naissance, une belle figure, un esprit plein de politesse et de grâce, qui était l'ami de Danton, de Camille Desmoulins, de Proli, et qui souvent s'effrayait de se voir dans les rangs de ces révolutionnaires terribles, était devenu suspect, et on avait oublié qu'il était l'auteur principal de la constitution. Le comité se hâta de le faire arrêter, d'abord parce qu'il ne l'aimait pas, ensuite pour prouver qu'il frapperait sans aucun ménagement les modérés surpris en faute, et qu'il ne serait pas plus indulgent pour eux que pour les autres coupables. Ainsi, les coups du redoutable comité tombaient à la fois sur les hommes de tous les rangs, de toutes les opinions, de tous les mérites.

Le 1er germinal (20 mars), commença le procès d'une partie des conspirateurs. On réunit dans la même accusation Ronsin, Vincent, Hébert, Momoro, Mazuel, le banquier Kock, le jeune Lyonnais Leclerc, devenu chef de division dans les bureaux de Bouchotte, les nommés Ancar, Ducroquet, commissaires aux subsistances, et quelques autres membres de l'armée révolutionnaire et des bureaux de la guerre. Pour continuer la supposition de complicité entre la faction ultra-révolutionnaire et la faction de l'étranger, on confondit encore dans la même accusation Proli, Dubuisson, Pereyra, Desfieux, qui n'avaient jamais eu aucun rapport avec les autres accusés. Chaumette fut réservé pour figurer plus tard avec Gobel et les autres auteurs des scènes du culte de la Raison; enfin, si Clootz, qui aurait dû être associé à ces derniers, fut adjoint à Proli, c'est en sa qualité d'étranger. Les accusés étaient au nombre de dix-neuf. Ronsin et Clootz étaient les plus hardis et les plus fermes. « Ceci, dit Ronsin à ses co-accusés, est un procès politique; à quoi bon tous vos papiers et vos préparatifs de justification?

Vous serez condamnés. Lorsqu'il fallait agir, vous avez parlé; sachez mourir. Pour moi, je jure que vous ne me verrez pas broncher, tâchez d'en faire autant. » Les misérables Hébert et Momoro se lamentaient, en disant que la liberté était perdue! « La liberté perdue, s'écria Ronsin, parce que quelques misérables individus vont périr! La liberté est immortelle; nos ennemis succomberont après nous, et la liberté leur survivra à tous. » Comme ils s'accusaient entre eux, Clootz les exhorta à ne pas aggraver leurs maux par des invectives mutuelles, et il leur cita cet apologue fameux :

> Je rêvais cette nuit que de mal consumé,
> Côte à côte d'un gueux on m'avait inhumé.

La citation eut son effet, et ils cessèrent de se reprocher leurs malheurs. Clootz, plein encore de ses opinions philosophiques jusqu'à l'échafaud, poursuivit les derniers restes de déisme qui pouvait demeurer en eux, et ne cessa de leur prêcher jusqu'au bout la nature et la raison, avec un zèle ardent et un inconcevable mépris de la mort. Ils furent amenés au tribunal, au milieu d'un concours immense de spectateurs. On a vu, par le récit de leur conduite, à quoi se réduisait leur conspiration. Clubistes du dernier rang, intrigans de bureaux, coupe-jarrets enrégimentés dans l'armée révolutionnaire, ils avaient l'exagération des inférieurs, des porteurs d'ordres, qui outrent toujours leur mandat. Ainsi, ils avaient voulu pousser le gouvernement révolutionnaire jusqu'à en faire une simple commission militaire, l'abolition des superstitions jusqu'à la persécution des cultes, les mœurs républicaines jusqu'à la grossièreté, la liberté de langage jusqu'à la bassesse la plus dégoûtante, enfin la défiance et la sévérité démocratiques à l'égard des hommes jusqu'à la diffamation la plus atroce. De mauvais propos contre la convention et le comité, des projets de gouvernement en paroles, des motions aux Cordeliers et dans les sections, de sales pamphlets, une visite de Ronsin dans les prisons, pour y rechercher s'il n'y avait pas de patriotes renfermés, comme lui venait de l'être, enfin quelques menaces, et l'essai d'un mouvement sous le prétexte de la disette, tels étaient leurs complots. Il n'y avait là que sottises et ordures de mauvais sujets. Mais une conspiration profondément ourdie et correspondant avec l'étranger était fort au-dessus de ces misérables. C'était une perfide supposition du comité, que l'infame Fouquier-Tinville fut chargé de démontrer au tribunal, et que le tribunal eut ordre d'adopter.

Les mauvais propos que Vincent et Ronsin s'étaient permis contre Legendre, en dînant avec lui chez Pache, leurs propositions réitérées d'organiser le pouvoir exécutif, furent allégués comme attestant le projet d'anéantir la représentation nationale et le comité de salut public. Leurs repas chez le banquier Kock furent donnés comme la preuve de leur correspondance avec l'étranger. A cette preuve on en ajouta une autre. Des lettres écrites de Paris à Londres, et insérées dans les journaux anglais, annonçaient que, d'après l'agitation qui régnait, des mouvemens étaient présumables. Ces lettres, dit-on aux accusés, démontrent que l'étranger était dans votre confidence, puisqu'il prédisait d'avance vos complots. La disette, qu'ils avaient reprochée au gouvernement pour soulever le peuple, leur fut imputée à eux seuls; et Fouquier, rendant calomnie pour calomnie, leur soutint qu'ils étaient cause de cette disette, en faisant piller sur les routes les charrettes de légumes et de fruits. Les munitions rassemblées à Paris pour l'armée révolutionnaire leur furent reprochées comme des préparatifs de conspiration. La visite de Ronsin dans les prisons fut donnée comme preuve du projet d'armer les suspects, et de les déchaîner dans Paris. Enfin, les écrits répandus dans les halles, et le voile jeté sur la déclaration des droits, furent considérés comme un commencement d'exécution. Hébert fut couvert d'infamie. A peine lui reprocha-t-on ses actes politiques et son journal, on se contenta de lui prouver des vols de chemises et de mouchoirs.

Mais laissons là ces honteuses discussions entre ces bas accusés et le bas accusateur dont se servait un gouvernement terrible pour consommer les sacrifices qu'il avait ordonnés. Retiré dans sa sphère élevée, ce gouvernement désignait les malheureux qui lui faisaient obstacle, et laissait à son procureur-général Fouquier le soin de satisfaire aux formes avec des mensonges. Si, dans cette vile tourbe de victimes sacrifiées au besoin de la tranquillité publique, quelques-unes méritent d'être mises à part, ce sont ces malheureux étrangers, Proli, Anacharsis Clootz, condamnés comme agens de la coalition. Proli, comme nous l'avons dit, connaissant la Belgique, sa patrie, avait blâmé la violence ignorante des jacobins dans ce pays; il avait admiré les talens de Dumouriez, et il en convint au tribunal. Sa connaissance des cours étrangères l'avait deux ou trois fois rendu utile à Lebrun, et il l'avoua encore. « Tu as blâmé, lui dit-on, le système révolutionnaire en Belgique, tu as admiré Dumouriez, tu as été l'ami de Lebrun, tu es donc l'agent de l'étranger. » Il n'y eut pas un autre fait allégué. Quant à Clootz, sa république universelle, son dogme de la raison, ses cent mille livres de rente, et quelques efforts tentés par lui pour sauver une émigrée, suffirent pour le convaincre. A peine le troisième jour des débats était-il commencé, que le jury se déclara suffisamment éclairé, et condamna pêle-mêle ces intrigans, ces brouillons et ces malheureux étrangers à la peine de mort. Un seul fut absous; ce fut le nommé Laboureau, qui, dans cette affaire, avait servi d'espion au comité de salut public. Le 4 germinal (24 mars), à quatre heures de l'après-midi, les condamnés furent conduits au lieu du supplice. La foule était aussi grande qu'à aucune des exécutions précédentes. On louait des places sur des charrettes, sur des tables disposées autour de l'échafaud. Ni Ronsin, ni Clootz ne *bronchèrent*, pour nous servir de leur terrible expression. Hébert, accablé de honte, découragé par le mépris, ne prenait aucun soin de surmonter sa lâcheté; il tombait à chaque instant en défaillance, et la populace, aussi vile que lui, suivait la fatale charrette, en répétant le cri des petits colporteurs: *Il est bougrement en colère le Père Duchêne.*

Ainsi furent sacrifiés ces misérables à l'indispensable nécessité d'établir un gouvernement ferme et vigoureux : et ici, le besoin d'ordre et d'obéissance n'était pas un de ces sophismes à l'aide desquels les gouvernement immolent leurs victimes. Toute l'Europe menaçait la France, tous les brouillons voulaient s'emparer de l'autorité, et compromettaient le salut commun par leurs luttes. Il était indispensable que quelques hommes plus énergiques s'emparassent de cette autorité disputée, l'occupassent à l'exclusion de tous, et pussent ainsi s'en servir pour résister à l'Europe. Si on éprouve un regret, c'est de voir employer le mensonge contre ces misérables, c'est de voir parmi eux un homme d'un ferme courage, Ronsin ; un fou inoffensif, Clootz ; un étranger, intrigant peut-être, mais point conspirateur, et plein de mérite, le malheureux Proli.

A peine les hébertistes avaient-ils subi leur supplice, que les *indulgens* montrèrent une grande joie, et dirent qu'ils n'avaient donc pas tort de dénoncer Hébert, Ronsin, Vincent, puisque le comité de salut public et le tribunal révolutionnaire venaient de les envoyer à la mort. « De quoi donc nous accuse-t-on? disaient-ils. Nous n'avons eu d'autre tort que de reprocher à ces factieux de vouloir bouleverser la république, détruire la convention nationale, supplanter le comité de salut public, joindre le danger des guerres religieuses à celui des guerres civiles, et amener une confusion générale. C'est là justement ce que leur ont reproché Saint-Just et Fouquier-Tinville en les envoyant à l'échafaud. En quoi pouvons-nous être des conspirateurs, des ennemis de la république? »

Rien n'était plus juste que ces réflexions, et le

comité pensait exactement comme Danton, Camille Desmoulins, Philippeau, Fabre, sur le danger de cette turbulence anarchique. La preuve, c'est que Robespierre, depuis le 31 mai, n'avait cessé de défendre Danton et Camille, et d'accuser les anarchistes. Mais, nous l'avons dit, en frappant ces derniers, le comité s'exposait à passer pour modéré, et il fallait qu'il déployât d'autre part la plus grande rigueur, pour ne pas compromettre sa réputation révolutionnaire. Il fallait, tout en pensant comme Danton et Camille, qu'il censurât leurs opinions, qu'il les immolât dans ses discours, et parût ne pas les favoriser plus que les hébertistes eux-mêmes. Dans le rapport contre les deux factions, Saint-Just avait autant accusé l'une que l'autre, et avait gardé un silence menaçant à l'égard des *indulgens*. Aux Jacobins, Collot avait dit que ce n'était pas fini, et qu'on préparait un rapport contre d'autres individus que ceux qui étaient arrêtés. A ces menaces s'était jointe l'arrestation d'Hérault-Séchelles, ami de Danton, et l'un des hommes les plus estimés de ce temps-là. De tels faits n'annonçaient pas l'intention de faiblir, et néanmoins on disait encore de toutes parts que le comité allait revenir sur ses pas, qu'il allait adoucir le système révolutionnaire, et sévir contre les égorgeurs de toute espèce. Ceux qui désiraient ce retour à une politique plus clémente, les détenus, leurs familles, tous les citoyens paisibles en un mot, poursuivis sous le nom d'indifférens, se livrèrent à des espérances indiscrètes, et dirent hautement qu'enfin le régime des lois de sang allait finir. Ce fut bientôt l'opinion générale; elle se répandit dans les départemens, et surtout dans celui du Rhône, ou depuis quelques mois s'exerçaient de si affreuses vengeances, et où Ronsin avait causé un si grand effroi. On respira un moment à Lyon, on osa regarder en face les oppresseurs, et on sembla leur prédire que leurs cruautés allaient avoir un terme. A ces bruits, à ces espérances de la classe moyenne et paisible, les patriotes s'indignèrent. Les jacobins de Lyon écrivirent à ceux de Paris que l'aristocratie relevait la tête, que bientôt ils n'y pourraient plus tenir, et que si on ne leur donnait des forces et des encouragemens, ils seraient réduits à se donner la mort comme le patriote Gaillard, qui s'était poignardé lors de la première arrestation de Ronsin.

« J'ai vu, dit Robespierre aux Jacobins, des let-
« tres de quelques-uns d'entre les patriotes lyonnais;
« ils expriment tous le même désespoir, et si l'on
« n'apporte le remède le plus prompt à leurs
« maux, ils ne trouveront de soulagement que
« dans la recette de Caton et de Gaillard. La fac-
« tion perfide, qui, affectant un patriotisme extra-
« vagant, voulait immoler les patriotes, a été

« exterminée ; mais peu importe à l'étranger, il
« lui en reste une autre. Si Hébert eût triomphé,
« la convention était renversée, la république
« tombait dans le chaos, et la tyrannie était satis-
« faite ; mais avec les modérés, la convention perd
« son énergie, les crimes de l'aristocratie restent
« impunis, et les tyrans triomphent. L'étranger a
« donc autant d'espérance avec l'une qu'avec l'autre
« de ces factions, et il doit les soudoyer toutes
« sans s'attacher à aucune. Que lui importe qu'Hé-
« bert expire sur l'échafaud, s'il lui reste des
« traîtres d'une autre espèce, pour venir à bout
« de ses projets ? Vous n'avez donc rien fait s'il
« vous reste une faction à détruire, et la conven-
« tion est résolue à les immoler toutes jusqu'à la
« dernière. »

Ainsi le comité avait senti la nécessité de se laver du reproche de modération par un nouveau sacrifice. Robespierre avait défendu Danton, quand une faction audacieuse venait ainsi frapper à ses côtés un des patriotes les plus renommés. Alors la politique, un danger commun, tout l'engageait à défendre son vieux collègue ; mais aujourd'hui cette faction hardie n'était plus. En défendant plus long-temps ce collègue dépopularisé, il se compromettait lui-même. D'ailleurs, la conduite de Danton devait réveiller bien des réflexions dans son ame jalouse. Que faisait Danton loin du comité? Entouré de Philippeau, de Camille Desmoulins, il semblait l'instigateur et le chef de cette nouvelle opposition qui poursuivait le gouvernement de censures et de railleries amères. Depuis quelque temps, assis vis-à-vis de cette tribune où venaient figurer les membres du comité, Danton avait quelque chose de menaçant et de méprisant à la fois. Son attitude, ses propos répétés de bouche en bouche, ses liaisons, tout prouvait qu'après s'être isolé du gouvernement, il s'en était fait le censeur, et qu'il se tenait en dehors, comme pour lui faire obstacle avec sa vaste renommée. Ce n'est pas tout : quoique dépopularisé, Danton avait néanmoins une réputation d'audace et de génie politique extraordinaire. Danton immolé, il ne restait plus un grand nom hors du comité; et, dans le comité, il n'y avait plus que des réputations secondaires, Saint-Just, Couthon, Collot-d'Herbois. En consentant à ce sacrifice, Robespierre du même coup détruisait un rival, rendait au gouvernement sa réputation d'énergie, et augmentait surtout son renom de vertu en frappant un homme accusé d'avoir recherché l'argent et les plaisirs. Il était en outre engagé à ce sacrifice par tous ses collègues, encore plus jaloux de Danton qu'il ne l'était lui-même. Couthon et Collot-d'Herbois n'ignoraient pas qu'ils étaient méprisés par ce célèbre tribun. Billaud, froid, bas et sanguinaire, trouvait chez lui quelque chose de grand et d'écrasant. Saint-Just, dogmatique, austère et orgueilleux, était antipathique avec un révolutionnaire agissant, généreux et facile, et il voyait que, Danton mort, il devenait le second personnage de la république. Tous enfin savaient que Danton, dans son projet de faire renouveler le comité, croyait ne devoir conserver que Robespierre. Ils entourèrent donc celui-ci, et n'eurent pas de grands efforts à faire pour lui arracher une détermination si agréable à son orgueil. On ne sait quelles explications amenèrent cette résolution, quel jour elle fut prise; mais tout à coup ils devinrent tous menaçans et mystérieux. Il ne fut plus question de leurs projets. A la convention, aux Jacobins, ils gardèrent un silence absolu. Mais des bruits sinistres se répandirent sourdement. On dit que Danton, Camille, Philippeau, Lacroix, allaient être immolés à l'autorité de leurs collègues. Des amis communs de Danton et de Robespierre, effrayés de ces bruits, et voyant qu'après un tel acte il n'y avait plus une seule tête qui dût être en sécurité, que Robespierre lui-même ne devait pas être tranquille, voulurent rapprocher Robespierre et Danton, et les engagèrent à s'expliquer. Robespierre, se renfermant dans un silence obstiné, refusa de répondre à ces ouvertures, et garda une réserve farouche. Comme on lui parlait de l'ancienne amitié qu'il avait témoignée à Danton, il répondit hypocritement qu'il ne pouvait rien, ni pour ni contre son collègue; que la justice était là pour défendre l'innocence; que pour lui, sa vie entière avait été un sacrifice continuel de ses affections à la patrie; et que si son ami était coupable, il le sacrifierait à regret, mais il le sacrifierait comme tous les autres à la république.

On vit bien que c'en était fait, que cet hypocrite rival ne voulait prendre aucun engagement envers Danton, et qu'il se réservait la liberté de le livrer à ses collègues. En effet, le bruit des prochaines arrestations acquit plus de consistance. Les amis de Danton l'entouraient, le pressaient de sortir de son espèce de sommeil, de secouer sa paresse, et de montrer enfin ce front révolutionnaire qui ne s'était jamais montré en vain dans l'orage. « Je le sais, disait Danton, ils veulent m'arrêter!.... Mais non, ajoutait-il, ils n'oseront pas.... » D'ailleurs, que pouvait-il faire? Fuir était impossible. Quel pays voudrait donner asile à ce révolutionnaire formidable? Devait-il autoriser par sa fuite toutes les calomnies de ses ennemis? et puis, il aimait son pays. « Emporte-t-on, s'écriait-il, sa patrie *à la semelle de ses souliers?* » D'autre part, demeurant en France, il lui restait peu de moyens à employer. Les cordeliers appartenaient aux *ultra-révolutionnaires*, les jacobins à Robespierre. La convention était tremblante. Sur quelle force s'appuyer?... Voilà ce que n'ont pas assez considéré ceux qui, ayant vu cet homme si puissant foudroyer le trône au 10 août, soulever le peuple contre les étrangers, n'ont pu concevoir qu'il soit tombé sans résistance. Le génie révolutionnaire ne consiste point à refaire une popularité perdue, à créer des forces qui n'existent pas, mais à diriger hardiment les affections d'un peuple quand on les possède. La générosité de Danton, son éloignement des affaires, lui avaient presque aliéné la faveur populaire, ou du moins ne lui en avaient pas laissé assez pour renverser l'autorité régnante. Dans cette conviction de son impuissance, il attendait, et répétait : *Ils n'oseront pas*. Il était permis, en effet, de croire que devant un si grand nom, de si grands services, ses adversaires hésiteraient. Puis il retombait dans sa paresse et dans cette insouciance des êtres forts qui attendent le danger sans se trop agiter pour s'y soustraire.

Le comité gardait toujours le plus grand silence, et des bruits sinistres continuaient de se répandre. Six jours s'étaient écoulés depuis la mort d'Hébert; c'était le 9 germinal. Tout à coup les hommes paisibles, qui avaient conçu des espérances indiscrètes en voyant succomber le parti des forcenés, disent que bientôt on sera délivré des deux saints,

Marat et Chalier, et que l'on a trouvé dans leur vie de quoi les transformer, aussi vite qu'Hébert, de grands patriotes en scélérats. Ce bruit, qui tenait à l'idée d'un mouvement rétrograde, se propage avec une singulière rapidité, et on entend répéter de tous côtés que les bustes de Marat et de Chalier vont être brisés. Le maladroit Legendre dénonce ces propos à la convention et aux Jacobins, comme pour protester, au nom de ses amis les modérés, contre un projet pareil. « Soyez
« tranquilles, s'écrie Collot aux Jacobins, de tels
« propos seront démentis. Nous avons fait tomber
« la foudre sur les hommes infames qui trompaient
« le peuple, nous leur avons arraché le masque,
« mais ils ne sont pas les seuls!.... Nous arra-
« cherons tous les masques possibles. Que les
« *indulgens* ne s'imaginent pas que c'est pour eux
« que nous avons combattu, que c'est pour eux
« que nous avons tenu ici des séances glorieuses.
« Bientôt nous saurons les détromper... »

Le lendemain, en effet, 10 germinal (31 mars), le comité de salut public appelle dans son sein le comité de sûreté générale, et, pour donner plus d'autorité à ses mesures, le comité de législation lui-même. Dès que tous les membres sont réunis, Saint-Just prend la parole, et, dans un de ces rapports violens et perfides qu'il savait si bien rédiger, il dénonce Danton, Desmoulins, Philippeau, Lacroix, et propose leur arrestation. Les membres des deux autres comités, consternés mais tremblans, n'osent pas résister, et croient éloigner le danger de leur personne en donnant leur adhésion. Le plus grand silence est commandé, et, dans la nuit du 10 au 11 germinal, Danton, Lacroix, Philippeau, Camille Desmoulins, sont arrêtés à l'improviste et conduits au Luxembourg.

Dès le matin, le bruit en était répandu dans Paris, et y avait causé une espèce de stupeur. Les membres de la convention se réunissent, et gardent un silence mêlé d'effroi. Le comité, qui toujours se faisait attendre, et avait déjà toute l'insolence du pouvoir, n'était point encore arrivé. Legendre, qui n'était pas assez important pour avoir été arrêté avec ses amis, s'empresse de prendre la parole: « Citoyens, dit-il, quatre membres
« de cette assemblée sont arrêtés de cette nuit; je
« sais que Danton en est un, j'ignore le nom des
« autres; mais, quels qu'ils soient, je demande
« qu'ils puissent être entendus à la barre. Citoyens,
« je le déclare, je crois Danton aussi pur que moi-
« même, et je ne crois pas que personne ait rien
« à me reprocher; je n'attaquerai aucun membre
« des comités de salut public et de sûreté géné-
« rale, mais j'ai le droit de craindre que des haines
« particulières et des passions individuelles n'arra-

« chent à la liberté des hommes qui lui ont rendu
« les plus grands et plus utiles services. L'homme
« qui, en septembre 92, sauva la France par son
« énergie, mérite d'être entendu, et doit avoir la
« faculté de s'expliquer lorsqu'on l'accuse d'avoir
« trahi la patrie. »

Procurer à Danton la faculté de parler à la convention était le meilleur moyen de le sauver, et de démasquer ses adversaires. Beaucoup de membres, en effet, opinaient pour qu'il fût entendu; mais, dans ce moment, Robespierre, devançant le comité, arrive au milieu de la discussion, monte à la tribune, et, avec un ton colère et menaçant, parle en ces termes : « Au trouble depuis long-
« temps inconnu qui règne dans cette assemblée,
« à l'agitation qu'a produite le préopinant, on voit
« bien qu'il est question ici d'un grand intérêt,
« qu'il s'agit de savoir si quelques hommes l'em-
« porteront aujourd'hui sur la patrie. Mais
« comment pouvez-vous oublier vos principes,
« jusqu'à vouloir accorder aujourd'hui à certains
« individus ce que vous avez naguère refusé à
« Chabot, Delaunay et Fabre-d'Églantine? Pour-
« quoi cette différence en faveur de quelques
« hommes? Que m'importent à moi les éloges
« qu'on se donne à soi et à ses amis?... Une trop
« grande expérience nous a appris à nous défier de
« ces éloges. Il ne s'agit plus de savoir si un homme

« a commis tel ou tel acte patriotique, mais quelle
« a été toute sa carrière.

« Legendre paraît ignorer le nom de ceux qui
« sont arrêtés. Toute la convention les connaît.
« Son ami Lacroix est du nombre des détenus;
« pourquoi Legendre feint-il de l'ignorer? Parce
« qu'il sait bien qu'on ne peut, sans impudeur,
« défendre Lacroix. Il a parlé de Danton, parce
« qu'il croit qu'à ce nom sans doute est attaché un
« privilége... Non, nous ne voulons pas de privi-
« léges; nous ne voulons point d'idoles!.... »

A ces derniers mots, des applaudissemens éclatent, et les lâches, tremblant en ce moment devant
une idole, applaudissent néanmoins au renversement de celle qui n'est plus à craindre. Robespierre continue : « En quoi Danton est-il supérieur
« à Lafayette, à Dumouriez, à Brissot, à Fabre,
« à Chabot, à Hébert? Que ne dit-on de lui qu'on
« ne puisse dire d'eux? Cependant les avez-vous
« ménagés? On vous parle du despotisme des co-
« mités, comme si la confiance que le peuple vous
« a donnée, et que vous avez transmise à ces co-
« mités, n'était pas un sûr garant de leur patrio-
« tisme. On affecte des craintes; mais, je le dis,
« quiconque tremble en ce moment est coupable,
« car jamais l'innocence ne redoute la surveillance
« publique. »

Ici, nouveaux applaudissemens de ces mêmes

lâches qui tremblent, et veulent prouver qu'ils n'ont pas peur. « Et moi aussi, ajoute Robes-
« pierre, on a voulu m'inspirer des terreurs. On
« a voulu me faire croire qu'en approchant de
« Danton, le danger pouvait arriver jusqu'à moi.
« On m'a écrit. Les amis de Danton m'ont fait par-
« venir des lettres, m'ont obsédé de leurs discours ;
« ils ont cru que le souvenir d'une vieille liaison,
« qu'une foi ancienne dans de fausses vertus, me
« détermineraient à ralentir mon zèle et ma pas-
« sion pour la liberté. Eh bien ! je déclare que si
« les dangers de Danton devaient devenir les miens,
« cette considération ne m'arrêterait pas un in-
« stant. C'est ici qu'il nous faut à tous quelque
« courage et quelque grandeur d'ame. Les ames
« vulgaires ou les hommes coupables craignent
« toujours de voir tomber leurs semblables, parce
« que, n'ayant plus devant eux une barrière de
« coupables, ils restent exposés au jour de la vé-
« rité ; mais s'il existe des ames vulgaires, il en est
« d'héroïques dans cette assemblée, et elles sau-
« ront braver toutes les fausses terreurs. D'ailleurs
« le nombre des coupables n'est pas grand ; le
« crime n'a trouvé que peu de partisans parmi
« nous, et en frappant quelques têtes la patrie sera
« délivrée. »

Robespierre avait acquis de l'assurance, de l'habileté pour dire ce qu'il voulait, et jamais il n'avait su être aussi habile et aussi perfide. Parler du sacrifice qu'il faisait en abandonnant Danton, s'en faire un mérite, entrer en partage du danger s'il y en avait, et rassurer les lâches en parlant du petit nombre des coupables, était le comble de l'hypocrisie et de l'adresse. Aussi, tous ses collègues décident à l'unanimité que les quatre députés arrêtés dans la nuit ne seront pas entendus par la convention. Dans ce moment, Saint-Just arrive, et lit son rapport. C'est lui qu'on déchaînait contre les victimes, parce qu'à la subtilité nécessaire pour faire mentir les faits et leur donner une signification qu'ils n'avaient pas, il joignait une violence et une vigueur de style rares. Jamais il n'avait été ni plus horriblement éloquent, ni plus faux; car, quelque grande que fût sa haine, elle ne pouvait lui persuader tout ce qu'il avançait. Après avoir longuement calomnié Philippeau, Camille Desmoulins, Hérault-Séchelles, et accusé Lacroix, il arrive enfin à Danton, et imagine les faits les plus faux, ou dénature d'une manière atroce les faits connus. Selon lui, Danton, avide, paresseux, menteur, et même lâche, s'est vendu à Mirabeau, puis aux Lameth, et a rédigé avec Brissot la pétition qui amena la fusillade du Champ-de-Mars, non pas pour abolir la royauté, mais pour faire fusiller les meilleurs citoyens : puis il est allé impunément se délasser, et dévorer à Arcis-sur-Aube le fruit de ses perfidies. Il s'est caché au 10 août, et n'a reparu que pour se faire ministre; alors il s'est lié au parti d'Orléans, et a fait nommer d'Orléans et Fabre à la députation. Ligué avec Dumouriez, n'ayant pour les girondins qu'une haine affectée, et sachant toujours s'entendre avec eux, il était entièrement opposé au 31 mai, et avait voulu faire arrêter Henriot. Lorsque Dumouriez, d'Orléans, les girondins, ont été punis, il a traité avec le parti qui voulait rétablir Louis XVII. Prenant de l'argent de toute main, de d'Orléans, des Bourbons, de l'étranger, dînant avec les banquiers et les aristocrates, mêlé dans toutes les intrigues, prodigue d'espérances envers tous les partis, vrai Catilina enfin, cupide débauché, paresseux, corrupteur des mœurs publiques, il est allé s'ensevelir une dernière fois à Arcis-sur-Aube, pour jouir de ses rapines. Il en est enfin revenu, et s'est entendu récemment avec tous les ennemis de l'état, avec Hébert et consorts, par le lien commun de l'étranger, pour attaquer le comité et les hommes que la convention avait investis de sa confiance.

A la suite de ce rapport inique, la convention décréta d'accusation Danton, Camille Desmoulins, Philippeau, Hérault-Séchelles et Lacroix.

Ces infortunés avaient été conduits au Luxembourg. Lacroix disait à Danton : « Nous arrêter !

nous !..... Je ne m'en serais jamais douté ! — Tu ne t'en serais jamais douté ? reprit Danton ; je le savais, moi, on m'en avait averti. — Tu le savais, s'écria Lacroix, et tu n'as pas agi ! voilà l'effet de ta paresse accoutumée ; elle nous a perdus. — Je ne croyais pas, répondit Danton, qu'ils osassent jamais exécuter leur projet. »

Tous les prisonniers étaient accourus en foule au guichet, pour voir ce célèbre Danton, et cet intéressant Camille, qui avait fait reluire un peu d'espérance dans les cachots. Danton était, selon son usage, calme, fier et assez jovial ; Camille, étonné et triste ; Philippeau, ému et élevé par le danger. Hérault-Séchelles, qui les avait devancés au Luxembourg de quelques jours, accourut au-devant de ses amis, et les embrassa gaiement. « Quand les hommes, dit Danton, font des sottises, il faut savoir en rire. » Puis apercevant Thomas Payne, il lui dit : « Ce que tu as fait pour le bonheur et la liberté de ton pays, j'ai en vain essayé de le faire pour le mien ; j'ai été moins heureux, mais non pas plus coupable... On m'envoie à l'échafaud ; eh bien ! mes amis, il faut y aller gaiement.... »

Le lendemain 12, l'acte d'accusation fut envoyé au Luxembourg, et les accusés furent transférés à la Conciergerie, pour aller de là au tribunal révolutionnaire. Camille devint furieux en lisant cet acte plein de mensonges odieux. Bientôt il se calma et dit avec affliction : « Je vais à l'échafaud pour avoir versé quelques larmes sur le sort de tant de malheureux. Mon seul regret, en mourant, est de n'avoir pu les servir. » Tous les détenus, quel que fût leur rang et leur opinion, lui portaient l'intérêt le plus vif, et faisaient pour lui des vœux ardens. Philippeau dit quelques mots de sa femme, et resta calme et serein. Hérault-Séchelles conserva cette grace d'esprit et de manières qui le distinguait même entre les hommes de son rang ; il embrassa son fidèle domestique, qui l'avait suivi au Luxembourg, et qui ne pouvait le suivre à la Conciergerie ; il le consola et lui rendit le courage. On transféra, en même temps, Fabre, Chabot, Bazire, Delaunay, qu'on voulait juger conjointement avec Danton, pour souiller son procès par une apparence de complicité avec des faussaires. Fabre était malade et presque mourant. Chabot, qui du fond de sa prison n'avait cessé d'écrire à Robespierre, de l'implorer, de lui prodiguer les plus basses flatteries sans parvenir à le toucher, voyait sa mort assurée, et la honte non moins certaine pour lui que l'échafaud : il voulut alors s'empoisonner. Il avala du sublimé corrosif; mais la douleur lui ayant arraché des cris, il avoua sa tentative, accepta des soins, et fut transporté aussi malade que Fabre à la Conciergerie. Un sentiment un peu plus noble parut l'animer au milieu de ses tourmens, ce fut un vif regret d'avoir compromis son ami Bazire, qui n'avait pris aucune part au crime. « Bazire, s'écriait-il, mon pauvre Bazire, qu'as-tu fait ? »

A la Conciergerie, les accusés inspirèrent la même curiosité qu'au Luxembourg. Ils occupaient le cachot des girondins. Danton parla avec la même énergie. « C'est à pareil jour, dit-il, que j'ai fait instituer le tribunal révolutionnaire. J'en demande pardon à Dieu et aux hommes. Mon but était de prévenir un nouveau septembre, et non de déchaîner un fléau sur l'humanité. » Puis revenant à son mépris pour ses collègues qui l'assassinaient : « Ces frères Caïn, dit-il, n'entendent rien au gouvernement. Je laisse tout dans un désordre épouvantable... » Il employa alors, pour caractériser l'impuissance du paralytique Couthon et du lâche Robespierre, des expressions obscènes, mais originales, qui annonçaient encore une singulière gaieté d'esprit. Un seul instant il montra un léger regret d'avoir pris part à la révolution : « Il vaudrait mieux, dit-il, être un pauvre pêcheur que de gouverner les hommes. » Ce fut le seul mot de ce genre qu'il prononça.

Lacroix parut étonné en voyant dans les cachots le nombre et le malheureux état des prisonniers. « Quoi ! lui dit-on, des charrettes chargées de victimes ne vous avaient pas appris ce qui se passait dans Paris!» L'étonnement de Lacroix était sincère, et c'est une leçon pour les hommes qui, poursuivant un but politique, ne se figurent pas assez les souffrances individuelles des victimes, et semblent ne pas y croire parce qu'ils ne les voient pas.

Le lendemain 13 germinal, les accusés furent conduits au tribunal au nombre de quinze. On avait réuni ensemble les cinq chefs modérés, Danton, Hérault-Séchelles, Camille, Philippeau, Lacroix; les quatre accusés de faux, Chabot, Bazire, Delaunay, Fabre-d'Églantine; les deux beaux-frères de Chabot, Junius et Emmanuel Frey; le fournisseur d'Espagnac, le malheureux Westermann, accusé d'avoir partagé la corruption et les complots de Danton; enfin deux étrangers, amis des accusés, l'Espagnol Gusman, et le Danois Diederichs. Le but du comité, en faisant cet amalgame, était de confondre les modérés avec les corrompus et avec les étrangers, pour prouver toujours que la modération provenait à la fois du défaut de vertu républicaine et de la séduction de l'or de l'étranger. La foule accourue pour voir les accusés était immense. Un reste de l'intérêt qu'avait inspiré Danton s'était réveillé en sa présence. Fouquier-Tinville, les juges et les jurés, tous révolutionnaires subalternes tirés du néant par sa main puissante, étaient embarrassés en sa présence : son assurance, sa fierté, leur imposaient, et il semblait plutôt l'accusateur que l'accusé. Le président Hermann et Fouquier-Tinville, au lieu de tirer les jurés au sort, comme le voulait la loi, firent un choix, et prirent ce qu'ils appelaient *les solides*. On interrogea ensuite les accusés. Quand on adressa à Danton les questions d'usage sur son âge et son domicile, il répondit fièrement qu'il avait trente-quatre ans, et que bientôt son nom serait au Panthéon, et lui dans le néant. Camille répondit qu'il avait trente-trois ans, l'âge du *sans-culotte Jésus-Christ lorsqu'il mourut*. Bazire en avait vingt-neuf. Hérault-Séchelles, Philippeau, en avaient trente-quatre. Ainsi le talent, le courage, le patriotisme, la jeunesse, tout se trouvait encore réuni dans ce nouvel holocauste, comme dans celui des girondins.

Danton, Camille, Hérault-Séchelles et les autres, se plaignirent de voir leur cause confondue avec celle de plusieurs faussaires. Cependant on passa outre. On examina d'abord l'accusation dirigée contre Chabot, Bazire, Delaunay et Fabre-d'Églantine. Chabot persista dans son système, et soutint qu'il n'avait pris part à la conspiration des agioteurs que pour la dévoiler. Il ne persuada personne, car il était étrange qu'en y entrant, il n'eût pas secrètement prévenu quelque membre des comités ; qu'il l'eût dévoilée si tard, et qu'il eût gardé les fonds dans ses mains. Delaunay fut convaincu ; Fabre, malgré son adroite défense, consistant à dire qu'en surchargeant de ratures la copie du décret, il avait cru ne raturer qu'un projet, fut convaincu par Cambon, dont la déposition franche et désintéressée était accablante. Il prouva, en effet, à Fabre que les projets de décrets n'étaient jamais signés, que la copie qu'il avait raturée l'était par tous les membres de la commission des cinq, et que par conséquent il n'avait pu croire ne raturer qu'un simple projet. Bazire, dont la complicité consistait dans la non-révélation, fut à peine écouté dans sa défense, et fut assimilé aux autres par le tribunal. On passa ensuite à d'Espagnac, que l'on accusait d'avoir corrompu Julien de Toulouse pour faire appuyer ses marchés, et d'avoir pris part à l'intrigue de la compagnie des Indes. Ici, des lettres prouvaient les faits, et tout l'esprit de d'Espagnac ne put rien contre cette preuve. On interrogea ensuite Hérault-Séchelles. Bazire était déclaré coupable comme ami de Chabot ; Hérault le fut pour avoir été ami de Bazire, pour avoir eu quelque connaissance par lui de l'intrigue des agioteurs, pour avoir favorisé une émigrée, pour avoir été ami des modérés, et pour avoir fait supposer, par sa douceur, sa grâce, sa fortune et ses regrets mal déguisés, qu'il était modéré lui-même. Après Hérault vint le tour de Danton. Un silence profond régna dans l'assemblée quand il se leva pour prendre la parole. « Danton, lui dit le président, la convention vous accuse d'avoir conspiré avec Mirabeau, avec Dumouriez, avec d'Orléans, avec les girondins, avec l'étranger, et avec la faction qui veut rétablir Louis XVII. — Ma voix, répondit Danton avec son organe puissant, ma voix qui tant de fois s'est fait entendre pour la cause du peuple, n'aura pas de peine à repousser la calomnie. Que les lâches qui m'accusent paraissent, et je les couvrirai d'ignominie..... Que les comités se rendent ici, je ne répondrai que devant eux; il me les faut pour accusateurs et pour témoins... Qu'ils paraissent... Au reste, peu m'importe, vous et votre jugement..... Je vous l'ai dit : le néant sera bientôt mon asile. La vie m'est à charge, qu'on me l'arrache..... Il me tarde d'en être délivré. » En achevant ces paroles, Danton était indigné, son cœur était soulevé d'avoir à répondre à de pareils hommes. Sa demande de faire comparaître les comités, et sa volonté prononcée de ne répondre que devant eux, avaient intimidé le tribunal, et causé une grande agitation. Une telle confrontation, en effet, eût été cruelle pour eux; ils auraient été couverts de confusion, et la condamnation fût peut-être devenue impossible. « Danton, dit le président, l'audace est le propre du crime; le calme est celui de l'innocence. » A ce mot, Danton s'écrie : « L'audace individuelle est réprimable sans doute; mais cette audace nationale dont j'ai tant de fois donné l'exemple, que j'ai tant de fois mise au service de la liberté, est la plus méritoire de toutes les vertus. Cette audace est la mienne; c'est celle dont je fais ici usage pour la république contre les lâches qui m'accusent. Lorsque je me vois si bassement calomnié, puis-je me contenir? Ce n'est pas d'un révolutionnaire comme moi qu'il faut attendre une défense froide... les hommes de ma trempe sont inappréciables dans les révolutions..... c'est sur leur front qu'est empreint le génie de la liberté. » En disant ces mots, Danton agitait sa tête et bravait le tribunal. Ses traits si redoutés produisaient une impression profonde. Le peuple, que la force touche, laissait échapper un murmure approbateur. « Moi, continuait Danton, moi accusé d'avoir conspiré avec Mirabeau, avec Dumouriez, avec d'Orléans; d'avoir rampé aux pieds de vils despotes! c'est moi que l'on somme de répondre à la *justice inévitable, inflexible*[1]!... Et toi, lâche Saint-Just, tu répondras à la postérité de ton accusation contre le meilleur soutien de la liberté... En parcourant cette liste d'horreurs, ajouta Danton en montrant l'acte d'ac-

---

[1]. Expressions de l'acte d'accusation.

cusation, je sens tout mon être frémir. » Le président lui recommande de nouveau d'être calme, et lui cite l'exemple de Marat, qui répondit avec respect au tribunal. Danton reprend et dit que, puisqu'on le veut, il va raconter sa vie. Alors il rappelle la peine qu'il eut à parvenir aux fonctions municipales, les efforts que firent les constituans pour l'en empêcher, la résistance qu'il opposa aux projets de Mirabeau, et surtout ce qu'il fit dans cette journée fameuse où, entourant la voiture royale d'un peuple immense, il empêcha le voyage à Saint-Cloud. Puis il rapporte sa conduite lorsqu'il amena le peuple au Champ-de-Mars, pour signer une pétition contre la royauté, et le motif de cette pétition fameuse ; l'audace avec laquelle il proposa le premier le renversement du trône en 92 ; le courage avec lequel il proclama l'insurrection le 9 août au soir ; la fermeté qu'il déploya pendant les douze heures de l'insurrection. Suffoqué ici d'indignation, en songeant au reproche qu'on lui fait de s'être caché au moment du 10 août : « Où sont, s'écrie-t-il, les hommes qui eurent besoin de presser Danton pour l'engager à se montrer dans cette journée? Où sont les êtres privilégiés dont il a emprunté l'énergie? Qu'on les fasse paraître, mes accusateurs !... j'ai toute la plénitude de ma tête lorsque je les demande....... je dévoilerai les trois plats coquins qui ont entouré et perdu Robespierre... qu'ils se produisent ici, et je les plongerai dans le néant, dont ils n'auraient jamais dû sortir...... » Le président veut interrompre de nouveau Danton, et agite sa sonnette. Danton en couvre le bruit avec sa voix terrible. « Est-ce que vous ne m'entendez pas ? lui dit le président. — La voix d'un homme, reprend Danton, qui défend son honneur et sa vie, doit vaincre le bruit de ta sonnette. » Cependant il était fatigué d'indignation ; sa voix était altérée ; alors le président l'engage avec égard à prendre quelque repos, pour recommencer sa défense avec plus de calme et de tranquillité.

Danton se tait. On passe à Camille, dont on lit *le Vieux Cordelier*, et qui se révolte en vain contre l'interprétation donnée à ses écrits. On s'occupe ensuite de Lacroix dont on rappelle amèrement la conduite en Belgique, et qui, à l'exemple de Danton, demande la comparution de plusieurs membres de la convention, et insiste formellement pour l'obtenir.

Cette première séance causa une sensation générale. La foule qui entourait le Palais de Justice, et s'étendait jusque sur les ponts, parut singulièrement émue. Les juges étaient épouvantés ; Vadier, Vouland, Amar, les membres les plus méchans du comité de sûreté générale, avaient assisté aux débats, cachés dans l'imprimerie attenant à la salle du tribunal, et communiquant avec cette salle par une petite lucarne. De là ils avaient vu avec effroi l'audace de Danton et les dispositions du public. Ils commençaient à douter que la condamnation fût possible. Hermann et Fouquier s'étaient rendus, immédiatement après l'audience, au comité de salut public, et lui avaient fait part de la demande des accusés qui voulaient faire paraître plusieurs membres de la convention. Le comité commençait à hésiter; Robespierre s'était retiré chez lui; Billaud et Saint-Just étaient seuls présens. Ils défendent à Fouquier de répondre, lui enjoignent de prolonger les débats, d'arriver à la fin des trois jours sans s'être expliqué, et de faire déclarer alors par les jurés qu'ils sont suffisamment instruits.

Pendant que ces choses se passaient au tribunal, au comité et dans Paris, l'émotion n'était pas moindre dans les prisons, où l'on portait un vif intérêt aux accusés, et où l'on ne voyait plus d'espérance pour personne, si de tels révolutionnaires étaient immolés. Il y avait au Luxembourg le malheureux Dillon, ami de Desmoulins et défendu par lui; il avait appris par Chaumette, qui, exposé au même danger, faisait cause commune avec les modérés, ce qui s'était passé au tribunal. Chaumette le tenait de sa femme. Dillon, dont la tête était vive, et qui, en vieux militaire, cherchait quelquefois dans le vin des distractions à ses peines, parla inconsidérément à un nommé Laflotte, enfermé dans la même prison; il lui dit qu'il était temps que les bons républicains levassent la tête contre de vils oppresseurs, que le peuple avait paru se réveiller, que Danton demandait à répondre devant les comités, que sa condamnation était loin d'être assurée, que la femme de Camille Desmoulins, en répandant des assignats, pourrait soulever le peuple, et que si lui parvenait à s'échapper, il réunirait assez d'hommes résolus pour sauver les républicains près d'être sacrifiés par le tribunal. Ce n'étaient là que de vains propos prononcés dans l'ivresse et la douleur. Cependant il paraît qu'il fut question aussi de faire passer mille écus et une lettre à la femme de Camille. Le lâche Laflotte, croyant obtenir la vie et la liberté en dénonçant un complot, courut faire au concierge du Luxembourg une déclaration, dans laquelle il supposa une conspiration près d'éclater au dedans et au dehors des prisons, pour enlever les accusés, et assassiner les membres des deux comités. On verra bientôt quel usage on fit de cette fatale déposition.

Le lendemain l'affluence était la même au tribunal. Danton et ses collègues, aussi fermes et aussi opiniâtres, demandent encore la comparution de plusieurs membres de la convention et des deux comités. Fouquier, pressé de répondre, dit qu'il ne s'oppose pas à ce qu'on appelle les témoins nécessaires. Mais il ne suffit pas, ajoutent les accusés, qu'il n'y mette aucun obstacle, il faut de plus qu'il les appelle lui-même. A cela Fouquier réplique qu'il appellera tous ceux qu'on désignera, excepté les membres de la convention, parce que c'est à l'assemblée qu'il appartient de décider si ses membres peuvent être cités. Les accusés se récrient de nouveau qu'on leur refuse les moyens de se défendre. Le tumulte est à son comble. Le président interroge encore quelques accusés, Westermann, les deux Frey, Gusman, et se hâte de lever la séance.

Fouquier écrivit sur-le-champ une lettre au comité pour lui faire part de ce qui s'était passé, et pour obtenir un moyen de répondre aux demandes des accusés. La situation était difficile, et tout le monde commençait à hésiter. Robespierre affectait de ne pas donner son avis. Saint-Just seul, plus opiniâtre et plus hardi, pensait qu'on ne devait pas reculer, qu'il fallait fermer la bouche aux accusés, et les envoyer à la mort. Dans ce moment, il venait de recevoir la déposition du prisonnier Laflotte, adressée à la police par le guichetier du Luxembourg. Saint-Just y voit le germe d'une conspiration tramée par les accusés,

et le prétexte d'un décret qui terminera la lutte du tribunal avec eux. Le lendemain matin, en effet, il se présente à la convention, lui dit qu'un grand danger menace la patrie, mais que c'est le dernier, et qu'en le bravant avec courage elle l'aura bientôt surmonté. « Les accusés, dit-il, présens au tri-
« bunal révolutionnaire, sont en pleine révolte;
« ils menacent le tribunal; ils poussent l'insolence
« jusqu'à jeter au nez des juges des boules de mie
« de pain; ils excitent le peuple, et peuvent même
« l'égarer. Ce n'est d'ailleurs pas tout; ils ont pré-
« paré une conspiration dans les prisons; la femme
« de Camille a reçu de l'argent pour provoquer
« une insurrection; le général Dillon doit sortir
« du Luxembourg, se mettre à la tête de quelques
« conspirateurs, égorger les deux comités, et
« élargir les coupables. » A ce récit hypocrite et faux, les complaisans se récrient que c'est horrible, et la convention vote à l'unanimité le décret proposé par Saint-Just. En vertu de ce décret, le tribunal doit continuer, sans désemparer, le procès de Danton et de ses complices; et il est autorisé à mettre hors des débats les accusés qui manqueraient de respect à la justice, ou qui voudraient provoquer du trouble. Une copie du décret est expédiée sur-le-champ. Vouland et Vadier viennent l'apporter au tribunal, où la troisième

séance était commencée, et où l'audace redoublée des accusés jetait Fouquier dans le plus grand embarras.

Le troisième jour, en effet, les accusés avaient résolu de renouveler leurs sommations. Tous à la fois se lèvent, et pressent Fouquier de faire comparaître les témoins qu'ils ont demandés. Ils exigent plus encore ; ils veulent que la convention nomme une commission pour recevoir les dénonciations qu'ils ont à faire contre le projet de dictature qui se manifeste chez les comités. Fouquier, embarrassé, ne sait plus quelle réponse leur faire. Dans le moment, un huissier vient l'appeler. Il passe dans la salle voisine, et trouve Amar et Vouland, qui, tout essoufflés encore, lui disent : « Nous tenons les scélérats, voilà de quoi vous tirer d'embarras; » et ils lui remettent le décret que Saint-Just venait de faire rendre. Fouquier s'en saisit avec joie, rentre à l'audience, demande la parole, et lit le décret affreux. Danton, indigné, se lève alors : « Je prends, dit-il, l'auditoire à témoin que nous n'avons pas insulté le tribunal. — C'est vrai ! disent plusieurs voix dans la salle. » Le public entier est étonné, indigné même du déni de justice commis envers les accusés. L'émotion est générale; le tribunal est intimidé. « Un jour, ajoute Danton, la vérité sera connue... Je vois de grands malheurs fondre sur la France... Voilà la dictature ; elle se montre à découvert et sans voile... » Camille, en entendant parler du Luxembourg, de Dillon, de sa femme, s'écrie avec désespoir : « Les scélérats ! non contens de m'égorger, moi, ils veulent égorger ma femme ! » Danton aperçoit dans le fond de la salle et dans le corridor, Amar et Vouland, qui se cachaient pour juger de l'effet du décret. Il les montre du poing : « Voyez, s'écrie-t-il, ces lâches assassins ; ils nous poursuivent, ils ne nous quitteront pas jusqu'à la mort ! » Vadier et Vouland, effrayés, disparaissent. Le tribunal, pour toute réponse, lève la séance.

Le lendemain était le quatrième jour, et le jury avait la faculté de clôturer les débats, en se déclarant suffisamment instruit. En conséquence, sans donner aux accusés le temps de se défendre le jury demande la clôture des débats. Camille entre en fureur, déclare aux jurés qu'ils sont des assassins, et prend le peuple à témoin de cette iniquité. On l'entraîne alors avec ses compagnons d'infortune hors de la salle. Il résiste, et on l'emporte de force. Pendant ce temps, Vadier, Vouland, parlent vivement aux jurés, qui, du reste, n'avaient pas besoin d'être excités. Le président Hermann et Fouquier les suivent dans leur salle. Herman a l'audace de leur dire qu'on a intercepté une lettre écrite à l'étranger, qui prouve la complicité de Danton avec la coalition. Trois ou qua-

CAMILLE DESMOULINS

Publié par Furne, Paris.

tre jurés seulement osent appuyer les accusés, mais la majorité l'emporte. Le président du jury, le nommé Trinchard, rentre plein d'une joie féroce, et prononce de l'air d'un furieux la condamnation inique.

On ne voulut pas s'exposer à une nouvelle explosion des condamnés, en les faisant remonter de la prison à la salle du tribunal pour entendre leur sentence; un greffier descendit la leur lire. Ils le renvoyèrent sans vouloir le laisser achever, et en s'écriant qu'on pouvait les conduire à la mort. Une fois la condamnation prononcée, Danton, qui avait été soulevé d'indignation, redevint calme et fut rendu à tout son mépris pour ses adversaires. Camille, bientôt apaisé, versa quelques larmes sur son épouse; et, grâce à son heureuse imprévoyance, n'imagina pas qu'elle fût menacée de la mort, ce qui aurait rendu ses derniers momens insupportables. Hérault fut gai comme à l'ordinaire. Tous les accusés furent fermes, et Westermann se montra digne de sa bravoure si célèbre.

Ils furent exécutés le 16 germinal (5 avril). La troupe infame, payée pour outrager les victimes, suivait les charrettes. Camille, à cette vue, éprouvant un mouvement d'indignation, voulut parler à la multitude, et il vomit contre le lâche et hypocrite Robespierre les plus véhémentes imprécations. Les misérables envoyés pour l'outrager lui répondirent par des injures. Dans son action violente, il avait déchiré sa chemise et avait les épaules nues. Danton, promenant sur cette troupe un regard calme et plein de mépris, dit à Camille : « Reste donc tranquille, et laisse là cette vile canaille. » Arrivé au pied de l'échafaud, Danton allait embrasser Hérault-Séchelles, qui lui tendait les bras : l'exécuteur s'y opposant, il lui adressa, avec un sourire, ces expressions terribles : « Tu peux donc être plus cruel que la mort! Va, tu n'empêcheras pas que dans un moment nos têtes s'embrassent dans le fond du panier. »

Telle fut la fin de ce Danton qui avait jeté un si grand éclat dans la révolution, et qui lui avait été si utile. Audacieux, ardent, avide d'émotions et de plaisirs, il s'était précipité dans la carrière des troubles, et il dut briller surtout les jours de terreur. Prompt et positif, n'étant étonné ni par la difficulté ni par la nouveauté d'une situation extraordinaire, il savait juger les moyens nécessaires, et n'avait peur ni scrupule d'aucun. Il pensa qu'il devenait urgent de terminer les luttes de la monarchie et de la révolution, et il fit le 10 août. En présence des Prussiens, il pensa qu'il fallait contenir la France et l'engager dans le système de la révolution; il ordonna, dit-on, les journées horribles de septembre, et tout en les ordonnant, il sauva une foule de victimes. Au

DANTON.

Publié par Furne, Paris.

commencement de la grande année 1793, la convention était étonnée à la vue de l'Europe armée; il prononça, en les comprenant dans toute leur profondeur, ces paroles remarquables : « Une nation en révolution est plus près de conquérir ses voisins que d'en être conquise. » Il jugea que vingt-cinq millions d'hommes qu'on oserait mouvoir n'auraient rien à craindre de quelques centaines de mille hommes armés par les trônes. Il proposa de soulever le peuple, de faire payer les riches; il imagina enfin toutes les mesures révolutionnaires qui ont laissé un si terrible souvenir, mais qui ont sauvé la France. Cet homme, si puissant dans l'action, retombait pendant l'intervalle des dangers dans l'indolence et les plaisirs qu'il avait toujours aimés. Il recherchait même les jouissances les plus innocentes, celles que procurent les champs, une épouse adorée et des amis. Alors il oubliait les vaincus, ne pouvait plus les haïr, savait même leur rendre justice, les plaindre et les défendre. Mais pendant ces intervalles de repos, nécessaires à son ame ardente, ses rivaux gagnaient peu à peu, par leur persévérance, la renommée et l'influence qu'il avait acquises en un seul jour de péril. Les fanatiques lui reprochaient son amollissement et sa bonté, et oubliaient qu'en fait de cruautés politiques il les avait égalés tous dans les journées de septembre. Tandis qu'il se confiait en sa renommée, tandis qu'il différait par paresse, et qu'il roulait dans sa tête de nobles projets, pour ramener les lois douces, pour borner le règne de la violence aux jours de danger, pour séparer les exterminateurs irrévocablement engagés dans le sang, des hommes qui n'avaient cédé qu'aux circonstances, pour organiser enfin la France et la réconcilier avec l'Europe, il fut surpris par ses collègues auxquels il avait abandonné le gouvernement. Ceux-ci, en frappant un coup sur les ultra-révolutionnaires, devaient, pour ne point paraître rétrograder, frapper un coup sur les modérés. La politique demandait des victimes; l'envie les choisit, et immola l'homme le plus célèbre et le plus redouté du temps. Danton succomba avec sa renommée et ses services, devant le gouvernement formidable qu'il avait contribué à organiser : mais du moins, par son audace, il rendit un moment sa chute douteuse.

Danton avait un esprit inculte, mais grand, profond, et surtout simple et solide. Il ne savait s'en servir que pour ses besoins, et jamais pour briller; aussi parlait-il peu, et dédaignait d'écrire. Suivant un contemporain, il n'avait aucune prétention, pas même celle de deviner ce qu'il ignorait, prétention si commune aux hommes de sa trempe. Il écoutait Fabre-d'Églantine, et faisait parler sans cesse son jeune et intéressant ami,

Camille Desmoulins, dont l'esprit faisait ses délices, et qu'il eut la douleur d'entraîner dans sa chute. Il mourut avec sa force ordinaire, et la communiqua à son jeune ami. Comme Mirabeau, il expira fier de lui-même, et croyant ses fautes et sa vie assez couvertes par ses grands services et ses derniers projets.

Les chefs des deux partis venaient d'être immolés. On leur adjoignit bientôt les restes de ces partis, et on mêla et jugea ensemble les hommes les plus opposés, pour accréditer davantage l'opinion qu'ils étaient complices d'un même complot. Chaumette et Gobel comparurent à côté d'Arthur Dillon et de Simon. Les Grammont père et fils, les Lapallu et autres membres de l'armée révolutionnaire, figurèrent à côté du général Beysser; enfin la femme d'Hébert, ancienne religieuse, comparut à côté de la jeune épouse de Camille Desmoulins, âgée à peine de vingt-trois ans, éclatante de beauté, de grâce et de jeunesse. Chaumette qu'on a vu si soumis et si docile, fut accusé d'avoir conspiré à la commune contre le gouvernement, d'avoir affamé le peuple, et cherché à le soulever par ses réquisitoires extravagans. Gobel fut regardé comme complice de Clootz et de Chaumette. Arthur Dillon avait voulu, dit-on, ouvrir les prisons de Paris, puis égorger la convention et le tribunal pour sauver ses amis. Les membres de l'armée révolutionnaire furent condamnés comme agens de Ronsin. Le général Beysser, qui avait si puissamment contribué à sauver Nantes, à côté de Canclaux, et qui était suspect de fédéralisme, fut considéré comme complice des ultra-révolutionnaires. On sait quel rapprochement il pouvait exister entre l'état-major de Nantes et celui de Saumur. La femme Hébert fut condamnée comme complice de son mari. Assise sur le même banc que la femme de Camille, elle lui disait : « Vous êtes heureuse, vous ; aucune charge ne s'élève contre vous. Vous serez sauvée. » En effet, tout ce qu'on pouvait reprocher à cette jeune femme, c'était d'avoir aimé son époux avec passion, d'avoir sans cesse erré avec ses enfans autour de la prison pour voir leur père et le leur montrer. Néanmoins, toutes deux furent condamnées, et les épouses d'Hébert et de Camille périrent comme coupables d'une même conjuration. L'infortunée Desmoulins mourut avec un courage digne de son mari et de sa vertu. Depuis Charlotte Corday et madame Roland, aucune victime n'avait inspiré un intérêt plus tendre et des regrets plus douloureux.

FIN DU TOME CINQUIÈME.

TABLE

DES CHAPITRES CONTENUS DANS LE TOME CINQUIÈME.

CHAPITRE XIII.

Mouvement des armées en août et septembre 1793.— Investissement de Lyon par l'armée de la convention.—Trahison de Toulon qui se livre aux Anglais. —Défaite de quarante mille Vendéens à Luçon. Plan général de campagne contre la Vendée. Division des généraux républicains sur ce théâtre de la guerre.—Opérations militaires dans le nord. Siége de Dunkerque par le duc d'York.—Victoire de Hendschoote. Joie universelle qu'elle cause en France. —Nouveaux revers. Déroutes à Menin, à Pirmasens, à Perpignan, et à Torfou dans la Vendée. Retraite de Canclaux sur Nantes.—Attaques contre le comité de salut public.—Etablissement du *gouvernement révolutionnaire*. — Décret qui organise une armée révolutionnaire de six mille hommes. — Loi des suspects. — Concentration du pouvoir dictatorial dans le comité de salut public. — Procès de Custine ; sa condamnation et son supplice. — Décrets d'accusation contre les girondins ; arrestation de soixante-treize membres de la convention. 1

CHAPITRE XIV.

Continuation du siége de Lyon. Prise de cette ville. Décret terrible contre des Lyonnais révoltés. —Progrès de l'art de la guerre ; influence de Carnot. — Victoire de Wattignies. Déblocus de Maubeuge. — Reprise des opérations en

Vendée. Victoire de Cholet. Fuite et dispersion des Vendéens au-delà de la Loire. Mort de la plupart de leurs principaux chefs. — Echec sur le Rhin. Perte des lignes de Wissembourg. 80

CHAPITRE XV.

Effets des lois révolutionnaires ; proscriptions à Lyon, à Marseille et à Bordeaux.—Persécutions dirigées contre les *suspects*. Intérieur des prisons de Paris ; état des prisonniers à la Conciergerie. — La reine Marie-Antoinette est séparée de sa famille et transférée à la Conciergerie ; tourmens qu'on lui fait subir. Conduite atroce d'Hébert. Son procès devant le tribunal révolutionnaire. Elle est condamnée à mort et exécutée. — Détails du procès et du supplice des girondins.—Exécution du duc d'Orléans, de Bailly, de madame Roland.—Terreur générale. Seconde loi du *maximum*.—Agiotage. Falsification d'un décret par quatre députés. — Etablissement du nouveau système métrique et du calendrier républicain.—Abolition des anciens cultes ; abjuration de Gobel, évêque de Paris. Etablissement du culte de la Raison. 128

CHAPITRE XVI.

Retour de Danton. — Divisions dans le parti de la Montagne, dantonistes et hébertistes. — Politique de Robespierre et du comité de salut public. — Danton, accusé aux jacobins, se justifie ; il est défendu par Robespierre. — Abolition du culte de la Raison. — Derniers perfectionnemens apportés au gouvernement dictatorial révolutionnaire. —Energie du comité contre tous les partis. — Arrestation de Ronsin, de Vincent, des quatre députés auteurs du faux décret et des agens présumés de l'étranger. 209

CHAPITRE XVII.

Fin de la campagne de 1793. Manœuvres de Hoche dans les Vosges. Retraite des Autrichiens et des Prussiens. Déblocus de Landau. — Opérations à l'armée d'Italie. — Siége et prise de Toulon par l'armée républicaine.—Derniers combats et échecs aux Pyrénées. — Excursion des Vendéens au-delà de la Loire. Nombreux combats ; échecs de l'armée républicaine. Défaite des Vendéens au Mans, et leur destruction complète à Savenay. Coup d'œil général sur la campagne de 1793. 244

CHAPITRE XVIII.

Suite de la lutte des hébertistes et des dantonistes. — Camille Desmoulins publie *le Vieux Cordelier*. — Le comité se place entre les deux partis, et s'attache d'abord à réprimer les hébertistes. — Disette dans Paris. — Rapports importans de Robespierre et de Saint-Just. — Mouvement tenté par les hébertistes. — Arrestation et mort de Ronsin, Vincent, Hébert, Chaumette, Momoro, etc. — Le comité de salut public fait subir le même sort aux dantonistes. — Arrestation, procès et supplice de Danton, Camille Desmoulins, Philippeau, Lacroix, Hérault-Séchelles, Fabre-d'Eglantine, Chabot, etc. 301

FIN DE LA TABLE.

www.ingramcontent.com/pod-product-compliance
Lightning Source LLC
Chambersburg PA
CBHW071112230426
43666CB00009B/1924